中国代际贫困与教育投入的阻断机制研究

闫 坤 等著

中国社会科学出版社

图书在版编目（CIP）数据

中国代际贫困与教育投入的阻断机制研究／闫坤等著 .—北京：中国社会科学出版社，2022.9
ISBN 978-7-5227-0237-7

Ⅰ.①中… Ⅱ.①闫… Ⅲ.①贫困问题—关系—教育投资—研究—中国 Ⅳ.①F113.9②G526.72

中国版本图书馆 CIP 数据核字（2022）第 089117 号

出 版 人	赵剑英
责任编辑	张　潜
责任校对	党旺旺
责任印制	王　超

出　　版	中国社会科学出版社
社　　址	北京鼓楼西大街甲 158 号
邮　　编	100720
网　　址	http://www.csspw.cn
发 行 部	010-84083685
门 市 部	010-84029450
经　　销	新华书店及其他书店

印　　刷	北京君升印刷有限公司
装　　订	廊坊市广阳区广增装订厂
版　　次	2022 年 9 月第 1 版
印　　次	2022 年 9 月第 1 次印刷

开　　本	710×1000　1/16
印　　张	13.5
插　　页	2
字　　数	222 千字
定　　价	75.00 元

凡购买中国社会科学出版社图书，如有质量问题请与本社营销中心联系调换
电话：010-84083683
版权所有　侵权必究

前　　言

近年来随着中国经济快速发展，不平衡发展问题日益突出，尤其是贫困问题。为了有效解决这一社会发展短板问题，脱贫攻坚成为中国近年来的重要任务。2015年10月，党的十八届五中全会会议公报明确提出了脱贫工作的目标，即"我国现行标准下农村贫困人口实现脱贫，贫困县全部摘帽，解决区域性整体贫困"。2016年11月，《"十三五"脱贫攻坚规划》正式将这一目标纳入"十三五"期间脱贫工作总目标，并在此后每年的政府工作报告中，确立脱贫攻坚的分年度目标。

2017年明确指出贫困问题已经成为社会发展短板问题，打好精准脱贫攻坚战，要保证现行标准下的脱贫质量，既不降低标准，也不吊高胃口，瞄准特定贫困群众精准帮扶，向深度贫困地区聚焦发力，激发贫困人口内生动力，加强考核监督。2018年提出打好脱贫攻坚战，要一鼓作气，重点解决好实现"两不愁三保障"面临的突出问题，加大"三区三州"等深度贫困地区和特殊贫困群体脱贫攻坚力度，减少和防止贫困人口返贫；要深入推进产业扶贫、教育扶贫、健康扶贫、生态扶贫等多措并举形式，开展扶贫工作，激活脱贫内生动力。2019年提出精准脱贫要坚持现行标准，聚焦深度贫困地区和特殊贫困群体，加大攻坚力度，提高脱贫质量。2020年10月，党的十九届五中全会会议公报明确了巩固拓展脱贫攻坚成果的新目标。

本书旨在从脱贫攻坚实践中总结经验，为中国今后的相对贫困治理提供理论依据。通过深入研究贫困产生的主客观条件、影响途径、作用机制以及评估近年来扶贫政策的效果，我们将研究视野聚焦到代际贫困问题上。代际贫困问题是一种深度持续性的贫困问题，因为代际传递的不仅仅是贫困，还传递着致贫的因素和条件，使得后代子女重复着父辈的贫困状态,这加大了巩固拓展脱贫攻坚成果的难度,对新阶段新目标的实现提出严峻挑战。

事实上,党和国家早已关注到贫困代际传递的问题。2006年3月,"十一五"规划中明确提出"更加注重对贫困家庭子女的扶助,通过寄宿学习、家庭寄养、社会托养、免费职业教育等,改善其成长环境,防止贫困代际传递"。这是首次在党中央文件中使用了"贫困代际传递"的概念,标志着贫困代际传递问题引起了党和国家的重视,开始成为中国反贫困实践工作的一项内容。2014年3月,在十二届全国人大二次会议上,李克强总理在政府工作报告中明确提出"要继续向贫困宣战,决不让贫困代代相传"。2015年3月8日,习近平总书记在参加十二届全国人大三次会议广西代表团审议时进一步指出"要把扶贫攻坚抓紧抓准抓到位……坚决阻止贫困现象代际传递"。2015年4月,习近平总书记主持召开了中央全面深化改革领导小组第11次会议,再次重申要阻止贫困现象代际传递。

以上均表明,党和国家已将阻断贫困代际传递作为新时代中国扶贫开发战略的新目标,关注并解决贫困代际传递问题已经成为下一阶段相对贫困治理的关键。因此,系统深入地研究贫困代际传递问题,有利于促进社会阶层流动,有利于实现社会公平正义,共享改革发展成果,有利于最终实现共同富裕目标。

中国对代际贫困问题的研究起步较晚,基本上以借鉴国外研究方法与研究范式为主。然而,中国的扶贫实践所面临的环境必然不同于国外经济发展环境,这也决定了中国的代际贫困问题的影响因素及作用机制也不同于国外。为此,我们需要进一步开展有中国特色的代际贫困理论研究和实证研究。本书一方面从宏观视角提出贫困代际传递的测度方法,夯实代际贫困的理论基础,并基于"宏观代际"视角,以"五位一体"总体布局分析贫困代际传递的影响机理。另一方面在总结中国反贫困的实践成效和问题的基础上,借鉴国际阻断代际贫困传递的有效模式,发现教育对于阻断贫困代际传递的关键性作用,进而重点梳理教育因素对阻断贫困代际传递的影响路径,并对其中教育投入因素的影响机理进行经济学动态分析及实证检验,在设计出教育阻断中国贫困代际传递政策体系的基础上,提出相关政策建议。

本书具体分工如下:第一章由闫坤完成;第二章由王海霞、万月完成；第三章由万月、刘轶芳完成；第四章由鲍曙光、万月完成；第五章由闫坤、孟艳完成；第六章由文静、李霞完成；第七章由于树一、虢青波完成。此外，闫坤、刘轶芳、于树一、李霞、王乐欣同志对书稿进行了全面修改和最后统稿，感谢各位作者的智力贡献。

  本书的撰写和出版还得到国家社会科学基金和中国社会科学院的资助，中国社会科学出版社的编辑人员为本书的编辑出版付出了大量心血，在此一并表示感谢。最后，本书还存在诸多不足，希望读者提出宝贵意见，以便我们在今后的工作中加以改正。

2021 年 11 月 26 日

目　录

第一章　引言 …………………………………………………………（1）

第二章　代际贫困概念界定及测度 …………………………………（5）
　　一　贫困与代际贫困 ………………………………………………（5）
　　二　贫困与贫困代际传递测度研究现状 …………………………（7）
　　三　贫困代际传递的测度方法 ……………………………………（10）

第三章　中国贫困代际传递的影响因素分析 ………………………（18）
　　一　贫困代际传递影响因素的研究现状 …………………………（18）
　　二　代际贫困影响因素理论框架构建原则 ………………………（23）
　　三　贫困代际传递影响因素的理论框架 …………………………（24）
　　四　贫困代际传递影响因素的实证分析 …………………………（40）

第四章　扶贫与阻断贫困代际传递工作的实践总结 ………………（58）
　　一　中国扶贫工作实践总结 ………………………………………（58）
　　二　国际阻断贫困代际传递工作的实践总结 ……………………（79）
　　三　中国阻断贫困代际传递工作的实践总结 ……………………（95）

第五章　教育阻断贫困代际传递的模式比较研究 …………………（109）
　　一　发达国家教育阻断贫困代际传递的政策体系与实践 ………（110）
　　二　发达国家教育阻断贫困代际传递的政策经验与启示 ………（145）

第六章 教育投入对阻断贫困代际传递的影响路径分析 …………（153）
  一 教育投入阻断中国贫困代际传递的理论框架 …………（153）
  二 教育投入阻断中国贫困代际传递的经济分析 …………（159）
  三 教育投入对中国贫困代际传递阻断路径的实证检验 ………（168）
  四 教育投入对中国贫困代际传递的阻断路径研究 …………（173）

第七章 中国教育投入阻断贫困代际传递的政策与建议 …………（187）
  一 充分运用信息技术手段实现教育精准阻断贫困代际
    传递 ………………………………………………………（188）
  二 以制度加宣传之外力形成阻断贫困代际传递的内力 ………（189）
  三 以财政教育支出结构调整阻断贫困代际传递 …………（192）
  四 凝聚全党全社会合力阻断贫困代际传递 ………………（194）

参考文献 ……………………………………………………………（196）

第一章

引　言

　　教育扶贫是当下解决贫困代际传递问题的主要措施，有利于进一步推进贫困治理工作。治贫先治愚，扶贫先扶志。教育扶贫，即通过提高贫困家庭文化素质与劳动技能，激发他们的内生动力，可以助其脱贫并有效阻断贫困代际传递。2015年11月，中央召开扶贫开发工作会议，首次提出了"五个一批"的扶贫开发工程，其中就包括教育扶贫，即"发展教育脱贫一批，治贫先治愚，扶贫先扶智，国家教育经费要继续向贫困地区倾斜、向基础教育倾斜、向职业教育倾斜，帮助贫困地区改善办学条件，对农村贫困家庭幼儿特别是留守儿童给予特殊关爱"。2015年12月，中共中央、国务院颁布《关于打赢脱贫攻坚战的决定》，再次明确指出："着力加强教育脱贫。加快实施教育扶贫工程，让贫困家庭子女都能接受公平有质量的教育，阻断贫困代际传递。"教育扶贫被正式赋予阻断贫困代际传递的重要使命。2017年11月，中共中央办公厅、国务院办公厅印发了《关于支持深度贫困地区脱贫攻坚的实施意见》，再次提到教育脱贫政策，即"加大教育扶贫力度。中央相关教育转移支付存量资金优先保障、增量资金更多用于深度贫困地区教育发展和建档立卡贫困家庭子女受教育的需要"。2018年1月教育部、国务院扶贫办印发《深度贫困地区教育脱贫攻坚实施方案》，明确提出"进一步聚焦深度贫困地区教育扶贫，用三年时间如期完成'发展教育脱贫一批'任务"。2019年4月教育部部长陈宝生在云南省临沧市主持召开2019年教育部直属系统扶贫工作推进会，强调"教育脱贫攻坚战进入决胜的关键阶段，找准教育脱贫攻坚和帮扶工作的重点和突破口，优化资源配置"。

除此之外，加强对代际贫困问题的深度研究，有重要的理论价值，具体来说，包括以下几个方面。

第一，全面总结归纳国际国内扶贫及阻断贫困代际传递实践工作经验，尝试构建具有中国特色的贫困代际传递影响理论框架，完善丰富现有的扶贫理论。而本研究基于中国改革开放以来的经济转型发展背景，尤其是基于党的十八大以来"五位一体"总体布局，能够更好地解释中国的代际贫困问题演变历程，丰富现有的扶贫理论，突破目前中国学术界在分析代际贫困问题影响因素时，呈现出比较零散、不成系统的现状。

第二，深入研究测度各个影响因素的作用，提出有针对性的贫困治理及阻断的政策建议。现有的关于代际贫困问题研究较为零散，所提建议也缺乏系统性。而本书立足于"宏观代际"视角，基于完备的有中国特色的贫困代际传递影响因素理论框架，分别选取相应的变量指标数据，实证测度各因素影响程度。这将有助于中国国家乡村振兴局（原国务院扶贫办）、财政部、教育部及其他相关部门全面了解中国当前贫困代际传递的路径。最终，在测度结果基础上提出有针对性的贫困治理及阻断的政策建议，提高政策实施效果。

第三，拓宽现有代际贫困问题研究视角，从微观到宏观。现有的代际贫困问题研究大多数基于微观家庭收入视角，通过微观调查数据库提取研究变量数据，例如，CFPS、CHNS、CGSS等数据库，而这一研究视角存在着两个不足：其一，所利用的微观调查数据并不是专门的贫困家庭数据或者代际贫困家庭数据，而是经过与国家贫困线比对之后重新定义得到，精准性不够；其二，微观研究视角所考察的因素集中测度微观家庭因素，而缺失对国家宏观因素的直接测度。因此，本研究通过立足于"宏观代际"国家视角，即如果一个地区或者国家能够连续"一代人"（大约20年）坚持扶贫减贫工作，并且取得了贫困人口减少、贫困率降低等实效，那么就可以视为这个地区或者国家"一代人"脱贫，也就是取得了"宏观代际"阻断效果。由于阻断贫困代际传递往往是从外部入手，以宏观手段作用于微观家庭，激发后者的内生动力，因此从宏观的国家视角来研究如何阻断贫困在家庭层面的代际传递更为务实。

第四，深入研究国内外阻断代际贫困的实践模式及其存在的问题，为

第一章 引言

中国出台更精准的阻断贫困代际传递政策提供科学依据。由于发展中国家和发达国家之间的经济发展水平差异，决定了其贫困现象的特征不同，贫困治理的着力点和模式也便不同，即便采取相同的阻断政策产生的阻断效果也会不同。而本书通过对比国内外阻断政策实践的异同，总结归纳不同模式取得的成效和存在的问题，有助于中国的具体实践工作少走弯路，多创实效。

第五，重新思考教育因素对阻断贫困代际传递的作用路径，认识教育财政对于阻断贫困代际传递的直接与间接"双重作用"机制。现有的关于阻断代际贫困的研究中，已经认识到教育因素的作用，但只局限于教育层面，并没有细化到教育财政层面。而本书认为，在教育因素中，教育财政因素影响最为直接，并且教育财政对贫困代际传递具有"双重作用"路径，即直接阻断路径与间接作用路径。而这将极大地丰富现有关于教育阻断贫困代际传递作用的理论研究，深化对教育财政作用的认识，即教育财政不但本身具有直接的减贫效果，而且还会作用于其他因素间接产生阻断贫困代际传递效果。但现有的相关研究，往往只关注到其直接作用，而忽视了其间接作用机制。

第六，深化对教育财政扶贫政策的认识，更好地发挥教育财政阻断代际贫困的作用。本书将分析教育财政的"双重作用"机制，实证测度其直接作用的减贫效果及其作用于其他因素产生的间接阻断效果的大小。这有助于中国在阻断贫困代际传递实践过程中，打通各项政策之间的藩篱，形成以教育财政为主体，其他各手段相配合的政策体系，最大限度地提升教育财政的阻断效果。

本书分为四部分，共七章，具体结构安排如下。

第一部分为文献梳理与概念界定，主要包括第一章和第二章。第一章为引言，主要介绍研究背景、研究意义及结构安排；第二章为代际贫困概念界定及测度，首先系统介绍贫困及代际贫困的概念演变，然后梳理有关贫困测度与贫困代际传递测度的相关研究，从"微观"和"宏观"两个层面介绍现有测度方法，最后对研究现状进行述评。

第二部分为贫困代际传递影响因素理论及实践研究，主要包括第三章和第四章。第三章为中国贫困代际传递的影响因素分析，主要基于"五位一体"总体布局，从经济因素、教育因素、社会保障因素、生态因素四个方面，系统性提出中国贫困代际传递影响因素的理论框架，之后基于"宏观代际"视角和前文所测度的代际弹性系数，选取相应的变量指标数据，分别从全国层面和地方层面实证测度各因素影响程度。第四章在前文的实证测度基础上，进一步梳理国内外实践模式，比较分析阻断贫困代际传递的国际模式，分析中国阻断贫困代际传递工作的现状并发现其中的问题。

第三部分为教育阻断实践、政策以及实证分析，主要包括第五章和第六章。第五章对代表性国家在教育阻断贫困代际传递问题上采取的政策措施进行比较分析，总结其经验并归纳出对中国教育阻断贫困代际传递的借鉴意义；第六章基于第三至第五章影响因素的于教育财政投入因素加以提炼总结，然后系统性分析教育财政投入因素的直接与间接作用双重影响机制，最后分别对这两种影响机制进行测度和比较。

第四部分为研究结论与政策建议，主要包括第七章。第七章从中国教育扶贫的发展历程、形成的基本经验以及教育体系现行的重大措施三个方面详述中国教育阻断代际贫困的政策设计，基于全书的研究分析，总结重要研究结论，提出有针对性政策建议，并重点聚焦教育财政投入方面的政策建议。

第二章

代际贫困概念界定及测度

一 贫困与代际贫困

贫困及贫困标准的提出。国际学术界最早进行贫困问题研究并且提出贫困概念，可以追溯到20世纪初英国学者朗特里（S. Rowntree）。1901年朗特里在《贫困：城镇生活研究》一文中详细地研究了英国的贫困问题，并且首次明确提出了绝对贫困概念，即"一个家庭处于贫困状态是因为其所拥有的收入不足以维持其生理功能的最低需要，这种最低需要包括食品、住房、衣着和其他必需品"[①]。并且，朗特里在该文中还估计了一个当时英国最低生活支出水平，这也被后来学术界称作"贫困线"，按照这一标准可以大致估算出贫困人口规模。这个贫困线概念的提出，意义深远，被后来世界银行、联合国扶贫开发署及世界其他各个国家政府加以改进采纳，成为扶贫开发的重要指标依据。例如，中国国家统计局农村调查总队把贫困定义为"个人或家庭依靠劳动所得和其他合法收入不能维持其基本的生存需求"。

随着贫困问题研究的不断深入，贫困概念也不断拓展扩充。20世纪60年代，美国学者法克思（Fuchs Victor）率先明确提出相对贫困概念并且采用"中值的50%"确定为相对贫困线，即把相对贫困线确定为全国人口收

---

① 参见朗特里《贫困：城镇生活研究》（*Poverty: A Study of Townlife*），麦克米伦出版社1901年版。

入分布的中值的50%[1]。这一方法被后来进行贫困研究的学者沿用。

贫困代际传递概念的提出。20世纪50年代，一些美国学者在对贫困问题进行研究过程中发现了贫困在家庭之间代际传递的现象，其中最早的是拉格纳·纳克斯和奥斯卡·刘易斯。

哥伦比亚大学教授拉格纳·纳克斯在1953年出版的《不发达国家的资本形成问题》一书中，考察了发展中国家长期贫困的根源，提出了"贫困的恶性循环"理论。他的研究主要集中于发展中国家收入、储蓄、资本形成、产出之间的恶性循环关系，但并没有深入到贫困现象在人口代际之间的传递过程。随后，奥斯卡·刘易斯在1959年出版的《五个家庭：墨西哥贫困文化案例研究》一书中，首先提出了"贫困文化"的概念，指出落后思想观念的代际传递也是家庭持续性贫困的一个成因，从而明确提出了贫困可以在代际之间传递的理念，并最早提出了"贫困代际传递"概念，即"贫困以及导致贫困的相关条件和因素，在家庭内部由父母传递给子女，使子女在成年后重复父母的境遇——继承父母的贫困和不利因素并将贫困和不利因素传递给后代这样一种恶性遗传链；也指在一定的社区或阶层范围内贫困以及导致贫困的相关条件和因素在代际之间延续，使后代重复前代的贫困境遇"[2]。

受到他们的启发，1960年以来，英、美等国家的相关专家学者结合社会学中"阶层继承和地位获得"的研究范式，采取定性和定量相结合的方式，对东南亚、南亚和南美、非洲等地区以及美国、芬兰等国家社会底层的贫困代际传递问题进行了较为深入的研究，在贫困代际传递的成因、危害、政策措施及其效果等方面取得了成果，延伸了贫困代际传递问题的研究视野，逐步形成了贫困代际传递理论框架。

贫困到贫困代际传递的演进逻辑。贫困到贫困代际传递的演进是一种必然的过程。一方面，这是理论研究的自然发展过程。代际贫困问题是一种深度、持续性贫困问题。贫困代际传递问题的研究源于长期贫困问题的

---

[1] 杨国涛：《贫困概念的内涵、演进与发展述评》，《宁夏大学学报》（人文社会科学版）2012第6期。

[2] 奥斯卡·刘易斯：《五个家庭：墨西哥贫困文化案例研究》，丘延亮译，巨流图书公司2004年版。

第二章 代际贫困概念界定及测度

研究,是一个自然发展过程,关于贫困的经典理论往往能较好地解释贫困代际传递问题。另一方面,这是扶贫开发社会实践的演进过程。扶贫先扶志,只有激活贫困群体的脱贫积极性才能卓有成效地提高扶贫成效。而贫困代际传递问题是扶贫开发进行到一定阶段的重点与难点问题,无论从致贫因素还是从脱贫对策来看,代际贫困问题的解决难度都远远大于一般的贫困问题。因此,从解决贫困问题到解决贫困代际传递问题,是扶贫开发过程中的必然演进过程。

随着贫困问题的理论研究和反贫困实践工作的深入,贫困代际传递问题逐步进入学者研究的视野并成为政府反贫困工作的重要着力点。而国内关于贫困代际传递问题研究比较晚,这主要是由于中国特殊的发展国情。在改革开放以前,虽然普遍贫穷但是由于计划经济体制"平均主义"分配理念,贫富差距很小;改革开放初期,市场经济环境下追求"效率优先"理念,城乡发展差异以及东西部区域发展差异日益明显,贫富差距逐渐拉大。尤其是在偏远的"老少边穷"等地区,世代贫困问题开始凸显,贫困代际传递问题开始逐渐引起国内学者的注意,并逐渐成为贫困研究的重点问题。李晓明(2006)是国内最早对西方贫困代际传递概念及其理论进行梳理的学者,其关于贫困代际传递的概念也是引用了刘易斯的定义。

二 贫困与贫困代际传递测度研究现状

贫困代际传递概念提出之后,学者们开始关注定量测度。而贫困代际传递的测度研究呈现以下几个特征。

第一,从研究内容来看,研究测度主要以父辈与子辈之间的"收入"为核心变量展开,以代际收入弹性系数为贫困代际传递程度的衡量标准。

第二,从研究样本数据来看,主要依赖微观调查数据。国外主要有美国的 PSID 数据(The Panel Study of In come Dynamics)。例如,Solon(1992)使用 PSID 的数据,测度了美国代际收入系数,认为美国父子长期收入水平的代际收入系数至少为 0.4;国内主要有中国健康与营养调查数据（CHNS）、中国家庭收入调查数据（CHIP）、中国家庭追踪调查数据（CFPS）、中国社会综合调查数据（CGSS）等微观数据。例如，汪燕敏与龙莹（2009）、胡洪曙与亓寿伟（2014）、卢盛峰与潘星宇（2016）分别利用1989年以来7次、8次、9次的中国健康与营养调查数据（CHNS），测度了中国父子之间代际收入弹性系数。赵红霞与高培培（2017）利用2013年中国家庭收入调查数据（CHIP），测度了中国代际收入弹性系数。李长健与胡月明（2017）利用2012年中国家庭追踪调查数据（CFPS），对中国城乡贫困代际传递进行了测度比较研究。刘欢（2017）利用中国社会综合调查数据（CGSS），测度了户口迁移对贫困代际传递的影响程度。陈琳与袁志刚（2012）、黄潇（2014）都利用CGSS数据测度了中国贫困代际传递程度以及各个因素的影响程度大小。

第三，从研究方法上看，以双对数线性回归模型与代际转移矩阵为基础模型方法，然后逐步针对"收入"变量的时间区段以及计量方法进行改进，以此来修正计量测度上的偏误，主要包括以下几方面内容。

其一，双对数线性模型与代际转移矩阵为主体的基础模型方法测度。布劳和邓肯（Blau and Duncan，1967）最早提出"双对数线性模型"测度父子之间的贫困代际传递程度，又被称为"布劳—邓肯"模型，开创了该领域测度的先河，此后测度基本都借鉴这一模型并加以改进。而他们经过测度后发现，美国父辈与子辈收入之间的相关关系很弱，美国的代际流动性很强。齐默尔曼（Zimmerman，1992）通过采用父辈与子辈各自长期收入的平均值运用对数线性模型进行回归，测度出美国的代际收入系数为0.538。罗杰斯（J. R. Rodgers，1995）运用代际收入转移矩阵方法测算了美国的贫困代际传递概率，测算结果显示，美国贫困家庭子女成年后贫困代际传递发生的概率为16%—28%。王海港（2005）根据1988年和1995年中国社会科学院"城乡居民收入分配课题组"的调查资料，运用基本线性回归模型、代际收入流动矩阵方法，分性别样本（父子、父女、母子、母女）测度了代际收入弹性系数，测度出中国城乡居民代际收入弹性分别为0.384和0.424。而汪燕敏和龙莹（2009）利用1989年城乡居民收入调查数据，运用对数线性回归模型和百分位矩阵转换法，测算出中国居民代际收入弹性为0.8。方鸣和应瑞瑶（2010）利用收入均值法、百分位转换

第二章 代际贫困概念界定及测度

矩阵方法与基础双对数线性回归模型对中国农村居民的代际收入流动性进行了实证测度研究,测度发现中国西部地区贫困代际传递程度高于东部和中部地区。赵红霞和高培培(2017)运用代际收入流动矩阵和基本双对数线性回归模型测度,测算出农村贫困代际传递家庭的代际收入弹性(不考虑教育因素时)为0.495,其值约为全国平均水平0.247的2倍,贫困家庭的子代收入与全国水平相比,代际间继承性强,流动性弱。

上述学者运用相同的测度方法,但是测度结果相差较大,这主要是由于测度的样本标准不一样。例如,城镇与农村,以及由于数据处理过程中样本的筛选标准不一样,父辈与子辈之间的选取年龄区间不同等一系列原因造成的。

当然,除了这些差异外,这种基础模型上的测度本身也存在较大的偏误。例如,父子之间收入的内生性问题,针对这一偏误,有关研究学者不断进行改进修正。

其二,基于工具变量法(IV)对基础模型的修正。王美今和李仲达(2012)利用CHNS数据(1989—2009年),从基本对数线性模型出发,运用工具变量法(IV)对代际流动系数 β 进行了修正。胡洪曙和亓寿伟(2014)在基础对数线性回归模型基础上,运用工具变量法(IV)进行修正,最后运用分位数回归,对不同收入阶层代际收入弹性系数测度。徐晓红(2015)运用双样本工具变量法,修正了现有研究中普遍存在的暂时性收入偏误、生命周期偏误、同住样本选择偏误,然后分别测度了城镇居民和农村居民的收入弹性系数。

其三,基于收入均值法对基础模型的修正。马苏姆德(Mazumder,2001a)进一步用计量方法修正了基础模型偏差,准确计算了使用父子不同期数的短期收入水平平均值作为其长期收入水平的代理变量给估计量带来的偏差。例如,如果仅用父辈与子辈的一年的短期收入作为代理变量,那么,代际收入系数的真实值会被低估45%;如果是5年的短期收入平均值作为代理变量,则真实值会被低估27%。卢盛峰和潘星宇(2016)在基础双对数线性回归模型上进行改进修正:以多年收入均值代替单年收入(1989—2011年各个年份的个人调查数据取均值进行回归),并且通过年龄选取来进一步克服偏误影响。例如,将子女的年龄限定在30周岁以上,这样能保证子辈的收入相对稳定且合理。

其四，其他重要的测度方法（代际收入弹性分解法、AHP 层次分解多维贫困测度法）。陈琳和袁志刚（2012）、黄潇（2014）、年翔（2015）运用基本对数线性模型，并且运用代际收入弹性分解法测度了不同影响因素的贡献。杨阿维和贾圳珠等（2016）通过设定生产资本、制度体制、宗教文化、家庭状况、社会资本、个人条件 6 个多维度一级贫困指标，采用专家问卷打分调查法，构建判断矩阵，最后得出贫困代际传递定量评价指标模糊计分，用以判定贫困代际传递程度。

尽管国内各个学者测度的代际收入弹性因选择的具体计量方法、选取的样本标准不同而导致最终测度值不一样，但大体上可以得出两个重要结论：其一，中国代际收入流动性较低，代际传递性较强。通过国际比较来看，中国代际流动水平低于发达国家。其二，中国贫困代际传递问题集中表现在农村，尤其是中西部贫困地区农村。

三 贫困代际传递的测度方法

本书基于"宏观代际"全新视角、经济学弹性概念，进行了贫困代际传递测度方法上的创新，并基于这一创新进行了"宏观代际"层面贫困影响因素测度研究。为了突破现有基于微观家庭调查数据基础上的贫困代际传递研究的局限，我们从"宏观代际"的全新视角重新界定了贫困代际传递概念。在此基础上，基于经济学上的收入价格弹性概念，重新定义并且构造了"宏观代际"弹性公式，用以测度全国和 31 个省际区域范围的"宏观代际"弹性系数，并从贫困率和经济发展水平两个方面，对这一弹性系数进行有效性检验。此外，我们将"宏观代际"弹性系数作为被解释变量，并在现有的统计口径下，选取各个宏观指标变量数据，分别从全国和省际范围开展了对各个变量影响程度的实证测度，提炼出最有影响的阻断因素。

第二章 代际贫困概念界定及测度

(一) 微观测度的局限

如上文所述，本书发现传统微观测度方法有两个重要特征：第一，依赖于微观家庭收入调查数据库。这一类微观家庭调查数据本身并不是专门的贫困数据库或者代际贫困家庭数据库，而依赖于该数据所展开的微观测度也是经过了研究者人为的数据处理。例如，比照当地贫困线，将家庭调查收入数据进行价格调整后，人为划分为贫困家庭与非贫困家庭。这一定程度上限制了依托该微观调查数据研究的精确性。第二，以双对数模型回归为基本模型测度，这一回归模型最大的弊端在于会出现计量上的"向上偏误"。正因为此，本书将突破传统的微观家庭测度视角，另辟蹊径，从"宏观代际"视角进行测度。

(二) 宏观测度的突破

1. 宏观代际收入弹性的定义

借鉴经济学弹性概念，定义贫困代际传递收入弹性，即子代收入变化率/父代收入变化率＝代际收入弹性系数，其中这里的公式是弧弹性公式[①]概念，即：

$$\frac{\Delta Q/(Q1+Q2)/2}{\Delta P/(P1+P2)/2} \qquad (2-1)$$

而在本书"宏观代际"视角下，公式（2-1）中的变量"Q"的变化率，对应本章的"子代"收入变化率，而公式（2-1）中的变量"P"的变化率，对应本章的"父代"收入变化率。其中，由于是"宏观代际"含义，"子代"与"父代"的概念不同于微观测度中的某个家庭的父辈与子辈，而将"1979—1997年"的时间段视为"父代"，将"1998—2016年"的时间段视为"子代"。

因此，"宏观代际"视角下，代际收入弹性测度公式为：

$$\frac{\Delta Mc/(Mc1+Mc2)/2}{\Delta Mf/(Mf1+Mf2)/2} \qquad (2-2)$$

---

① 这里采用的是弧弹性公式，因为从宏观上样本频数为年度，离散程度显著，采用弧弹性公式较为合理；如若采用微观调查数据，样本数据较大时，采用点弹性公式较为科学合理。

其中,公式(2-2)中 ΔMc 为"子代"收入,其变化区间为"1998—2016年";ΔMf 为"父代"收入,其变化区间为"1979—1997年"。公式(2-2)中 $Mc1$、$Mc2$ 分别为"子代"收入对应的区间中的相邻两年的收入数据,ΔMc 为这相邻两年收入的差值,例如,1999年与1998年;$Mf1$、$Mf2$ 分别为"父代"收入对应的区间中的相邻两年的收入数据,ΔMf 亦为这相邻两年收入的差值,如1980年与1979年。这两个区间年份一一对应,即1979年对应1998年、1980年对应1999年,以此类推。这一测度方法得出的具体数值将作为本书在全国范围实证测度的被解释变量数据,即作为"宏观代际"弹性系数。

该弹性系数越小表示"宏观代际"视角下,"子辈"与"父辈"的收入相关性影响越小,即社会越具备流动性,贫困代际传递程度越低;而如果该系数越大,表示社会阶层固化,"子辈"收入与"父辈"收入相关性较大,对于贫困家庭而言,存在着代际贫困问题,即贫困代际传递程度越高。

2. 宏观代际弹性系数测度

(1) 全国层面的测度

本书基于上文"宏观代际"收入弹性公式,计算了全国范围1999—2016年的"宏观代际"弹性系数,如图2-1所示。

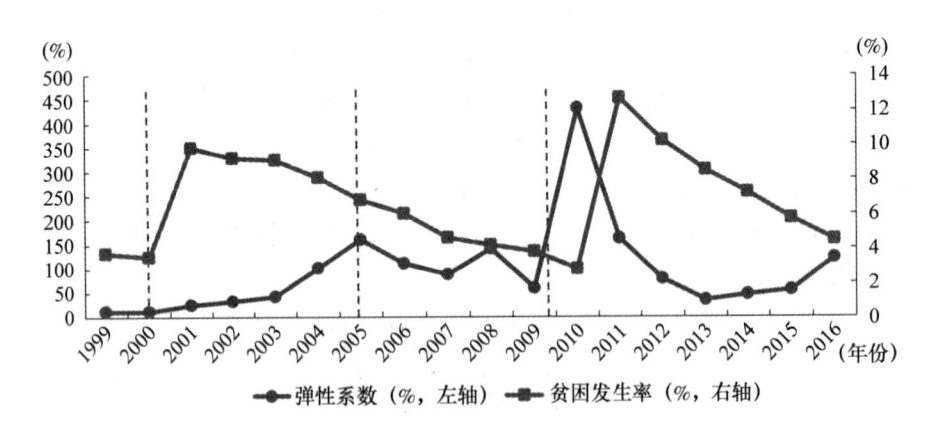

图2-1 1999—2016年中国"宏观代际"弹性系数分布

数据来源:根据中国历年《农村贫困监测报告》数据,参照上文公式计算整理得出。

第二章 代际贫困概念界定及测度

通过计算"宏观代际"弹性系数，并且与中国贫困发生率做对比后，可以归纳出该测度方法在全国范围层面的两个特征：第一，"宏观代际"弹性系数变化趋势基本与贫困发生率变化趋势一致，具有较好的指示效应。这意味着随着贫困发生率降的低，"宏观代际"弹性系数也降低，收入代际流动性较低，代际贫困问题降低；反之，贫困发生率升高，"宏观代际"弹性系数也随着升高，意味着收入代际流动性较高，代际贫困问题严重。这符合前文关于代际贫困问题是一种深度贫困问题的经济学分析，也符合中国扶贫开发实践效果。第二，个别年份两者走势出现相反，是由于中国官方上调了扶贫标准，从而导致贫困发生率出现了突然年份的升高，而"宏观代际"弹性系数测度的指标数据，是一种静态测度结果。

因此，公式（2-2）能够较好地反映中国贫困代际传递变化，有力地验证了中国扶贫开发工作实践。近两年来中国的"宏观代际"传递系数小幅度升高，说明当时中国的贫困治理进入到了深水区，深度贫困、世代贫困问题开始凸显，而这与近年来党中央提出的阻断贫困代际传递，关注深度贫困问题等实践政策的时间也相符合，今后中国的贫困治理将重点关注代际贫困问题。

（2）省份区域层面的测度

本书在省份区域层面的测度所涉及的收入数据在东部与中西部有所区别。其中，东部地区用的收入指标是指"农村居民家庭人均纯收入"指标（该指标东部、中西部都有统计），中西部地区的收入指标是指"贫困地区农村常住居民人均可支配收入"。这是因为，根据历年《中国农村贫困监测报告》显示，东部9个沿海省市均没有被纳入到贫困地区范围统计，缺失"贫困地区农村常住居民人均可支配收入"相关数据。而为了进一步凸显东部与中西部的差异，在定义东部地区收入指标时采用了"农村居民家庭人均纯收入"指标作为替代指标。

缺失数据处理与调整。在测度全国各省贫困代际传递系数时，遇到了一系列数据缺失问题，本书进行了以下数据处理与调整：第一，"农村居民家庭人均纯收入"指标数据缺失采用比对全国水平取均值处理。例如，福建省"农村居民家庭人均纯收入"只统计了2000—2013年数据，缺失需要的1979—1999年这段区间年度数据。采用全国范围的"农村居民家庭人均年纯收入"与福建省"农村居民家庭人均纯收入"进行比对取历年比值均值，即通过福建省"农村居民家庭人均纯收入"/全国"农村居民家庭人均年纯收入"计算出2000—2013年这13年的比值，然后将这13个比值取均值，得出结果为1.341。最后，将1979—1999年各年的"全国'农村居民家庭人均年纯收入'"×1.341（均值）即为福建省1979—1999年各年的"农村居民家庭人均年纯收入"数据指标。同理，安徽省、海南省等两省"农村居民家庭人均纯收入"缺失的1978—1986年历年数据也采用这种方法进行比对取均值法处理。第二，"贫困地区农村常住居民人均可支配收入"指标数据缺失采用比对"农村居民家庭人均纯收入"处理。测度中西部省份代际弹性系数所需要的"贫困地区农村常住居民人均可支配收入"指标只统计了2013—2016年数据，缺失需要的1979—2012年时间段数据。因此，本章利用参照比对法，即利用上一步骤已经补齐的"农村居民家庭人均纯收入"数据，比对"贫困地区农村常住居民人均可支配收入"。例如，2012年贫困地区农村常住居民人均可支配收入/2012年农村居民家庭人均纯收入＝2013年贫困地区农村常住居民人均可支配收入/2013年农村居民家庭人均纯收入。利用这个比值大致不变，即可算出中西部22个省份缺失的1979—2012年"贫困地区农村常住居民人均可支配收入"指标数据。第三，东部地区与中西部地区最终代际测度数据口径有所差异。由于在测度"宏观代际"弹性系数时，东部地区采用了"农村居民家庭人均纯收入"指标，即广义的农村居民口径，测度出来的结果更侧重于反映东部城乡之间相对贫困代际弹性。而这有别于中西部"贫困地区农村居民家庭人均可支配收入"口径下的绝对贫困代际弹性。这样的口径差异并不妨碍进行全国各个省份的代际弹性系数比较。

"宏观代际"弹性系数省份区域测度。根据代际收入弹性定义、测度公式及数据处理，本书测算了中国31个省市区"宏观代际"弹性系数，如图2-2所示。

本书根据"宏观代际"系数大小划分为三个档次，分别将（0，50%）、（50%，100%）、（100%，∞）三个区间划分为弹性系数较小、较大、非常大，其经济学含义分别对应父辈与子辈代际收入之间相关性较小、较大、非常大，即意味着贫困代际传递程度较小、较大、非常大。而

图 2-2 我国 1979—2016 年 31 个省市"宏观代际"区弹性系数分布情况

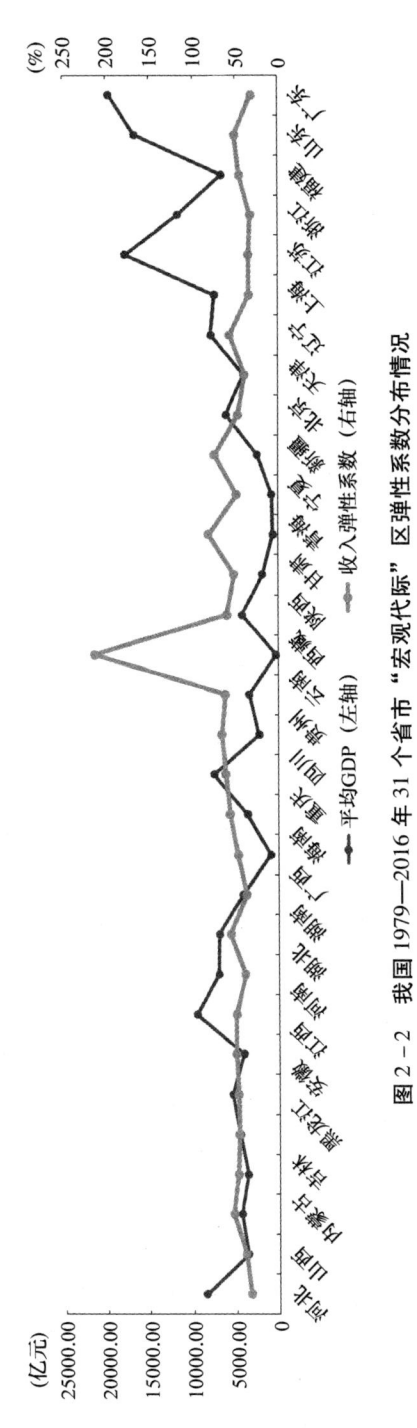

数据来源：《中国农村贫困监测报告 2017》、中国历年国家《统计年鉴》。

根据这一划分标准，中国 31 个省市区"宏观代际"弹性系数区间分布如表 2-1 所示。

表 2-1　　中国 1979—2016 年 31 个省市区"宏观代际"
弹性系数区间分布

代际弹性系数较小 (0, 50%)	代际弹性系数较大 (50%, 100%)	代际弹性系数非常大 (100%, ∞)
广东 (31.225)、浙江 (31.985)、河北 (32.776)、上海 (33.758)、江苏 (33.864)、广西 (37.103)、山西 (38.688)、湖北 (38.741)、天津 (38.954)、福建 (44.570)、北京 (46.688)、黑龙江 (46.915)、海南 (46.978)、安徽 (47.704)、吉林 (47.950)、宁夏 (48.330)、河南 (49.657)、江西 (49.734)	山东 (50.468)、甘肃 (51.567)、内蒙古 (53.277)、湖南 (55.924)、重庆 (56.296)、辽宁 (56.412)、陕西 (59.929)、四川 (60.795)、云南 (61.790)、贵州 (65.877)、青海 (80.708)、新疆 (73.678)	西藏 (213.355)

根据上述区间划分，可以总结归纳出该测度方法在区域省份层面两个特征：第一，中国代际弹性系数较大及非常大的省市区分布基本集中在西部地区。尤其是云南、贵州、青海、新疆、西藏、四川等西部地区，中国脱贫攻坚的深度贫困的"三区三州"（"三区"指西藏、新疆南疆四地州和四省藏区；"三州"是指甘肃的临夏州、四川的凉山州和云南的怒江州）均处于"宏观代际"弹性系数较大区间。第二，中国代际弹性系数较小的地区基本集中在东部地区及中部地区。尤其是广东、浙江、上海、江苏四个沿海经济发达省份代际弹性系数都在 30%—35%，属于全国代际弹性系数最小区间。这两点特征也表明本章所构建的"宏观代际"收入弹性系数指标具有较好的现实指示性。

同时，从上述两个特征来看，中国区域省份的"宏观代际"收入弹性与当地的经济发达程度有着密切的相关性，即经济发展越有活力的东部沿海地区，"父辈"与"子辈"之间的收入相关性越低，"子辈"改善命运的机会较多。从"宏观代际"角度来看，即改革开放 40 多年来，当地经济发展使得区域省内一代人摆脱贫穷命运的效果较为明显，贫困代际传递

第二章　代际贫困概念界定及测度

效应较小；而偏远的经济不发达的西部地区，"父辈"与"子辈"之间的收入相关性较强，"子辈"改善命运的机会较少，改革开放40多年来，依旧维持着上一代人的贫困落后的收入现状和穷困的生活水平，贫困代际传递效应较大。

因此，从上述测度结果分析来看，本书定义的"宏观代际"弹性系数能够较好地反映一个地区贫困代际传递的程度，并且与经济发展程度有密切相关性，这不仅符合经济学理论也符合中国贫困治理的实践，该指标具有有效的指示效果。接下来将运用该指标作为被解释变量，用于在区域省份层面的具体影响因素的实证回归。

本小节借鉴经济学上的弹性概念，重新定义了"宏观代际"弹性系数公式，突破了传统微观测度的局限。我们运用"宏观代际"弹性系数公式分别测度了中国全国层面和省份区域层面的代际弹性系数，经过与宏观经济指标数据比对，发现该弹性公式能够较好地解释中国贫困及代际贫困，并且发现代际贫困问题与经济发展程度密切相关，即经济越发达，"宏观代际"弹性系数越小，收入流动性越大，贫困群众实现脱贫、改变命运的机会越大。

本书还将延续这一思路，将"宏观代际"弹性系数作为被解释变量在全国层面和省份区域层面对贫困代际传递的各影响因素进行实证测度，判断各因素的影响程度，以此为依据进行贫困代际传递影响因素的理论框架构建。

第三章

中国贫困代际传递的影响因素分析

一 贫困代际传递影响因素的研究现状

关于贫困代际传递影响因素的研究可分为两类：一类侧重于综合影响因素研究，即从经济、教育、健康、家庭、制度等方面因素综合考察对贫困代际传递方面的影响；另一类则属于单一影响因素研究，即侧重于从某一个方面考察对贫困代际传递的影响。

（一）综合影响因素研究

这方面的研究根据对内因（贫困家庭个体因素）与外因（自然环境与社会环境等）的侧重点不同，又可以进一步区分为三类：内因主导，外因主导，内外因共同主导。

1. 内因主导类研究

这类研究侧重于贫困家庭个体因素，往往集中于研究贫困家庭的健康、收入水平、教育理念、家庭结构、家庭规模、财富状况等方面。尹邦祥（Yin Bun Cheung，2007）认为家庭健康水平、入学率、早期辍学、成绩和成就会影响贫困代际传递。Alexios - Fotios A. Mentis（2015）认为家庭、社会和儿童个体的特征会影响贫困代际传递。谢勇和李放（2008）、李昕（2011）、刘慧娟（2017）等学者都认为贫困家庭人力资本不足及政治资本、文化资本、社会资本缺乏四方面因素是造成农村贫困代际传递的重要原因。王志章和刘天元（2016）认为贫困家庭的经济资本、人力资本、社会资本、心理资本是影响农村贫困代际传递的重要因素，其中家庭收入、父辈对子辈教育投入和家庭结构对贫困代际传递的影响最显著。汪诗萍和袁文平（2015）等具体研究了云南民族地区贫困代际传递情况，认为家庭结构、生育观念、监护状况、宗教信仰、丧葬习俗等具体的家庭、文化方面的因素是引起贫困代际传递的主要原因。李静（2016）则重点研究了中国西部贫困农村情况，认为收入水平、职业状况以及社会资本等因素是引起西部农村贫困代际传递的主要原因。

2. 外因主导类研究

这类研究侧重于从社会环境与自然环境角度分析贫困代际传递的影响因素，包括自然条件、政治制度、文化环境、经济发展状况等方面。卡伦摩尔（Karenmoore，2011）认为人口与健康、政治、社会与文化、经济、生活环境对贫困代际传递有较大影响。

3. 内外因共同主导类研究

Kate Bird（2007）认为家庭结构、家庭教育及其父辈受教育程度、健康和营养等内部因素，以及社会冲突、社会文化、种姓、阶层、人种和宗教等外部因素会影响贫困代际传递。王瑾（2008）认为恶劣的自然条件、落后保守的观念、低素质、疾病、年老和残疾等都是造成贫困代际传递的原因。李力行和周广肃（2014）、蔡生菊（2015）等在认同文化、制度、环境等上述共性影响因素基础上，进一步强调这些因素与贫困家庭的个人因素共同作用会引起贫困代际传递。陈全功和程蹊（2015）从动态角度考察，认为一生当中的关键事件是引起贫困代际传递的主要原因。例如，出生、就业等个体关键事件，而这些个体关键事件又往往受到土地、户籍、教育等具体领域的制度变革等外在因素的影响。袁天立和陶思学等（2018）认为不合理的家庭结构、负面的父母影响、不健全的教育医疗制度以及邻里环境劣势共同促使了中国贫困代际传递现象的发生，而造成这些问题的原因多是当地人落伍的思维模式以及落后的制度设施。

（二）单一影响因素研究

这类研究侧重从某一个方面考察对贫困代际传递的影响，主要包括经济因素、教育因素、健康因素等方面。

1. 经济因素

贫困问题根本上就是收入水平低下问题，而贫困代际传递问题则深刻表现为子辈深受父辈低收入水平影响，从而引起代际传递。经济因素对贫困代际传递的影响是最直接的，而其他因素的影响最后都需要间接通过经济因素来传递，也就是简单概括为"父辈低收入水平→子辈低收入水平→贫困代际传递"。

而经济因素不仅仅包括收入水平，还包括其他经济因素，例如就业情况、财富状况、金融市场，等等。高冈约一（Gokan Yoichi，2011）认为金融市场较不发达，更广泛的货币增长率等经济因素会引起贫困陷阱，从而引起贫困代际传递。巴勒姆（Barham，1995）、卡比尔·奈拉（Kabeer Naila，2009）等学者认为贫困家庭父辈由于个人财富缺乏，无力为他们的孩子提供教育资金，或者缺乏对儿童教育的投资，陷入贫困陷阱，引起贫困代际传递。对于中国而言，经济因素对贫困代际传递影响又具有城乡差异特色，学者们往往会对此进行比较研究。徐晓红（2016）对比研究了城乡低收入家庭子女的职业路径向上流动性，发现农村低收入家庭子女在就业市场上找到较高收入工作、摆脱贫困命运、实现阶层飞跃的机会较少，很容易产生贫困代际传递。而任梓怡等（2018）则进一步聚焦长春市的城乡情况，通过研究发现长春市城镇贫困群体的就业状况与收入水平相关性大于农村贫困群体，也意味着就业状况等经济因素对城镇的贫困代际传递影响大于农村。

2. 教育因素

知识改变命运，教育可以摆脱贫穷，已成为社会发展普遍共识。一个人的教育水平决定了其在就业市场的竞争力和收入水平。贫困家庭父辈由于受教育水平较低，其自身收入水平较低。同时，其子辈的教育水平也往往较低，引起子辈的收入水平也较低，从而引起贫困代际传递。而这种由教育水平引起的贫困代际传递，一般而言主要是由微观家庭教育与宏观教育资源等两方面因素引起的，具体传递路径如下。

一方面，家庭教育投资意愿与教育投资理念，是贫困代际传递产生的微观层面原因。父辈的低教育水平会导致其对子女的教育投资意愿较低，以及教育理念落后，不重视子女的教育，从而限制了其对子女的教育投资

第三章 中国贫困代际传递的影响因素分析

水平,导致子女教育水平低下,进而引致子女在就业市场上的低竞争力和低收入水平,最终导致贫困代际传递,即形成"父辈的低教育水平→子辈的低教育水平→子辈的低收入水平→贫困代际传递"的传递路径。邹薇和郑浩(2014)认为相比于高收入家庭,低收入家庭普遍无法、或者不愿让自己的子女接受较高教育,贫穷的家庭进行人力资本投资的意愿更低,从而引起持续性贫困,引起贫困代际传递。刘欢和胡天天(2017)认为贫困家庭中父辈与子辈的受教育水平之间具有明显的传递性,并且子辈进入劳动力市场以后的表现与其自身的受教育水平之间存在显著的正相关关系。

另一方面,教育财政投入不均等、教育资源分配不均衡,是贫困代际传递产生的宏观层面原因。由于中国经济社会发展存在不平衡,导致教育资源分布不均衡,高质量的教育资源集中在东部沿海地区,而导致广大中西部地区教育资源缺乏,尤其是贫困农村地区。这导致这些贫困地区群众接受优质教育的机会较少,引起升学质量差异,从而导致较低的受教育水平和较低的收入水平,最终引起世代贫困,发生贫困代际传递,即"教育资源不均衡→父辈的低教育水平→子辈的低教育水平→子辈的低收入水平→贫困代际传递"。张立冬(2013)认为教育投资的不足是促成贫困代际传递的重要渠道,而相应的教育投资也是缓解贫困代际传递的重要措施。政府应着重加强对农村贫困家庭子女的教育投资,以确保其具备摆脱贫困代际传递所需的人力资本水平。贺煦(2017)认为教育资源分配不均衡引起代际贫困,教育扶贫应适当向教育资源薄弱地区倾斜。

3. 健康因素

身体健康状况是影响经济收入水平的重要因素,尤其是在现行社会保障水平不够健全的背景下。例如,因病致贫与因病返贫。贫困家庭父辈的健康水平往往较差,而这种健康水平又往往会传递给子辈,影响子辈的成长过程中的认知水平,影响升学教育,最终影响就业市场上的竞争力及收入水平,即"父辈的低健康水平→子辈的低健康水平→子辈的低认知等能力→子辈的低升学教育水平→子辈的低收入水平→贫困代际传递"。贝利(Belli,2005)、萨莉·格兰瑟姆·麦格雷戈(Sally Grantham Mc Gregor,2007)等学者认为健康是贫困代际传递的重要传播机制,尤其是发展中国家低于5岁的儿童暴露在包括贫困、营养不良、亚健康以及家庭环境等多样化风险中，从而影响他们的认知、动力和社会情感的发展，最终导致贫困代际传递。因此，要投资儿童健康，阻断贫困代际传递。赵红霞和高培培（2017）认为贫困家庭的父辈健康状况往往较差，从而导致对子辈的先天遗传，或者对子辈的后天健康营养投资不足，从而引起子辈的健康水平较差，最终引起子辈的职业收入水平较低，引致贫困代际传递。周宗社和李牧（2017）等认为贫困家庭父辈往往身体健康状况欠佳，受到收入的刚性约束，贫困家庭父辈无力为本人和子女提供教育投资和可能改变命运机会的培训投资，致使贫困在代际之间的传递将更加容易。

4. 女性家庭因素

女性主体的家庭因素对贫困代际传递的影响主要体现在：女性抚育与照料及女性受教育水平两方面。

第一，女性抚育与照料水平对贫困代际传递的影响。女性生育与抚养方面的角色远远重要于父亲，尤其是在生命的开端婴幼儿时期。女性生育抚养关怀与照料水平，会影响子辈的后天健康水平，进而影响子辈成年后各方面的能力，最终决定收入水平。贫困家庭环境下，母亲的知识水平有限，抚育与照料水平较低，从而子辈的能力较低，收入水平较低，引起贫困代际传递，即"母亲的低抚育与照料水平→子辈的低能力培养水平→子辈的低收入水平→贫困代际传递"。布维尼克（Buvinic，1992）认为母亲家庭由于经济资源的短缺，以及缺少父亲对子女带来的积极影响，会导致贫困等不利因素由母亲向子女转移。王爱君（2009）认为女性在抚育后代、家庭未来发展方面所具有的特殊性，使其更易于将导致贫困的相关条件和因素传递给子女，使子女长大后复制父辈的贫困，从而陷入贫困的代际传递陷阱。

第二，女性教育因素对贫困代际传递的影响。就一般家庭而言，母亲对子辈的成长陪伴以及家庭教育方面的时间与影响程度多于父亲。母亲的学识、品质以及受教育程度会深刻影响子辈教育理念、教育投资意愿，进而影响子辈的受教育程度，最终影响子辈在就业市场上的收入水平。贫困家庭环境下，母亲的受教育水平往往较低，往往引起贫困代际传递，即"母亲的低受教育水平→子辈的低受教育水平→子辈的低收入水平→贫困代际传递"。谢迪·诺伯特（Schady Norbert，2011）通过具体模型测度，

第三章　中国贫困代际传递的影响因素分析

结果显示子女的认知水平与母亲的受教育年限有显著的正相关关系，从而验证了母亲的受教育程度对子代收入水平的影响，进而论证了女性受教育不足会一定程度上引发贫困代际传递。尹邦祥（Yin Bun Cheung，2007）认为提高父母的受教育水平（尤其母亲）会减少出生率，但都能提高儿童的存活率、健康、营养、认知和教育，从而减少后代陷入贫困陷阱的机会，进而减少贫困代际传递发生的概率。韩春（2010）认为农村女性受教育程度与儿童多维贫困显著负相关，提高农村女性受教育程度对于缓解儿童多维贫困有重要作用，有利于减少贫困代际传递。张科静和王亚琦（2016）等认为母亲受教育水平越高、父辈社会关系越好，子辈的经济状况越好。李长健和胡月明（2017）则进一步比较了城市母亲与农村母亲受教育程度对阻断贫困代际传递的作用，认为母亲的受教育程度对农村子辈的影响较城市子辈明显，提高农村母亲的受教育程度能够比城市更有效地降低贫困代际传递程度。

二　代际贫困影响因素理论框架构建原则

2012年11月8日，党的十八大报告首次提出中国现代化建设总体布局的"五位一体"，即经济建设、政治建设、文化建设、社会建设、生态建设。2017年10月18日，党的十九大报告明确提出以"五位一体"总体布局推进中国特色社会主义事业新的发展。"五位一体"总体布局反映了新世纪、新阶段中国改革开放和现代化建设进入关键时期的客观要求，尤其是新时代背景下深化改革的客观要求，也体现了广大人民群众的根本利益和共同愿望，更反映了中国共产党对社会主义建设规律的新认识。

"五位一体"总体布局不仅可以指导中国经济社会建设，也可以指导某个具体领域的发展，贫困治理就是其一。本书将以此为基础构建中国代际贫困影响因素的理论框架。而构建这一理论框架需要基于完备性原则和主体性原则。

完备性原则是指对于某个问题的理论框架应该尽可能覆盖所有的影响因素，没有重大缺失与遗漏，从而能够较为全面地从理论上阐释这个问题。"五位一体"总体布局涵盖经济、政治、文化、社会、生态五个方面，这五个方面又能够对接经济社会发展的方方面面。贫困及代际贫困问题与经济、政治、文化、社会和生态五个方面均有密切关联，无论是根源还是影响因素均被"五位一体"所涵盖。而贫困及代际贫困问题作为中国社会主义建设的短板，还是总体布局的重中之重。因此，以"五位一体"指导代际贫困影响因素理论框架构建符合完备性原则。

主体性原则是指人对世界（包括对自身）的实践改造原则，是从人的内在尺度出发来把握物的尺度的原则，是强调人的发展和人的主体地位对改造世界所具意义的原则。而对于某一个问题的理论研究而言，探索梳理全部影响因素固然重要，但找到能够施加或者决定影响因素的主体，则更为重要。只有从影响因素中找到对应的主体，方能使得这些因素的影响得以控制。而基于这一原则，要阻断贫困代际传递，需要尽可能控制贫困代际传递影响因素的主体。

三 贫困代际传递影响因素的理论框架

本书认为，如果由于一个国家或者地区长时间（至少一代人的时间）致力于减贫，并且效果显著，那么可视为从宏观层面阻断了贫困代际传递，即简单理解为，减少了一代人的贫困。在这样的假设前提下，我们基于"宏观代际"视角，基于"五位一体"总体布局构建贫困代际传递影响因素的理论框架，兼顾完备性和主体性原则，选取经济、社会、文化、生态"四位"[①]，具体以经济因素、教育因素、社会保障因素、生态环境因素构建宏观层面的理论框架，如图3-1所示。

（一）经济因素

经济因素是阻断贫困代际传递的根本性因素，也是首要因素，其他因

---

① 因为在经济学中，政治因素通常被认为是外生因素，因此不在本书影响因素梳理的范围之内。但如果放在更大范围的学术研究中，如社会学、教育学领域，政治因素就是关键的内生因素了。

第三章 中国贫困代际传递的影响因素分析

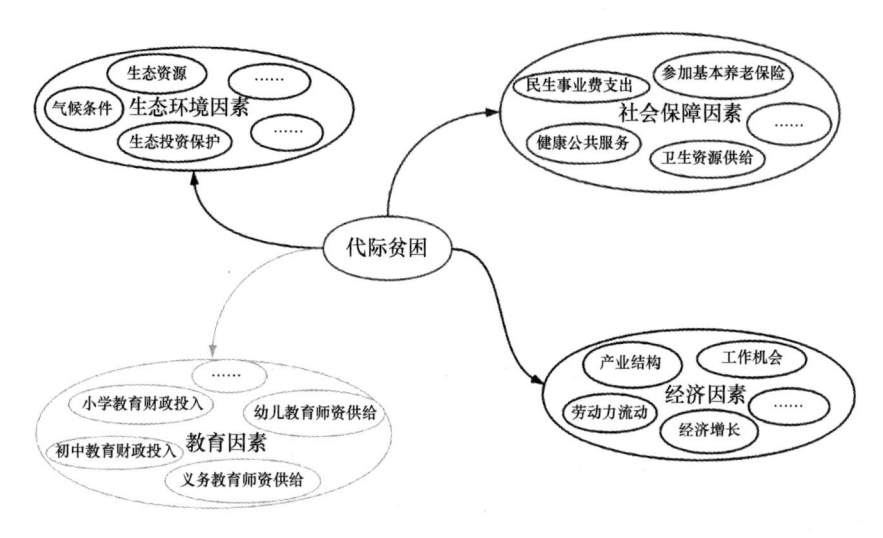

图 3-1 宏观视角——贫困代际传递影响因素理论框架

素都离不开这一因素。而经济因素中，对于贫困地区以及深度贫困地区而言，经济增长是减贫和阻断贫困代际传递的原动力。而宏观经济增长的背后，是区域的产业结构转变，只有不断转移出过剩的贫困地区剩余农业劳动力，大力发展非农产业，提高非农产业就业人员占比，才能从根本上提升贫困地区群众的收入水平，摆脱世代贫困的命运，阻断贫困代际传递。因此，经济因素中，本书从"经济增长"与"产业结构"两个细分角度分析阻断贫困代际传递的理论机制。

1. 经济增长

经济增长与经济发展是减贫和阻断贫困代际传递的原动力。贫困地区只有不断发展经济，实现经济可持续增长，才能带来就业机会的增加、工作收入的提高，才能夯实财政扶贫基础，从而才有机会摆脱贫困，阻断贫困代际传递。相反，如果贫困地区经济增长长期停滞，贫困地区人民收入水平维持较低水平，财政扶贫基础也较薄弱，势必会陷入贫困陷阱，表现为世代贫困。这一影响逻辑可以简单归纳为"经济增长缓慢或停滞→较少的就业机会→较低的就业收入水平→世代贫困→贫困代际传递"，如图 3-2 所示。

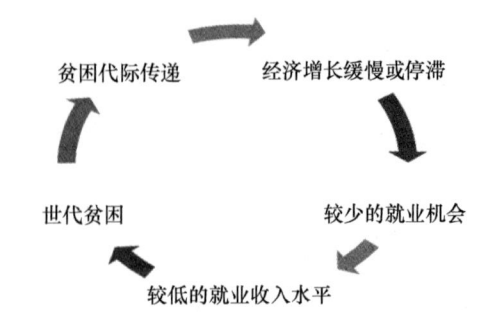

图 3-2　经济增长因素的贫困代际传递路径循环

根据 Wind 数据，中国自 1978 年改革开放 40 多年来，经济增长得到快速增长。从绝对规模来看，按不变价口径计量，从 1978 年的 0.36 万亿元增加到 2020 年的 91.12 万亿元，增加了 252.60 倍；从增长速度来看，虽然经历了几轮经济增长的周期起伏变化，但在 40 多年间实现了年均 17.34% 的增长，如图 3-3 所示。而如果进一步分区域来看，中国西部地区经济由于其自身基数较小，经济增长绝对规模快于全国水平。例如，云南 GDP 从 1978 年的 69.05 亿元增加到 2020 年的 24521.90 亿元，增加了 354.13 倍，实现了年均 15.40% 的增长；贵州 GDP 从 1978 年的 46.62 亿元增加到 2020 年的 17826.56 亿元，增加了 381.38 倍，实现了年均 15.50% 的增长；宁夏 GDP 从 1978 年的 12.99 亿元增加到 2020 年的 3920.55 亿元，增加了 300.67 倍，实现了年均 14.94% 的增长；陕西 GDP 从 1978 年的 81.07 亿元增加到 2020 年的 26181.86 亿元，增加了 321.95 倍，实现了年均 15.13% 的增长，如图 3-4 所示。

快速并且持续的经济增长，成为中国改革开放以来脱贫减贫的原动力。这也为大规模的扶贫减贫政策措施的实施奠定了强劲有力的财力支持基础，同时由于持续开展近 40 多年的代际间贫困治理，一定程度上起到了阻断贫困代际传递的作用，使得一代人乃至两代人摆脱了贫困命运，从基本生存温饱生活边缘迈向了富裕充足的小康生活。

2. 产业结构

根据产业经济学一般原理可知，非农产业生产效率高于传统农业，其

第三章 中国贫困代际传递的影响因素分析

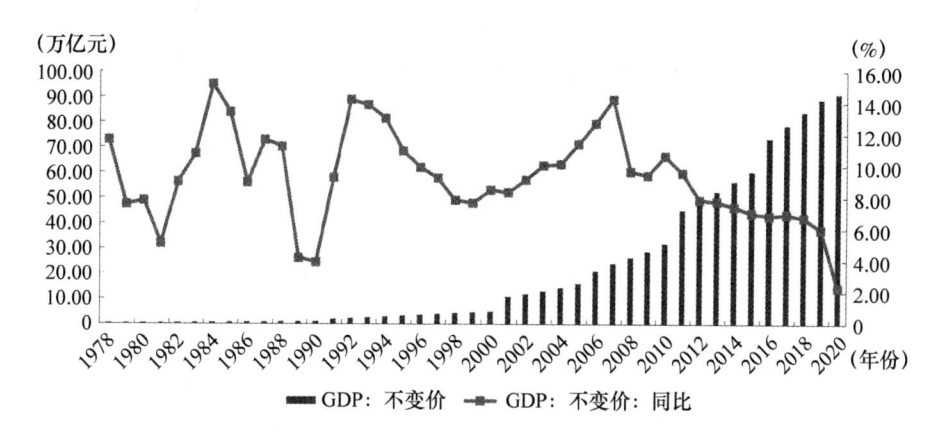

图 3-3 中国 1978—2020 年 GDP 不变价及其增长变化

数据来源：中国国家统计局历年《统计年鉴》。

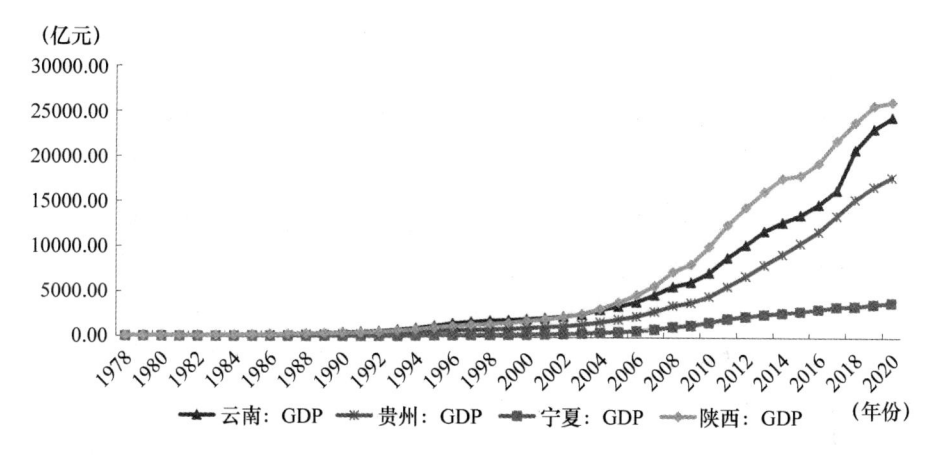

图 3-4 中国 1978—2020 年四个西部省份 GDP 总量及其增长变化

数据来源：中国国家统计局历年《统计年鉴》。

所得收入回报也远远高于传统农业。尤其是中国广大西部贫困农村地区，主要是农业生产为主，工业生产受到地理、地形、交通等自然条件限制，难以大规模开展。而农业生产还有自身特点，季节性较强并且富余劳动力较多，导致生产劳动参与率不足，远远不如服务业吸收劳动力充分且持续。因此，贫困地区较高的农业比重及较低的就业参与率，会导致较低的农业生产回报收入。而如果贫困地区一直延续着以农业为主导及其就业为主导的产业格局,那么会维系世代贫困局面,即产生"宏观代际"视角下的贫困代际传递效应。这一理论影响传递路径可以简单归纳为"长期农业产业结构→长期农业为主的劳动参与率→世代较低的收入水平→世代贫困→贫困代际传递",如图3-5所示。

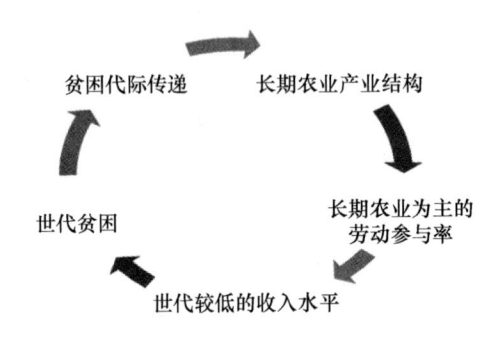

图3-5 产业结构因素的贫困代际传递循环

选取"第一产业占比""就业人员产业占比"两个产业结构指标来衡量中国产业结构变化。其中,"第一产业占比"方面,根据Wind数据,从1978年到2020年中国中西部地区第一产业占比均呈现显著下降趋势,逐渐完成由农业为主导向工业甚至服务业为主导的产业结构格局转变。例如,西部的云南、贵州、宁夏、陕西地区,其第一产业占比分别从1978年的42.66%、41.66%、23.57%、30.47%下降到2020年的14.68%、14.25%、8.62%、8.66%,基本完成了从农业到工业为主导的产业结构变迁,如图3-6所示。而这种产业结构变迁,必然会引起劳动力要素的流动变迁,从农业转移到工业及服务业方面,大量释放农业剩余劳动力。"就业人员产业占比"方面,根据Wind数据,全国范围来看,从1978年到2020年40多年时间,中国第一产业就业人员占比持续快速下降,而第二、第三产业就业占比快速提升,已经形成从农业就业为主导的就业格局转向以服务业就业为主导的就业格局。其中,第一产业就业人员占比从1978年的70.5%下降到2020年的23.60%,第二产业就业人员占比从1978年的17.3%增加到2020年的28.70%,第三产业就业人员占比从1978年的12.2%增加到2020年的47.10%,如图3-7所示。

第三章 中国贫困代际传递的影响因素分析

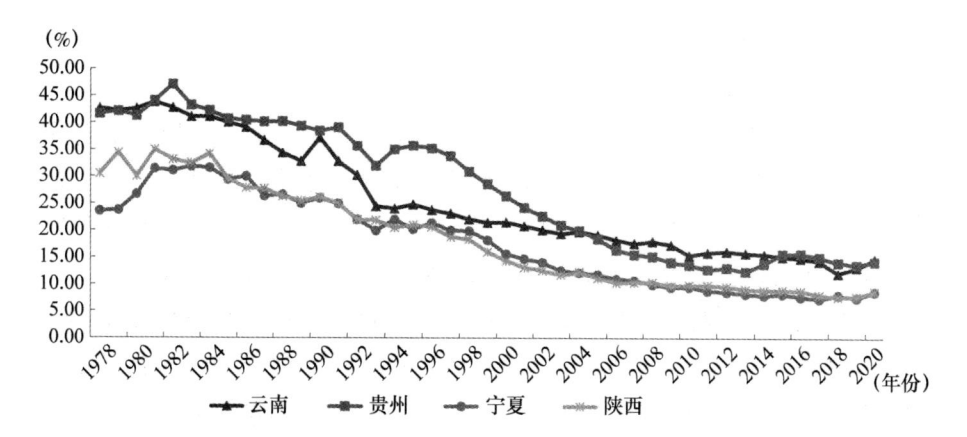

图 3-6 中国主要四个西部省份 1978—2020 年第一产业产值占比

数据来源：中国国家统计局历年《统计年鉴》。

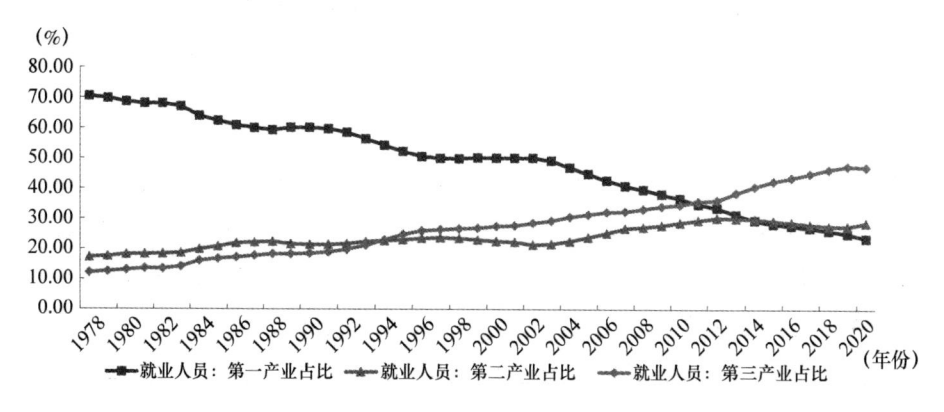

图 3-7 中国 1978—2020 年三大产业就业人员占比变化情况

数据来源：中国国家统计局历年《统计年鉴》。

注：由于缺乏分地区产业就业人员数据，故选择全国整体数据。

这说明，随着改革开放的不断推进，中国产业结构发生着积极显著的变化，完成了产业结构的变迁，同时，也带来了相应的劳动力要素在产业间的转移，城市的工业和服务业大量吸收了农村富余劳动力，尤其是中西部贫困地区农村剩余劳动力。这一变迁过程为广大的贫困地区劳动力增加了就业机会，提供了高于传统农业收入的工作收入，为他们摆脱贫困奠定了基础，也有利于阻断贫困代际传递。

（二）教育因素

教育因素会直接影响贫困地区子辈受教育机会、受教育意愿、家庭教育投资能力、学校教育质量，从而影响人力资本积累水平，最终影响其就业收入水平。从本书的"宏观代际"视角来看，中国教育因素主要体现在国家对贫困地区的教育财政投资以及教育师资供给两个方面。教育财政投资既可以改变贫困地区教育基础设施投资，也可以通过教育经费拨付影响贫困地区教职工和学生的生活状况，从而影响贫困子辈受教育机会、受教育意愿、家庭教育投资能力。毕竟，加大对贫困地区教育经费支持，贫困家庭子辈的教育投资负担会减轻，受教育投资意愿增加，家庭教育投资能力也得到增强。教育师资供给可以直接影响幼儿园教育、义务教育的教师师资队伍规模与质量，从而直接影响贫困子辈受教育的质量。因此，教育因素中，本书选择"教育财政投资""教育师资供给"两个细分视角来分析阻断贫困代际传递的理论机制。

1. 教育财政投资

中国农村基础教育投入长期相对不足，影响人力资本水平提高，导致其就业市场竞争力不足，长期处于低端就业岗位，工作收入微薄且不稳定，从而代际之间改善效应有限，形成"宏观代际"视角下的贫困代际传递效应。这一影响逻辑可以简单归纳为"农村基础教育投资不足→较低的人力资本积累水平→较低的就业竞争力→低收入水平→世代贫困→贫困代际传递"，如图3-8所示。

选取"生均公共财政预算教育事业费：普通初中：农村"和"生均公共财政预算教育事业费：普通小学：农村"两个指标来衡量中国教育财政投入变化情况。根据中国国家统计局数据，农村普通小学和农村普通中学的生均公共财政预算教育事业费，从1997年来快速增加，尤其是2011年之后，增加的绝对规模更为迅猛。而这一时间节点也与前文关于中国教育阻断措施时间节点吻合，反映了中国教育扶贫政策开始向教育阻断方向转变趋势。其中，农村普通小学生均教育财政支出方面，从1997年的275元增加到2019年的10681.34元，增长了37.83倍；农村普通中学的生均教

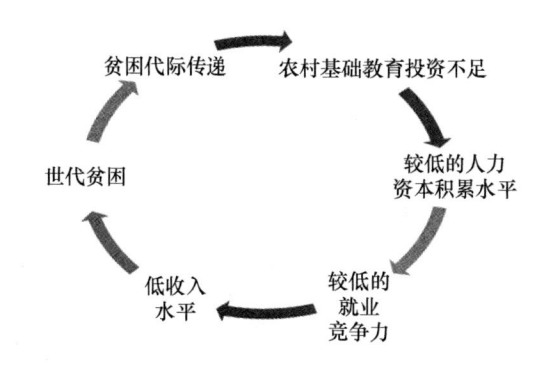

第三章　中国贫困代际传递的影响因素分析　　31

图 3-8　教育财政因素的贫困代际传递循环

育财政支出方面，从 1997 年的 468 元增加到 2019 年的 14542.23 元，增长了 30.07 倍，如图 3-9 所示。而小学教育与初中教育被称为九年基础义务教育，其对贫困地区农村家庭减贫效应最为明显，发挥着整个教育减贫的基础性作用。因此，农村地区基础义务教育财政投入增加，会影响中国农村贫困代际传递改善。

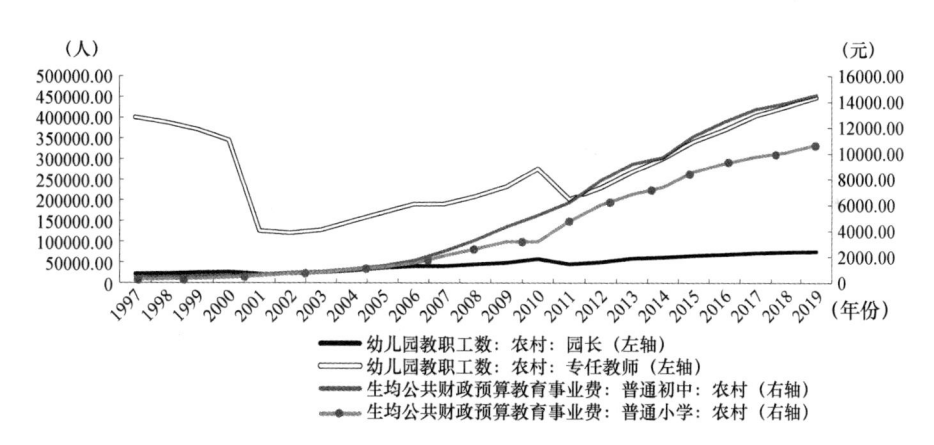

图 3-9　1997—2019 年中国教育财政投资与中国农村义务教育师资供给

数据来源：中国教育部。

2. 教育师资供给

教育资源供给会影响一个国家或者地区人力资本的积累数量与质量，会影响教育阻断贫困代际传递作用的发挥，尤其是幼儿园教育和义务教育。这是因为,一方面,幼儿园教育属于学前教育,学前教育会影响一个孩子的认知能力、学习兴趣的培养、身心健康的塑造以及学习方法的掌握,这些都会深刻影响日后基础教育与高等教育。因此,学前教育的重视程度与师资力量强弱可以代表一个地区人们的教育理念以及教育资源分布情况。另一方面,义务教育教师资源供给对教育质量的提升与改善起到基础性作用,尤其是对于贫困地区农村子辈改善命运的边际效应最大,对于掌握基本知识和学习技能具有极大的帮助,并且还会深刻塑造其性格和世界观,影响着脱贫积极性。因此,义务教育资源供给对充分发挥教育的阻断贫困代际传递作用奠定了基础。而如果教育师资供给不足,例如,尤其是广大西部贫困地区,由于自身经济发展水平及生活条件落后,难以有效地吸引到优秀师资力量,贫困地区师资力量供给长期相对不充分,这会严重影响贫困地区教学质量和升学率,导致较低的人力资本积累水平,进而导致较低的就业竞争力和较低的收入水平,延续着贫困代际传递的命运。这一传递路径可以简单概括为"贫困地区经济欠发达→师资力量供给不充分→较低的人力资本水平→较低的收入水平→贫困代际传递",如图3-10所示。

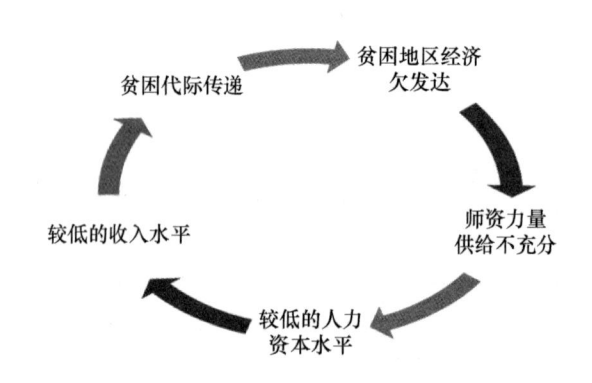

图 3-10 教育师资供给因素的贫困代际传递循环

选取"幼儿园教职工数:农村:专任教师""幼儿园教职工数:农村:园长""义务教育:专任教师人数"等指标分别从幼儿园教育和义务教育来分析中国教育资源供给情况。根据 Wind 数据:幼教教师资源供给方面,中国农村幼儿园专任教师人数从 1997 年的 40.05 万人增加到 2019 年的

44.84万人，其中经历了大幅度下降波动；而农村幼儿园专任园长人数从1997年的2.18万人增加到2019年的7.51万人，增加了2.45倍。而义务教育教师资源供给方面，中国义务教育专任教师人数从1998年的891.37万人增加到2019年的1001.65万人，增长了12.37%，如图3-11所示。这说明在中国广大农村地区，近20年时间内中国教育师资供给呈现了一定程度的增加，为中国阻断贫困代际传递奠定了一定的基础，但相对于经济因素的增长速度还有相当差距，这也说明了教育发展相对滞后，要全面发挥其阻断代际贫困的作用，还需进一步加大财政教育投入和师资供给力度。

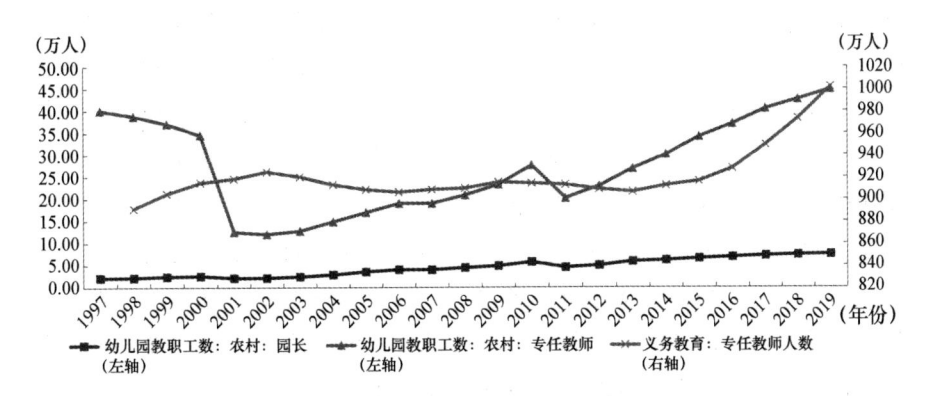

图3-11　中国农村1997—2019年幼儿园义务教育师资供给情况

数据来源：中国教育部。

注：根据教育部数据，"幼儿园教职工数：农村"数据统计为1997—2019年；"义务教育：专任教师人数"数据统计为1998—2019年。

（三）社会生活保障因素

完善的社会生活保障体系对于贫困地区群众而言，可以有效地托底生活状况，起到防范因意外而陷入深度贫困乃至世代贫困的作用，例如，"因病致贫"。而对于中国中西部偏远的贫困地区农村而言，社会生活保障主要集中在医疗卫生资源供给以及最低生活支出保障两个方面。医疗卫生资源供给方面，主要是公共医疗服务和健康服务，贫困农村地区这方面资源往往紧缺，医疗健康意识淡薄，陷入"因病致贫"陷阱的概率极大。同时，也不注重子代婴幼儿时期的卫生健康照料，影响子辈的身心成长发育，从而影响摆脱世代贫困的命运。而最低生活支出保障方面，对于贫困地区困难家庭，要构建起基本的最低生活支出保障，保障其基本的生存与生活，一定程度激活其脱贫内生动力。因此，社会保障因素方面，本书选择"医疗卫生资源供给保障""最低生活民生支出保障"两个细分视角分析阻断贫困代际传递的理论机制。

1. 医疗卫生资源供给保障

充分的农村地区卫生资源供给能够有效地降低患病概率，及时地进行疾病预防，尤其是对于贫困家庭而言，能够增强健康身体体质，提升人力资本积累效率。而在中国中西部广大农村地区，卫生资源供给往往不充分，不能及时有效地满足贫困群众卫生需求，而这会导致增加"因病致贫""因病返贫"的概率。例如，缺乏长期有规律的医疗卫生检查，贫困农村群众因为小疾病不能及时发现，久病不医导致大病，从而导致"因病致贫"。并且，如果大病不能前期得到有效检查，待到后期病发，往往治疗费用高昂，陷入"因病致贫"的风险概率增大。疾病和健康都具有较强的遗传性，如果长期卫生资源供给不充分，从而导致父辈不良的身体健康条件世代相传，影响子辈的身体健康水平。而子辈的身体健康水平会影响其日后学习效率，影响其人力资本积累效率，进一步影响其职场就业竞争力，影响其收入水平，从而发生贫困代际传递。

在中国广大贫困农村地区，子辈的健康因素往往受到公共医疗服务水平的影响，尤其是0—3岁婴幼儿时期及产前照料的公共医疗服务水平，会深刻影响子辈的智力发育及心理成长。因此，其影响路径可以简单归纳为："较低的医疗卫生供给→较低的父辈健康水平→较低的子辈健康水平→较低的子辈人力资本水平→较低的子辈的就业收入水平→贫困代际传递"，如图3-12所示。

分别按卫生资源供给和健康公共服务两个维度选取指标考察中国卫生健康情况。其中，卫生资源供给方面，选取每千人计量口径下，"卫生技术人员""执业（助理）医师"两个指标考察中国农村卫生资源供给情况。从图3-13可以看出，中国农村卫生资源供给从1980年开始呈现出积极的改善趋势，增加速度快于城市，但相对于城市而言，始终存在差距，并且有差距扩大的趋势。其中，按照每千人计量口径计算，"卫生技术人

第三章 中国贫困代际传递的影响因素分析

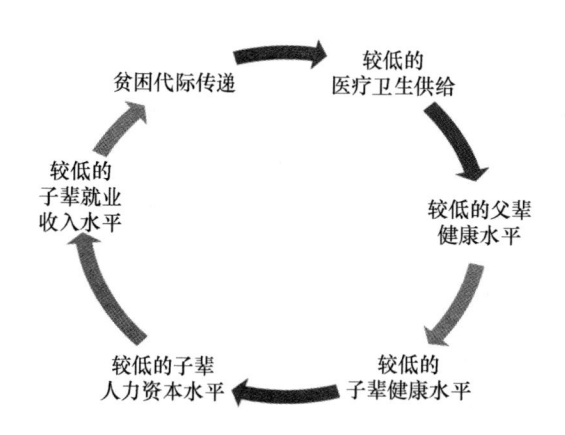

图 3-12 卫生健康因素的贫困代际传递循环

员"方面，农村从 1980 年的 1.81 人增加到 2019 年的 4.96 人，城市从 1980 年的 8.03 人增加到 2019 年的 11.10 人；执业（助理）医师方面，农村从 1980 年的 0.76 人增加到 2019 年的 1.96 人，城市从 1980 年的 3.22 人增加到 2019 年的 4.10 人，如图 3-13 所示。根据卫生因素影响贫困代际传递的路径，从 1980 年开始的近 40 年间，中国农村卫生资源供给绝对量呈现积极改善趋势，这可能会改善中国农村的绝对贫困代际传递局面，同时，相对于城市，可能会加深相对贫困的代际传递。

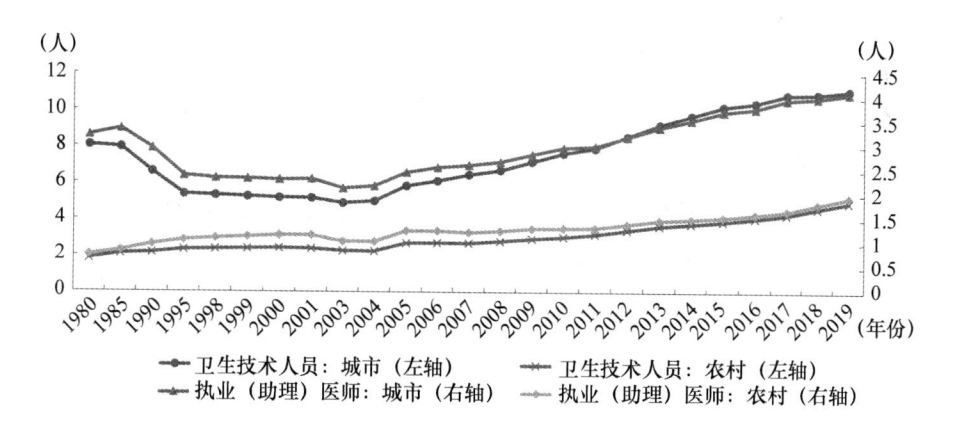

图 3-13 中国 1980—2019 年卫生技术人员与执业（助理）医师变化趋势

数据来源：《中国卫生健康统计年鉴 2020》。

而健康公共服务方面，选取"监测地区婴儿死亡率""产前检出率""产后访视率"三个指标来考察中国健康公共服务。根据《中国卫生健康统计年鉴2020》，中国婴幼儿成活和产前产后照料两项公共服务水平近30年来得到了持续不断的提高，并且农村与城市之间的差距在逐步缩小，这反映了中国农村健康医疗扶贫初见成效。其中，监测地区婴儿死亡率方面，城市地区从1991年的17.3‰下降到2019年的3.4‰，农村地区从1991年的58‰下降到2019年的6.6‰，农村下降幅度远超城市，城乡差距迅速缩小，几乎接近。而农村产前检查率和产后访视率近30年快速增加，产前检查率从1992年的69.7%提高到2019年的96.8%，产后访视率从1992年的69.7%提高到2019年的94.1%，如图3-14所示。这说明从1991年起近30年来中国广大贫困农村地区医疗健康等公共服务水平快速提升与改善，尤其是婴幼儿成活和孕妇产前产后照料水平的提升，极大地提升了贫困子辈智力成长发育水平，为后天的人力资本积累奠定基础，有利于贫困代际传递的阻断。

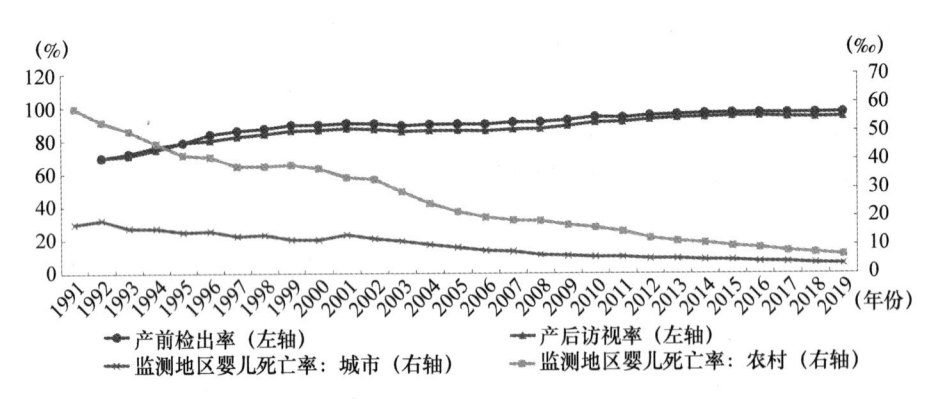

图 3-14 中国 1991—2019 年贫困地区卫生健康因素指标变化趋势

数据来源：《中国卫生健康统计年鉴2020》。

注：根据《中国卫生健康统计年鉴2020》数据显示，"产后访视率""产前检出率"数据指标统计时间范围为1992—2019年，而"监测地区婴儿死亡率"数据指标统计时间范围为1991—2019年。

2. 最低生活民生支出保障

较为健全的社会保障能够在减贫过程中起到政策托底的作用，能够满

第三章 中国贫困代际传递的影响因素分析

足居民最基本的生活需求，对于贫困治理不可或缺。闫坤、于树一(2013)[①] 曾概括总结出中国富有特色的"两线一力"减贫模式，认为构建社会保障安全网络是中国贫困治理的重要内容。而简单来说，社会生活保障体系的建立有利于激活贫困群众摆脱贫困的积极性，在此基础上提升其摆脱贫困的内生动力，阻断贫困代际传递。在相当长的一段时间里，中国广大贫困地区尤其是深度贫困地区，最低生活保障体系仍然不健全，更谈不上全覆盖。深度贫困家庭的基本生活需求不能得到满足，其脱贫积极性较低，较低的收入水平世代延续，从而导致贫困代际传递。这一简单逻辑可以归纳为"不健全的社会生活保障体系→不能满足基本生活需求→较低的脱贫积极性→世代较低的收入水平→贫困代际传递"，如图3-15所示。在脱贫攻坚战胜利之后，中国绝对贫困已经消除，这个问题已经不复存在，但须巩固拓展脱贫攻坚成果，夯实最低生活保障制度，警惕、防止已经消除的绝对贫困卷土重来。

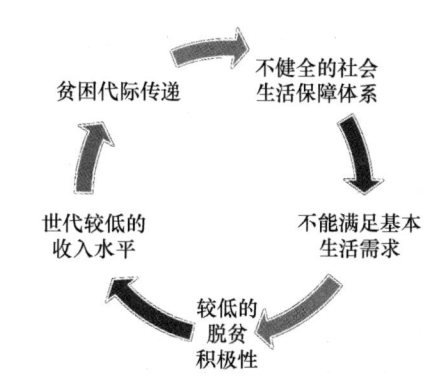

图3-15　社会生活保障因素的贫困代际传递循环

选取"民政事业费支出""参加基本养老保险人数"两个指标来考察中国社会生活保障因素的变化情况。其中，民政事业费支出从1979年的18.32亿元增加到2018年的3954.66亿元，增长了214.08倍；参加基本养

[①] 闫坤、于树一:《中国模式反贫困的理论框架与核心要素》，《华中师范大学学报》（人文社会科学版）2013年第11期。

老保险人数从 1989 年的 0.57 亿人增加到 2017 年的 9.15 亿人，增长了 15.03 倍，如图 3-16 所示。这说明中国在扶贫开发过程中，一直致力于农村社会生活保障事业的建设，一定程度上保证了贫困群众的基本生活需求，为阻断贫困代际传递发挥着基础性作用。

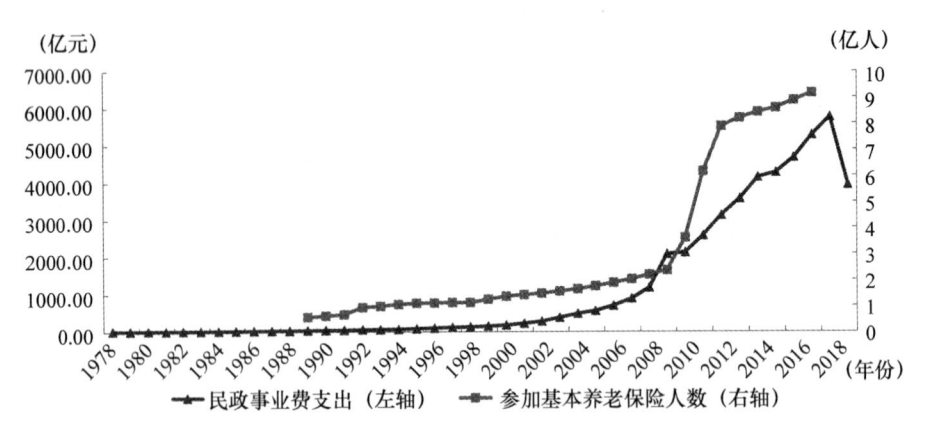

图 3-16　中国 1979—2018 年社会保障变化情况

数据来源：中国民政部、中国国家统计局。

注：根据民政部数据，"民政事业费支出"指标数据只有各地方省市口径，统计时间范围为 1979—2019 年，本书将各省市加总求和得出全国口径；根据国家统计局数据，"参加基本养老保险人数"指标数据，统计时间范围为 1989—2018 年。

（四）生态保护因素

生态环境是导致贫困和代际贫困重要的外部自然环境因素，而良好的生态环境，可以为贫困地区经济可持续发展提供基本的生产条件保障，降低外部自然环境对生产生活的制约与限制。例如，西北部贫困地区农村，土地沙化与荒漠化往往会很大程度限制农业生产与工业生产。而在生态环境保护过程中，还可以探索有效的生态投资扶贫模式和生态产业模式，从而提升贫困地区产业发展水平，最终提升贫困地区群众收入水平。因此，"生态保护"因素方面，选择"生态林业投资"细分视角分析生态保护因素对贫困代际传递阻断的理论机制。

生态林业投资。良好的生态环境有利于贫困地区经济可持续发展，进而提高当地贫困群众的收入水平，实现生态脱贫。而一般来说，贫困地区

第三章　中国贫困代际传递的影响因素分析

更注重追求短期经济利益多采用传统粗放式农业生产，毁林开荒现象严重，往往竭泽而渔，导致土地沙化硬化严重，肥力下降，这种竭泽而渔的发展模式只能带来微薄的农业收入，不但不能摆脱贫困，往往还会形成贫困代际传递。这一影响路径简单概括为"粗放式农业生产→生态保护意识薄弱→生态破坏→农业生产效率低下→农业收入回报较低→贫困代际传递"，如图 3-17 所示。

图 3-17　生态保护因素的贫困代际传递循环

中国近年来扶贫开发过程中，越来越重视生态保护因素的作用，提出了生态扶贫的概念，并且不断推动具体的生态扶贫实践，实现了以生态保护助力脱贫。以西部四省的林业生态扶贫为例，"本年林业投资完成额：国家投资"这个指标值的大幅增加可以部分地反映其生态保护情况。其中，贵州林业投资完成额从 1999 年的 1.62 亿元增加到 2018 年的 101.13 亿元，增加了 61.35 倍；云南林业投资完成额从 1999 年的 3.65 亿元增加到 2018 年的 132.40 亿元，增加了 35.24 倍；宁夏林业投资完成额从 1999 年的 0.42 亿元增加到 2018 年的 19.48 亿元，增加了 45.15 倍；陕西林业投资完成额从 1999 年的 2.63 亿元增加到 2018 年的 108.88 亿元，增加了 40.43 倍，如图 3-18 所示。

这说明得益于国家财政投资支持，中国西部地区林业投资近 20 年来实现了快速增长。这也同时说明中国在西部地区生态保护力度在逐渐加大，也为生态脱贫奠定了基础。从短期脱贫效应来看，加大生态投资本身就可

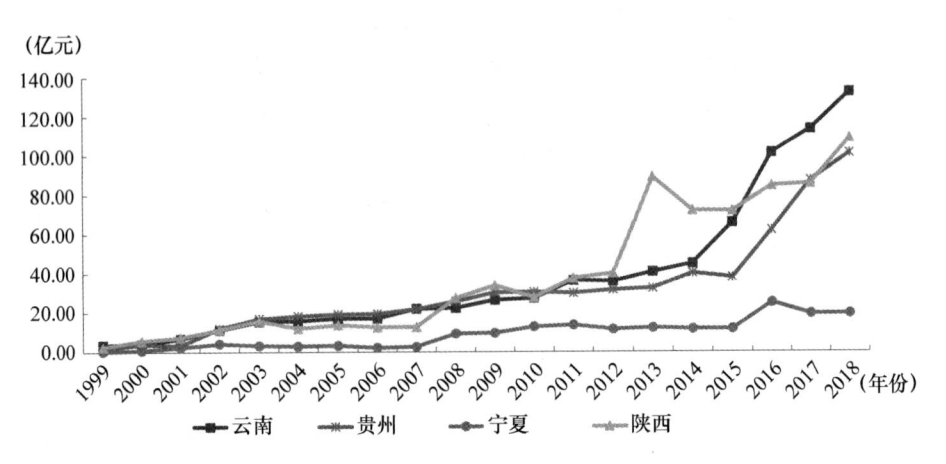

图 3-18　1999—2018 年中国四个西部省份本年林业投资完成额
（国家投资）变化趋势

数据来源：历年《中国林业年鉴》。

注：根据《中国林业投资统计年鉴》"林业投资完成额：国家投资"目前只统计了1999—2018年年度数据。

为贫困地区创造就业岗位，解决部分贫困地区群众就业问题。从长期阻断效应来看，生态保护的理念逐渐深入人心，无形中改变传统的粗放式农业生产方式，提高农业生产效率及生产价值，促进贫困地区农业发展乃至农业结构调整，进而对改善贫困地区群众收入水平产生可持续性影响，最终一定程度上产生阻断贫困代际传递功效。

四　贫困代际传递影响因素的实证分析

（一）基于全国范围的贫困代际传递实证分析

1. 变量选择与数据处理

（1）被解释变量

依据本书提出的宏观代际收入弹性公式（2-2）计算得出的"宏观代际弹性系数"作为被解释变量，记作 y，单位为%，计算所涉及的数据来

第三章 中国贫困代际传递的影响因素分析

源于《中国农村贫困监测报告 2017》以及中国国家统计局《统计年鉴》，实证过程中该变量取对数。

（2）解释变量

解释变量的选择依据影响因素理论框架，分别从经济因素、教育因素、社会保障、生态因素等四个维度选取影响的指标变量数据。

经济因素——经济增长。根据经济因素对贫困代际传递的影响分析，选取中国"GDP 增长率"为数据指标，作为解释变量，记作 x_1，单位为%，时间范围"1999—2016 年"，数据来源 Wind 数据，实证过程该变量取对数。

经济因素——第一产业产值。选取中国"第一产业产值①"数据指标，即由"不变价：第一产业产值/不变价：GDP 值"，将该指标作为解释变量，记作 x_2，单位为亿元，时间范围"1999—2016 年"，数据来源 Wind 数据，实证过程该变量取对数。

教育因素——教育财政投入（普通农村小学）。根据教育投资因素对贫困代际传递的影响分析，选取中国"生均公共财政预算教育事业费：普通小学：农村"数据指标，作为解释变量，记作 x_3，单位为元，时间范围"1999—2016 年"，数据来源 Wind 数据，实证过程该变量取对数。

教育因素——教育财政投入（普通农村中学）。选取中国"生均公共财政预算教育事业费：普通初中：农村"数据指标，作为解释变量，记作 x_4，单位为元，时间范围"1999—2016 年"，数据来源 Wind 数据，实证过程该变量取对数。

教育因素——教育资源供给（农村幼儿园教育）。选取中国"幼儿园教职工数：农村：专任教师"数据指标，作为解释变量，记作 x_5，单位为万人，时间范围"1999—2016 年"，数据来源 Wind 数据，实证过程该变量取对数。

教育因素——教育资源供给（义务教育）。选取中国"义务教育：专任教师人数"，作为解释变量，记作 x_6，单位为万人，时间范围"1999—2016 年"，数据来源 Wind 数据，实证过程该变量取对数。

---

① 由于本书的研究对象是中国农村贫困代际传递问题，故选择农业产值占比较为合理。

社会保障因素——卫生资源供给（执业医师）。根据卫生资源供给因素对贫困代际传递的影响分析，选取中国"每万人口执业（助理）医师"数据指标，作为解释变量，记作 x_7，单位为人数（每万人统计口径），时间范围"1999—2016 年"，数据来源 Wind 数据，实证过程该变量取对数。

社会保障因素——民政事业费支出。根据社会保障因素对贫困代际传递的影响分析，选取中国"民政事业费支出"数据指标，作为解释变量，记作 x_8，单位为亿元。该变量指标数据为合成数据，即该数据在全国范围口径下并没有直接统计，而地方省际区域层面都有统计，因此利用全国 31 个省际区域口径下的数据简单相加而得到该变量数据。该变量数据选取时间范围"1999—2016 年"，数据来源 Wind 数据，实证过程该变量取对数。

社会保障因素——参加基本养老保险人数。选取中国"参加基本养老保险人数"数据指标，作为解释变量，记作 x_9，单位为万人。该变量数据选取时间范围"1999—2016 年"，数据来源 Wind 数据，实证过程该变量取对数。

生态因素——国家林业投资。根据生态因素对贫困代际传递的影响分析，选取中国"本年林业投资完成额：国家投资：全国"数据指标，作为解释变量，记作 x_{10}，单位为亿元，时间范围"1999—2016 年"，数据来源 Wind 数据，实证过程该变量取对数。

（3）数据处理

在选取上述指标变量数据后，针对变量数据中出现的数据缺失问题，做了以下调整处理：第一，"贫困地区农村可支配收入"缺失数据处理，采用"参照比对法"。根据最新的《中国农村贫困监测报告 2017》，只统计了中国 2013—2016 年这 5 年"贫困地区农村常住居民人均可支配收入"，而缺失本章节需要的剩余年限数据。因而本书进行了一定的数据处理调整，采用"参照比对法"处理，参照中国国家统计局公布的"农村居民家庭人均收入"数据（该数据也只统计到 2015 年）。

具体包括以下三步：第一步，分别计算 2013—2015 年这 3 年的"贫困地区农村常住居民人均可支配收入/农村居民家庭人均纯收入"的比值，分别记作 a_1、a_2、a_3；第二步，计算这三个值的均值，记作 $a = (a_1 + a_2 + a_3)/3$；第三步，将 1979—2012 年"农村居民家庭人均纯收入"乘以

第三章 中国贫困代际传递的影响因素分析

2013—2015年"贫困地区农村常住居民人均可支配收入/农村居民家庭人均纯收入"的均值,即可以得出1979—2012年时间段各年的"贫困地区农村常住居民人均可支配收入"数据,也就是将1979—2012年各年的"农村居民家庭人均纯收入"×a,结果为1979—2012年"贫困地区农村常住居民人均可支配收入"。

第二,其他解释变量缺失数据处理,采用"年均增长率倒推法"。选取的各个解释变量中,有个别指标数据由于起始统计时间原因,存在数据缺失,采用"年均增长率倒推法"处理,即参照已有统计的数据计算年均增长率,然后利用年均增长率倒推缺失数据。例如,医疗卫生资源供给因素中的"每万人口执业(助理)医师"指标,该指标数据只有2005—2016年数据,缺失之前的数据。因此,首先计算2005—2016年的年均增长率,利用 $c = \sqrt[1/11]{a/b} - 1$(2005年变量数据记作 a,2016年变量数据记作 b);然后,将利用这一年均增长率逐步倒推1998—2004年的各年数据,即2004年指标数据 $= a/(1+c)$,以此逐步倒推。

2. 模型构建与实证分析

根据上述变量指标数据,基于宏观代际视角,构建下面双对数模型:

$$\ln y = c + \alpha_1 \times \ln x_1 + \alpha_i \times \ln x_i + \delta \qquad (3-1)$$

公式(3-1)中 y 为宏观代际弹性系数,c 为常数,x_1 为1998—2016年中国贫困地区农村常住居民人均可支配收入。x_i 为 x_2、x_3、x_4、x_5、x_6、……,为各影响因素变量,α_1、α_2、α_3、……为各解释变量影响系数,δ 为残差。

(1)单位根检验

由于选取的变量都是时间序列,在具体展开实证回归之前需要对变量数据进行平稳性检验,这些变量的数据形成过程可能呈现非平稳状态,即可能存在变量自身随着时间而增减变动,从而导致"伪回归"现象,即变量自身是由于时间关系自身发生变动而错误地归因于变量之间的因果关系。因此,在具体实证回归前,进行下面的平稳性检验,消除上述伪回归的可能性。

对上述选取的实证变量进行二阶差分,单位根检验结果(ADF)如表3-1所示。

表3-1　　　　　　各个变量的单位根平稳性检验结果

变量	ADF值	(C, T, K)	P值	1%临界值	5%临界值	10%临界值
$D(\ln y, 2)$	-7.584632	(c, t, 0)	0.0001	-4.728363	-3.759743	-3.324976
$D(\ln x_1, 2)$	-4.089851	(c, 0, 2)	0.0095	-4.057910	-3.119910	-2.701103
$D(\ln x_2, 2)$	-3.917635	(c, 0, 3)	0.0010	-2.771926	-1.974028	-1.602922
$D(\ln x_3, 2)$	-4.197170	(c, t, 2)	0.0286	-4.886426	-3.828975	-3.362984
$D(\ln x_4, 2)$	-4.074728	(0, 0, 1)	0.0006	-2.740613	-1.968430	-1.604392
$D(\ln x_5, 2)$	-9.436151	(c, t, 0)	0.0000	-4.728363	-3.759743	-3.324976
$D(\ln x_6, 2)$	-4.391494	(c, t, 3)	0.0237	-4.992279	-3.875302	-3.388330
$D(\ln x_7, 2)$	-4.643936	(c, t, 1)	0.0129	-4.800080	-3.791171	-3.342253
$D(\ln x_8, 2)$	-6.387727	(c, t, 0)	0.0007	-4.728363	-3.759743	-3.324976
$D(\ln x_9, 2)$	-4.448809	(c, t, 0)	0.0160	-4.728363	-3.759743	-3.324976
$D(\ln x_{10}, 2)$	-3.834331	(0, 0, 3)	0.0011	-2.771926	-1.974028	-1.602922

注：(C, T, K) 表示 ADF 检验式是否包含常数项、时间趋势项以及滞后期数。

(2) 协整分析

通过上述单位根检验结果显示，各个变量的二阶差分值均通过了5%的显著性检验，显示原序列平稳，接下来将对其进行协整分析。采用Johansen协整检验方法进行协整检验，检验结果如表3-2所示。

表3-2　　　　　　模型变量协整检验分析结果

$\ln y \ln x_1$ 协整性分析结果			
	迹值	临界值（5%）	P值
None*	14.87200	15.49471	0.0419
Atmost1*	0.188092	3.841466	0.6645
$\ln y \ln x_2$ 协整性分析结果			
	迹值	临界值（5%）	P值
None*	30.83274	15.49471	0.0001
Atmost1*	9.015953	3.841466	0.0027

续表

lnylnx$_3$ 协整性分析结果			
	迹值	临界值（5%）	P 值
None*	13.67736	15.49471	0.0922
Atmost1*	4.207331	3.841466	0.0402

lnylnx$_4$ 协整性分析结果			
	迹值	临界值（5%）	P 值
None*	15.32062	15.49471	0.0531
Atmost1*	5.004538	3.841466	0.0253

lnylnx$_5$ 协整性分析结果			
	迹值	临界值（5%）	P 值
None*	17.41023	15.49471	0.0254
Atmost1*	3.880698	3.841466	0.0488

lnylnx$_6$ 协整性分析结果			
	迹值	临界值（5%）	P 值
None*	23.54132	15.49471	0.0025
Atmost1*	4.506760	3.841466	0.0338

lnylnx$_7$ 协整性分析结果			
	迹值	临界值（5%）	P 值
None*	15.02022	15.49471	0.0488
Atmost1*	0.441865	3.841466	0.5062

lnylnx$_8$ 协整性分析结果			
	迹值	临界值（5%）	P 值
None*	20.51015	15.49471	0.0080
Atmost1*	4.767018	3.841466	0.0290

lnylnx$_9$ 协整性分析结果			
	迹值	临界值（5%）	P 值
None*	26.76883	15.49471	0.0007
Atmost1*	0.232922	3.841466	0.6294

lnylnx$_{10}$ 协整性分析结果			
	迹值	临界值（5%）	P 值
None*	6.898004	29.79707	0.5895
Atmost1*	4.789120	3.841466	0.0423

由于采取的是给定解释变量,然后逐个加入控制变量来测度各个控制变量影响因素大小,涉及 10 个模型。因而,在展开实证测度前需要逐个对各个模型进行协整性检验。通过上述 Johansen 法协整性检验结果显示,上述 10 个模型都存在一个协整关系,因而各个模型可以进行回归。

(3) 实证结果分析

实证结果如表 3-3 所示。

表 3-3　　　　　　　　各控制变量模型回归结果

变量	模型 1	模型 2	模型 3	模型 4	模型 5	模型 6	模型 7	模型 8	模型 9	模型 10
C	-0.04 (0.99)	-3.75 (0.25)	0.94 (0.51)	1.07 (0.46)	4.99 (0.02)	28.04 (0.90)	1.78 (0.64)	0.99 (0.41)	-7.24 (0.21)	1.10 (0.38)
$\ln x_1$	1.91 (0.08)									
$\ln x_2$		0.79** (0.02)								
$\ln x_3$			0.42** (0.03)							
$\ln x_4$				0.39** (0.04)						
$\ln x_5$					-0.26 (0.67)					
$\ln x_6$						-3.50 (0.92)				
$\ln x_7$							0.84 (0.53)			
$\ln x_8$								0.44** (0.02)		
$\ln x_9$									1.14* (0.06)	
$\ln x_{10}$										0.49** (0.02)
调整 R^2	0.13	0.24	0.20	0.24	-0.05	-0.06	-0.04	0.26	0.16	0.24

第三章 中国贫困代际传递的影响因素分析

续表

变量	模型1	模型2	模型3	模型4	模型5	模型6	模型7	模型8	模型9	模型10
R^2	0.18	0.28	0.25	0.19	0.01	0.00	0.02	0.31	0.21	0.29
F 值	3.54	6.36	5.37	5.00	0.19	300.76	378.68	7.14	4.16	6.52

注：** 表示通过5%显著性检验，* 表示通过10%显著性检验。

总体上来看，通过上述一系列模型回归结果可以简单归纳以下特征：第一，所有模型中，除了解释变量 $\ln x_5$、$\ln x_6$、$\ln x_7$ 外，其余7个解释变量回归系数均通过了显著性检验。这说明这些解释变量表示的影响因素都具有明显的宏观代际传递效果，也说明本章构建的影响因素理论框架具有一定的解释力度。第二，在所有通过显著性检验的7个模型中，模型2中的解释变量在5%的显著水平下最大。这说明，解释变量 $\ln x_2$ 的贫困代际传递影响因素最大，即农业产值对贫困代际传递具有正向作用并且作用最大。第三，在所有通过显著性检验的7个模型中，与教育因素中的教育财政因素分别对应模型3和模型4中的解释变量 $\ln x_3$、$\ln x_4$，均通过了显著性检验。这表明教育因素中的教育财政因素对贫困代际传递具有显著影响，而表示教育因素的教育资源供给变量并没有通过显著性检验。因此，要重点关注教育因素中的教育财政因素的影响。而具体来看：

第一，与经济因素对应的模型1和模型2中的解释变量均通过了显著性检验，表明经济因素具有显著的正向阻断贫困代际传递效应，经济因素是阻断贫困代际传递的重要着力点之一。其中，模型1中的解释变量 $\ln x_1$ 变量系数显著，说明"子代"时期经济增长因素具有正向贫困代际传递效应，会固化"子代"与"父代"之间的代际收入相关性；而模型2中的解释变量 $\ln x_2$ 变量系数也显著，说明"子代"时期农业产值因素也同样具有显著的正向贫困代际传递效应，会加深"父子辈"代际收入相关性。这深刻反映了中国经济发展过程中存在显著的不均衡、不充分、不协调矛盾，贫困农村地区没有充分享受到改革发展带来的代际收入改善成果，尤其是农业产值带来的影响效果最大。因此，今后更加重视经济发展的均衡性，将是阻断贫困代际传递工作的重要着力点之一。

第二，根据表示教育因素的模型3到模型6的4个模型，教育财政因素的解释变量通过了显著性检验，表明教育因素中的教育财政因素具有显著的正向阻断贫困代际传递效应。模型3、模型4中表示普通农村小学生均教育财政经费投入、普通农村初中生均教育财政经费投入的变量通过了显著性检验。这说明，中国农村地区义务教育财政投入因素会影响"子代"与"父代"之间的代际收入相关性，义务教育财政投入也是阻断贫困代际传递的重要着力点之一。这可能是由于中国农村义务教育区域之间财政投入差异导致，西部地区教育财政投入比重可能往往高过东部，而家庭负担的教育投入比重较小，东部地区则相反，所以导致从全国范围看，教育财政投入规模会正向影响"子代"与"父代"之间收入相关性。因此，今后中国应当持续加大对农村地区义务教育财政投入，尤其是要考虑东中西部区域发展差异因素，发挥义务教育财政投入对代际贫困的阻断效应。而模型5和模型6中表示幼儿园教育教师资源供给、义务教育教师资源供给对贫困代际传递并没有显著影响。从全国范围看导致代际贫困的原因并非宏观的教师资源供给，而更多的可能是微观层面家庭教育投资意愿与投资。因此，要重点关注教育因素中的教育财政因素对贫困代际传递的影响。

第三，根据表示社会保障因素的模型8和模型9，其解释变量均通过了显著性检验，表明社会保障支出因素具有显著的正向阻断贫困代际传递效应。模型8中表示社会保障支出的解释变量$\ln x_8$、模型9中表示参加基本养老保险人数的解释变量$\ln x_9$均通过了显著性检验，这表明中国的社会保障体系会显著正向影响"子代"与"父代"之间收入相关性，说明社会保障因素具有正向阻断贫困代际传递效应，也间接说明社会保障体系建设依然是中国今后阻断贫困代际传递的重要着力点。这主要是由于，当前中国社会保障体系仍然不够完善，不能完全有效地覆盖贫困家庭。今后要加大社会保障体系完善力度，持续加大社会保障财政投入，尤其是加大对深度贫困地区家庭的社会保障完全覆盖，构建完善的基本生活、医疗、养老等保障体系，从而减少世代贫困现象发生，发挥社保体系阻断贫困代际传递的效果。今后要加大社保体系完善力度，增加社会保障投入。

第四，根据表示生态因素的模型10，其解释变量系数通过了显著检验，表明生态投资具有显著的正向阻断贫困代际传递效应。模型10中的表示生态林业投资的解释变量 $\ln x_{10}$ 通过了显著性检验，表明中国的生态林业投资会对"子代"与"父代"之间的收入相关性具有显著性影响，也表明以生态林业投资的生态扶贫模式依然是今后扶贫工作重要的着力点之一。这可能是由于当前中国生态扶贫模式对直接改善贫困地区群众收入水平效率不够高，并不能有效地激活当地贫困群众的脱贫积极性，对生态服务政策形成了一定程度的"等、靠、要"等心理，对实质性改善当地生产生活条件效用有限。因此，今后中国依然要坚持生态扶贫模式，努力提高这一模式的效率，以及更加聚焦这一模式对激活贫困地区群众脱贫内生性的影响，通过生态扶贫，使得贫困群众看到努力改善生活的希望，看到通过充分利用当地生态资源能够改变生产生活条件的希望，探寻到有效的具体的生态脱贫的产业发展模式和路径，从而发挥生态投资阻断贫困代际传递的正向作用。

第五，根据模型5、模型6和模型7，其解释变量系数均没有通过显著性检验，表明教育资源供给和医疗卫生资源供给在全国范围，没有显著的正向阻断贫困代际传递效应。模型5和模型6中解释变量分别表示幼儿园教育师资供给和义务教育师资供给、模型7解释变量表示医疗卫生资源供给，其系数均没有通过显著性检验，表明教育师资源供给和医疗卫生资源供给因素与贫困代际传递的相关性不大，不是中国今后阻断贫困代际传递的着力点。这可能是由于这两种资源在全国范围分布差异太大，对东部与中西部地区的贫困代际传递作用可能截然相反，从而产生某种程度的抵消作用，导致全国范围内不显著。

（4）实证研究结论归纳

第一，从"宏观代际"视角来看，中国贫困地区农村"父辈"（1979—1997年）与"子辈"（1998—2016年）存在较强的代际收入相关性，说明中国贫困代际传递现象较为严重。但是从2010年以来，随着中国大规模扶贫开发的实施，中国贫困代际传递系数逐步在降低，得到了一定程度的缓解。第二，从整体回归结果来看，本章构建的理论框架在全国范围内具有较好的解释力度，具有显著的影响。其中，除了教师资源供给和医疗卫生资源供给因素外，本章所构建的理论框架下的变量指标均具有显著的影响。因此,从实证上说明,本章构建的理论框架具有较好的解释力度。第三,从具体回归结果来看,实证测度发现,除了教育资源供给和医疗卫生资源供给匀速不显著外,其他影响因素均通过了显著性检验,表明均具有显著的正向阻断贫困代际传递效应,这也成为中国今后阻断贫困代际传递的重要政策着力点。

本书将沿着这一"宏观代际"视角和分析方法,进一步深入到区域省份角度,考察中国贫困代际传递影响因素的作用机制及其影响大小。

(二)基于区域省份的贫困代际传递实证分析

1. 测度方法特征总结

涉及区域层面影响因素分析的方法与上一节全国范围影响因素分析的方法基本相同,但有以下两点不同:第一,测度的数据和测度模型为全国31个省份的区域时间段的均值数据和横截面计量回归。测度的变量指标数据均取均值,即1979—2016年时间段内的均值数据,因为这样更能凸显"宏观代际"变化,而不能选取时间节点指标数据。同时,由于全国31个省份在1979—2016年时间段内只有1个"宏观代际"收入弹性系数,故不适合时间序列模型,因此,采用横截面模型计量回归。第二,测度的影响因素更加侧重于财政扶贫及阻断传递作用。选取的解释变量指标数据大多数为各个地方财政支出数据,更加突出地方政府在改革开放40多年来的财政支出产生的扶贫及阻断贫困代际传递作用。因为,在基于上一节考察全国范围内的具体影响因素之后,发现教育因素中的教育财政影响因素最为显著。因此,本书将进一步落实到地方省份层面考察教育财政作用,为今后财政扶贫提供参考和理论依据。

2. 变量选择与数据处理

(1) 被解释变量

被解释变量为本章上节重新再定义并且按照定义测度完成的"宏观代际弹性系数",该指标变量记作y。其中,"宏观代际"收入弹性测度过程中所需要用的数据来源于《中国农村贫困监测报告2017》以及中国国家统计局历年统计年鉴,实证过程该变量数据取对数。

第三章　中国贫困代际传递的影响因素分析

（2）解释变量

经济因素——经济增长。由于考虑到中国改革开放以来区域经济增长差异较大，所处发展阶段差异较大，经济增长率差异较大，用经济增长率较难直接反映"宏观代际"系数变化。例如，改革开放前期，东部地区率先发展，经济增长率较中西部高；而当前中国中西部地区处在工业化时期，而东部地区处在后工业化时期，GDP 增长差异较大。

因此，认为采用 GDP 总量比较合适，更能直接反映省际区域经济发展过程中带来的民生福祉变化。根据经济因素的传递影响分析，选取中国各地区域的"GDP：不变价"为数据指标，作为解释变量，时间范围"1979—2016 年"，将这一时间段的"GDP：不变价"总量取均值，作为解释变量，记作 x_1，单位为亿元，数据来源 Wind 数据，实证过程取对数。

经济因素——非农产业产值。根据前文分析，非农产业产值能够增加贫困地区群众的收入渠道，并且由于非农产业的生产效率高于农业，所以非农产业的收入水平也往往高于农业。因此，根据前文经济因素的传递影响分析，选取中国各省"非农产业产值"数据指标，作为解释变量，该指标是个合成计算指标，即由"第二产业产值"和"第三产业产值"相加而成，时间范围"1979—2016 年"，将这一时间段的数据取均值，记作 x_2，单位为亿元，数据来源 Wind 数据，实证过程取对数。

教育因素——地方公共财政支出：教育。根据前文教育投资因素对贫困代际传递的影响分析，选取中国各省份"地方公共财政支出：教育"数据指标，作为解释变量，时间范围为"1998—2016 年"，中国各个省际地对该指标统计最早时间点始于 1998 年，由于该时间段也正好符合"子代"时间范围，故不因为时间段而做出数据调整处理。将该时间范围的指标数据取均值，记作 x_3，单位为亿元，数据来源 Wind 数据，实证过程该变量取对数。

社会保障因素——地方公共财政支出：医疗卫生与计划生育。根据前文社会保障因素中的卫生资源供给因素对贫困代际传递的影响分析，选取中国"地方公共财政支出：医疗卫生与计划生育"数据指标，作为解释变量，时间范围为"1996—2016 年"，中国各个省际地方对该指标统计最早时间点始于 1996 年，由于该时间段也正好符合"子代"时间范围，故不因为时间段而做出数据调整处理。将该时间范围的指标数据取均值，记作 x_4，单位为亿元，数据来源 Wind 数据，实证过程该变量取对数。

社会保障因素——民政事业费支出。选取"民政事业费支出"数据指标，作为解释变量，时间范围"1979—2016 年"，将这一时间段的数据取均值，记作 x_5，单位为亿元，数据来源 Wind 数据，实证过程该变量取对数。

生态因素——国家林业投资。根据前文生态因素的传递影响分析，选取中国"本年林业投资完成额：国家投资"数据指标，作为解释变量，时间范围"1999—2016 年"，由于各个省际地方对该指标统计最早时间点始于 1999 年，而该时间段也正好符合"子代"时间范围，故不因为时间段而做出数据调整处理。将该时间范围的指标数据取均值，记作 x_6，单位为亿元，数据来源于 Wind，实证过程该变量取对数。

（3）数据处理

被解释变量的数据缺失处理。详见第二章"宏观测度的突破"。

解释变量的数据缺失处理。为了能够尽量使得回归结果精确，对解释变量指标的数据处理较少，主要又做了以下两点处理：第一，所有的解释变量数据为了能够凸显"宏观代际"变化，均取均值。第二，模型计量回归上，依然采用上一节所用模型，即对所有的指标变量数据取对数，再进行回归。

3. 模型构建与实证分析

（1）模型构建

根据上述变量指标数据，延续上一章节贫困测度方法模型，基于省际区域层面进行测度，构建以下模型。

$$\ln y = c + \alpha_i \times \ln x_i + \delta \qquad (3-2)$$

公式（3-2）中 y 为 1979—2016 年中国省际层面"宏观代际弹性系数"；x_i 为解释变量，其值取为上述变量指标在 1979—2016 年的平均值，均值范围时间段至少为 1998—2016 年；α_1、α_2、α_3、……为各解释变量影响系数，δ 为残差，如表 3-4 所示。

表 3-4 各控制变量模型回归结果

变量	模型1	模型2	模型3	模型4	模型5	模型6
C	6.06 (0.0000)	5.98 (0.0000)	5.642 (0.0000)	4.86 (0.0000)	4.75 (0.0000)	3.83 (0.0000)
$\ln x_1$	-0.26*** (0.0000)					
$\ln x_2$		-0.25*** (0.0000)				
$\ln x_3$			-0.31*** (0.0008)			
$\ln x_4$				-0.21*** (0.0017)		
$\ln x_5$					-0.24*** (0.0081)	
$\ln x_6$						0.03 (0.7500)
调整R^2	0.48	0.48	0.30	0.27	0.19	-0.03
R^2	0.49	0.50	0.33	0.29	0.22	0.003
F 值	28.24	28.81	14.13	11.90	8.09	0.10

注：*** 表示通过1%显著性检验。

(2) 实证结果分析

通过上述省际层面的"宏观代际"回归测度结果，从整体上看，可以总结归纳以下几个特征：第一，除去生态因素的解释变量 $\ln x_6$ 之外，其他解释变量的回归系数均显著。这表明本章构建的中国特色的贫困代际传递影响理论框架在中国省际层面也得到了验证，再次表明该理论框架具有较好的解释力度。第二，从所有通过显著的解释变量来看，解释变量的回归系数均为负数，表明均具有较好的阻断贫困代际传递效应。在所有解释变量的回归系数通过显著性检验模型来看，其回归系数均为负数，其计量含义为这些因素与"宏观代际弹性系数"之间具有负向关系，而其经济学含义为这些因素具有降低阻断贫困代际传递效应。第三，从所有通过显著的解释变量回归系数来看，表示教育因素的解释变量 $\ln x_3$ 回归系数绝对值最大，表明教育因素的阻断贫困代际传递效应最为明显。在 6 个模型中，表示教育因素的解释变量 $\ln x_3$ 的回归系数为 -0.31，其绝对值是最大的。这表明，教育财政投入在中国省际层面阻断贫困代际传递效果最为显著。

而具体来看，从计量和经济学两个角度解释上述模型的具体含义如下。

第一，从表示经济因素的模型 1 和模型 2 来看，解释变量的回归系数均为负数且绝对值较大，并通过了显著性检验。这表明经济因素仅次于教育因素，具有较大的阻断贫困代际传递效应。其中，模型 1 中解释变量 $\ln x_1$ 的回归系数为 -0.26，其计量含义为解释变量 $\ln x_1$ 变动 1 个单位，被解释变量 $\ln y$ 反向变动 0.26 个单位，而其经济学含义为经济总量增长 1 个单位，能够有效降低贫困代际传递系数 0.26 个单位，也就意味着，经济总量增长因素的阻断贫困代际传递效应为 26%。这说明对于中国省际区域而言，大力发展经济，促进经济增长，对于阻断贫困代际传递具有显著效应，这符合一般的扶贫理论。

而模型 2 中解释变量 $\ln x_2$ 的回归系数为 -0.25，其计量含义为解释变量 $\ln x_2$ 变动 1 个单位，被解释变量 $\ln y$ 反向变动 0.25 个单位，而其经济学含义为非农产业产值增长 1 个单位，能够有效降低贫困代际传递系数 0.25 个单位。这说明对于中国省际区域而言，大力发展非农产业，即中西部地区发展工业和服务业，能够有效转移农业剩余人口，增加贫困地区农民的收入水平，摆脱世代贫困的命运，对于阻断贫困代际传递具有显著效应，这符合一般的扶贫理论。

第二，从表示教育因素的模型 3 来看，解释变量的回归系数通过了显著性检验，并且系数为负数、绝对值最大。这表明，教育财政投入对于中国农村贫困代际传递阻断效应最大。模型 3 中，解释变量 $\ln x_3$ 的回归系数为 -0.31，其计量含义为解释变量 $\ln x_3$ 变动 1 个单位，被解释变量 $\ln y$ 反向变动 0.31 个单位，而其经济学含义为教育财政投入增加 1 个单位，能够有效降低贫困代际传递系数 0.31 个单位。这表明教育财政投入对于阻断降低贫困代际传递效应达到了 31%，也表明加大贫困地区教育财政投入，提高

第三章 中国贫困代际传递的影响因素分析

贫困地区农村子辈的人力资本水平，能够提高其脱贫内在积极性，增加其就业市场的竞争力以及从其他渠道增加收入的能力，从而摆脱世代贫困的命运。这对于中国今后相对贫困治理，尤其是重点地区相对贫困治理实践，提供了理论借鉴价值。

第三，从表示社会保障因素中的医疗卫生保障的模型 4 来看，解释变量的回归系数通过了显著性检验，且其系数为负数并绝对值较大。这表明，医疗卫生财政投入对中国农村贫困代际传递的阻断效应较大。模型 4 中，解释变量 $\ln x_4$ 的回归系数为 -0.21，其计量含义为解释变量 $\ln x_4$ 变动 1 个单位，被解释变量 $\ln y$ 反向变动 0.21 个单位，而其经济学含义为教育财政投入增加 1 个单位，能够有效降低贫困代际传递系数 0.21 个单位。这表明教育财政投入对于阻断降低贫困代际传递效应达到了 21%，这也表明重视中国贫困地区公共卫生和医疗保障，加大财政投入，能够有效提高中国贫困地区群众的身体健康水平，减少疾病就医支出，增强子代体质，能够增加其子辈后天的人力资本积累效率以及减少因病致贫的概率，提高收入水平，阻断贫困代际传递。

第四，从表示社会保障因素的民政事业费支出的模型 5 来看，解释变量的回归系数通过了显著性检验，且其系数为负数并绝对值较大。这表明，社保民生支出对中国农村贫困代际传递的阻断效应较大。模型 5 中，解释变量 $\ln x_5$ 的回归系数为 -0.24，其计量含义为解释变量 $\ln x_5$ 变动 1 个单位，被解释变量 $\ln y$ 反向变动 0.24 个单位，而其经济学含义为社保民生支出投入每增加 1 个单位，能够有效降低贫困代际传递系数 0.24 个单位。这表明社保民生财政投入对于阻断降低贫困代际传递效应达到了 24%，这也表明加大贫困地区的社会保障民生投入，构建并且完善社会保障网络，能够有效地使广大贫困居民免于世代贫困的命运，阻断贫困代际传递效应，这也符合一般的扶贫理论。

第五，从表示生态因素的模型 6 来看，解释变量的回归系数没有通过显著性检验。这表明从计量上看，生态因素对于中国区域阻断贫困代际传递效应不明显。模型 6 中，解释变量 $\ln x_6$ 的回归系数没有通过显著性检验，并且其 R^2 和调整的 R^2 均非常小（不到 3%），这说明从计量上而言，该解释变量的解释力度非常弱，不具有解释力度；其经济学含义为生态投资因素目前对于阻断贫困代际传递效果并不理想，这与上一节实证结论一致。这可能是因为：一方面，由于目前以林业投资为主导的生态投资扶贫模式，其自然生态效益较为明显，但其经济效益较差。因为在中国广大中西部贫困农村地区，由于其自然生态环境本身脆弱，传统的粗放式农业生产长期占据主导地位，而大规模地推广植树造林，推广林业生态投资，并没有探索出有效的产业发展模式，也就没能及时产生足够的直接的经济价值。另一方面，也可能是由于林业投资为主的生态扶贫模式，在具体实践过程中，采取的生态直接补贴等模式不利于激活深度贫困地区群众的脱贫积极性，甚至有可能助长"等、靠、要"等贫困文化。这为中国今后探索易地生态扶贫模式提供了一定的借鉴参考价值，是今后阻断贫困代际传递实践过程中需要注意的领域。

(3) 实证研究结论归纳

在上一节全国范围测度基础上，进一步细化并且精确考察中国省际区域"宏观代际弹性系数"影响因素大小。经过详细地分析及影响因素测度之后，可以简单归纳为以下几个主要结论：第一，在所有影响省际区域层面"宏观代际弹性系数"因素中，教育财政投入因素的贫困代际传递阻断效应最大。基于前文的中国特色的贫困代际传递理论框架，构建模型测度各个影响因素之后，发现教育财政投入对降低贫困代际收入弹性系数最为明显，也就意味着加大教育财政投入，能够有效地发挥其阻断效应。而这与上一节全国范围的实证测度结论一致，这说明教育因素无论是对于中国整体还是省际区域，其阻断贫困代际传递效应最为明显。第二，除了教育因素之外，经济因素对省际区域层面的"宏观代际"阻断效应最大。经济总量的扩张及其非农产业产值的提高，对于中国省际区域阻断贫困代际传递效应明显。因此，对于贫困落后的中西部地区，尤其是西部地区，要始终立足于大力发展经济，尤其是非农产业，对于改善世代贫困命运，阻断贫困代际传递效应最为明显。第三，社会保障因素中的两项财政支出因素均对中国省际区域层面的"宏观代际"阻断效应较大。研究测度发现，医疗卫生和民政事业支出为主的两个方面的社会保障与中国省际区域层面的"宏观代际弹性系数"明显负相关，说明这两方面因素具有明显的"宏观代际"阻断效应。因此，今后要加大对贫困中西部地区医疗卫生和社会保

第三章 中国贫困代际传递的影响因素分析

障方面的地方财政投入。第四，生态林业投资因素不具有中国省际区域层面的"宏观代际"阻断效应。通过实证测度发现，以林业投资为主体的生态投资对中国省际区域层面的"宏观代际"收入弹性回归系数不显著并且还呈现正相关性。这说明，中国现阶段这种生态扶贫模式不具有明显的阻断贫困代际传递效果，这为今后具体的贫困治理实践提供了借鉴参考价值。

本章基于"宏观代际"视角，结合所构建的中国贫困代际传递影响因素理论框架，分别从全国范围和省际区域范围，实证测度了这些因素的影响大小，通过两个小的实证测度发现，该理论框架能够较好地解释中国"宏观代际"贫困传递问题。并且，本章还在实证测度过程中发现，无论是从全国层面还是省际区域层面，教育财政因素对中国的"宏观代际"传递阻断效应最大。因此，接下来本书将结合国内外贫困治理实践及阻断贫困代际传递实践来归纳这些影响因素的运用，并且重点聚焦教育财政因素，系统研究教育财政因素对中国"宏观代际"传递的具体影响机制，分别从直接传递路径和间接传递路径来实证测度这种双重影响机制。

第四章

扶贫与阻断贫困代际传递工作的实践总结

中国作为一个典型的发展中国家，贫困问题一直受到各界的广泛关注，从中华人民共和国成立之初中国整体上贫困落后到改革开放之后经济快速发展，在实现"一部分人先富起来""先富带后富"的伟大实践中，中国取得了举世瞩目的成就并积累了丰富的经验，在新时代全面建成小康社会的大背景下，我们更需要冷静思考、认真梳理中国的扶贫以及阻断贫困代际传递的工作实践。第一，中国持续30多年的扶贫开发实践本身具有阻断贫困代际传递成效，即发挥了"宏观代际"阻断效果。第二，随着中国扶贫开发进入到攻坚克难阶段，所面临的问题大部分实质上是代际贫困问题，而且将延续到相对贫困治理阶段。这意味着代际贫困问题已经成为接下来中国相对贫困治理实践中的重要着力点，须将工作重心转移到如何阻断贫困代际传递上来。第三，中国扶贫开发、脱贫攻坚阶段卓有成效的实践措施，可以延续用于阻断贫困代际传递政策中。

因此，本章梳理总结中国阻断贫困代际传递实践经验，基于对中国扶贫开发实践的回顾和国际阻断贫困代际传递经验的借鉴。

一 中国扶贫工作实践总结

中国多年来扶贫工作的实践较为繁杂，为了能够简洁、清晰地呈现其全貌，本部分将从措施、成效、问题三个方面加以归纳总结。

第四章 扶贫与阻断贫困代际传递工作的实践总结

（一）扶贫工作措施

1. 设置"纵向为主、横向为辅"的国家扶贫工作机构，统一部署扶贫工作

由于扶贫开发工作任务的复杂性以及为了更高效地开展扶贫开发工作，中国于1986年5月16日成立了高层次的协调机构——国务院贫困地区经济开发领导小组（后更名为国务院扶贫开发领导小组）[1]，由国务院副总理担任组长，29个相关部委负责同志组成，并专门单设办事机构国务院扶贫办，专门负责全国扶贫开发工作。而在地方也相应设立了省、市、县三个级别的扶贫开发领导小组及扶贫办，呈现垂直系统特征。并且，近年来其他国家企事业单位也开始积极配合扶贫攻坚任务，设置相应的扶贫业务部门或者承接定点扶贫任务。例如，中国工行定点扶贫四川通江县、南江县、万源市和金阳县等地区。这使得扶贫开发工作机构呈现一定的横向组织特征。这种以纵向为主、横向为辅的扶贫组织机构，为扶贫工作开展提供了组织保障与统筹部署，极大地提高了扶贫开发工作运作效率。2021年2月，在取得脱贫攻坚战重大胜利之后，中国成立国家乡村振兴局，进一步巩固脱贫攻坚成果。一是建立防止返贫的长效机制，对处于贫困边缘的弱势群体和弱质地区，通过长效方式保障不返贫。二是建立长效稳固的提升机制，保证脱贫成效持续稳定发展。这其中也包括防止"新入贫"的情况，即防止前期非贫困户在面对自然灾害、突发疾病等意外情况时落入贫困陷阱。

2. 明确划定贫困标准，清晰界定扶贫对象

中国从1986年开始大规模开展扶贫开发工作，当年以每人每日2100大卡热量的最低营养需求为基准，换算成具体收入数值，划定国家绝对贫困线为206元，并且随着经济水平的发展和物价的变动，不断对该标准做出调整。例如，中国于2000年和2010年先后两次大幅度上调国家贫困标准。国家贫困标准的明确划定，有助于界定扶贫对象，以及开展扶贫绩效考核。中国依据这一具有动态时效性的标准，划定国家贫困县及其贫困人

---

[1] 韩广富：《当代中国农村扶贫开发的历史进程》，《理论学刊》2005年第7期。

口规模，后者随贫困标准动态变化。例如，1986年依据国家贫困线，划定了258个国家级贫困县。而依据2018年11月国务院扶贫办公布的最新扶贫标准，中国贫困县数量已经达到679个。同时，各个省市地方政府，参照国家贫困标准和本地经济发展情况，划定省市地方贫困线，并据此划定省市级贫困县。这使得贫困对象的界定逐步精准，也为后续扶贫财政资金投放提供了清晰的依据。

3. 中央安排专项财政扶贫资金，持续面向重点贫困地区

中国从1980年开始，在中央财政年度预算中安排专项扶贫资金，主要用于投向国家确定的连片贫困地区扶贫开发工作重点县、贫困村。各级地方政府财政则根据本地区减贫工作需要和财力情况，每年预算安排一定规模的财政专项扶贫资金。中央财政和地方财政有力配合，并保持逐年增长趋势。从1980年中国中央财政设立5亿元支援经济不发达地区发展资金开始[1]，中央财政专项扶贫资金逐年保持增长趋势，至2020年中央财政预算安排补助地方财政专项扶贫资金已经达到1461亿元[2]，从2016—2020年财政专项扶贫资金连续5年保持每年200亿元增量。资金分配时，重点向"三区三州"和"三区三州"之外贫困人口多、贫困发生率高、脱贫难度大的深度贫困地区以及挂牌督战地区倾斜。同时，加大对受新冠肺炎疫情影响较重地区、人口较多的易地扶贫搬迁集中安置区和贫困革命老区的支持力度，确保脱贫攻坚重点难点任务得到充足资金保障。其中，专门安排"三区三州"144亿元，并将资金分解到具体区、州。

4. 持续制定农村扶贫开发规划，系统总结推进扶贫减贫工作

改革开放以来，中国扶贫开发工作一直以农村扶贫开发规划为指导，扶贫开发工作呈现系统性与延续性。1984年9月，国务院印发《关于帮助贫困地区尽快改变面貌的通知》（以下简称《通知》），这是中国改革开放以来首次明确提出扶贫减贫任务。同时，该文件强调通过改革农村经济体制激活农村发展，改变贫穷落后农村面貌，即通过发展经济改变农村贫穷

---

[1] 胡静林：《加大财政扶贫投入力度 支持打赢脱贫攻坚战》，人民网，2016年9月12日，http://theory.people.com.cn/n1/2016/0912/c40531-28708650.html。
[2] 《2020年中央财政专项扶贫资金达1461亿元》，中国政府网，http://www.gov.cn/xinwen/2020-12/03/content_5566565.htm.2020.12.03。

第四章 扶贫与阻断贫困代际传递工作的实践总结

落后局面,这符合当时中国处于改革开放初期的国情。1994年3月,国务院颁布《国家八七扶贫攻坚计划》,该计划作为全国扶贫开发工作纲领,相比较1984年的《通知》,在扶贫途径、目标及时间上都做出了明确的规定,有效地指导了中国扶贫减贫工作顺利推进。该文件明确提出"力争用7年左右的时间解决当时全国农村8000万贫困人口的温饱问题"[①](从1994年到2000年)",而且还明确提出了"产业扶贫"的扶贫开发途径,例如"开发有竞争力的名特稀优产品,形成一定规模的商品生产基地或区域性的支柱产业;帮助贫困县兴办骨干企业"。在系统总结"八七扶贫攻坚计划"实施以来的成就和经验基础上,2001年6月国务院颁布《中国农村扶贫开发纲要(2001—2010年)》(以下简称2001《纲要》),研究部署21世纪头10年的扶贫开发工作[②]。2001《纲要》相比较"八七扶贫攻坚计划",在扶贫开发对象和扶贫开发计划时间上都做出了较大的改进,进一步强调扶贫开发工作要"工作到村、扶贫到户",以贫困乡村为基础制定扶贫开发规划。同时,2001《纲要》也是中国第一个10年扶贫纲要,说明中国扶贫减贫计划时间在逐步拉长,扶贫开发工作更加立足扶贫减贫的长远性与持续性。而在系统总结上个10年扶贫开发工作经验基础上,2011年5月国务院颁布《中国农村扶贫开发纲要(2011—2020年)》(以下简称2011《纲要》),2001《纲要》相比较2001《纲要》在扶贫目标方面做出了较大的进步,明确提出"两不愁、三保障"扶贫目标,即"不愁吃、不愁穿,保障其义务教育、基本医疗和住房"。这标志着中国扶贫目标实现了从单纯解决温饱向教育、医疗、住房等多元方面转变。2018年6月,中共中央、国务院颁布《关于打赢脱贫攻坚战三年行动的指导意见》,进一步提出"确保贫困县全部摘帽,解决区域性整体贫困,集中连片特困地区和革命老区、民族地区、边疆地区发展环境明显改善,深度贫困地区如期完成全面脱贫任务"等任务目标,并且提出了"坚持扶贫同扶志、扶智相结合,坚持开发式扶贫和保障性扶贫相统筹"等工作要求,这标志着中国

---

① 乔陆印、何琼峰:《改革开放40年中国农村扶贫开发的实践进路与世界启示》,《社会主义研究》2018年第6期。

② 马文武、李中秋:《中国特色减贫实践:1978—2018——基于贫困治理体系和治理能力分析框架视角》,《毛泽东邓小平理论研究》2018年第12期。

扶贫工作向纵深迈进，着力全部脱贫目标，而且明确提出了重视贫困群众脱贫内生动力激活问题。

5. 多措并举促进贫困地区经济发展，注重培育脱贫内生动力

中国在减贫脱贫过程中先后出台多种政策措施促进贫困地区经济发展，包括经济发展战略、产业扶贫、金融扶贫、科技扶贫、教育扶贫等，这些措施都注重培育贫困地区脱贫内生动力。

经济发展战略方面。经济发展战略对贫困地区脱贫减贫起到全局指导作用，可以为贫困地区发展营造有利的发展环境。具体体现为：将贫困地区纳入到整体经济发展格局中，实行政策倾斜，从而实现统筹区域与城乡发展，加快贫困地区经济发展。中国先后于2000年实行西部大开发战略，2003年实行振兴东北老工业基地战略，2004年实行中部崛起战略，以及2017年实行乡村振兴战略。这些宏观经济发展战略致力于统筹中国区域经济发展与城乡发展，将中国贫困落后地区纳入到一个整体的区域经济发展过程中，为脱贫减贫实践工作奠定了坚实的经济基础。尤其是这些战略背后的配套优惠经济政策，极大地改善了中西部贫困落后农村地区的基础设施，有效地提高了居民基本生产生活条件，有力地促进了这些地区的经济发展。

产业扶贫方面。大力发展贫困地区特色优势产业，切实改善贫困地区就业环境，提高其收入水平，增强贫困地区脱贫的内生动力。改革开放以来中国产业扶贫政策，可以简单归纳为两点：第一，始终强调立足于贫困地区比较优势资源，发展特色优势产业。《中国农村扶贫开发纲要（2001—2010年）》正式提出"产业扶贫"[1]，鼓励贫困地区针对具有资源优势和市场需求的农产品进行产业化生产，同时鼓励贫困地区农产品市场体系和市场组织建设。《中国农村扶贫开发纲要（2011—2020年）》进一步明确提出产业扶贫政策要求，即"到2015年力争实现1户1项增收项目，到2020年初步构建特色支柱产业体系"。第二，产业扶贫的具体形式和方式不断丰富。2016年国务院印发《"十三五"脱贫攻坚规划》将产业

---

[1] 孙久文、唐泽地：《中国产业扶贫模式演变及其对"一带一路"国家的借鉴意义》，《西北师范大学学报》（社会科学版）2017年第11期。

发展脱贫具体分为农林产业扶贫、旅游扶贫、电商扶贫、资产收益扶贫、科技扶贫五个方面[①]。而经过多年的产业扶贫实践，中国部分贫困地区已经初步形成了特色的产业，极大地改变了贫困地区经济面貌，增强了脱贫内生动力。例如，甘肃定西市马铃薯特色产业、江西赣州脐橙特色产业。

金融扶贫方面。金融扶贫政策的实施，可以充分发挥金融支持贫困地区实体产业发展作用，尤其是小额贷款的发放可以有效投入到一批种养殖业等农林项目，解决贫困地区群众温饱问题。改革开放以来中国实施的金融扶贫政策可以归纳为两点：第一，由单一的金融信贷资金扶贫转向构建完善的金融扶贫供给制度建设。中国金融扶贫政策在2013年以前始终立足于单一的金融信贷资金扶贫，例如，1986年设立的10亿元专项扶贫贴息贷款，2001年出台的《中国农村扶贫开发纲要（2001—2010年）》明确提出的信贷扶贫要重点支持农业产业化经营、基础设施和市场流通。同年，中国人民银行印发《扶贫贴息贷款管理实施办法》，要求不断完善扶贫贴息贷款政策。而在2013年之后，中国金融扶贫政策开始转向构建完善的金融扶贫供给制度建设，全方位提升贫困地区的金融服务。例如，2013年12月《关于创新机制扎实推进农村扶贫开发工作的意见》提出了做好扶贫开发工作的6项创新机制和10项重点工作，要求从创新金融产品和服务、推动农村金融合作、完善扶贫贴息贷款、进一步推广小额信用贷款等方面完善金融扶贫服务机制。第二，由单一金融扶贫政策向与财税政策等其他配合政策共同作用。2016年3月，中国人民银行、证监会、银监会、保监会和国务院扶贫办等多个部委联合发布《关于金融助推脱贫攻坚的实施意见》，明确提出"精准对接特色产业金融服务需求、精准对接贫困人口就业就学金融服务需求、精准对接易地扶贫搬迁金融服务需求"等要求，具体来说，就是要发挥金融服务在产业扶贫、教育扶贫等过程中的重要作用，解决贫困地区产业脱贫过程中的资金需求，融资难等问题。例如，金融扶贫与产业扶贫结合方面，该文件要求各金融机构有效对接特色农业基

---

① 孙久文、唐泽地：《中国产业扶贫模式演变及其对"一带一路"国家的借鉴意义》，《西北师范大学学报》（社会科学版）2017年第11期。

地、现代农业示范区、农业产业园区的金融需求，带动贫困人口增收的绿色生态种养业、经济林产业、林下经济、森林草原旅游、休闲农业、传统手工业、乡村旅游、农村电商等特色产业发展，各金融机构要大力发展订单、仓单质押等产业链、供应链金融等业务，稳妥推进试点地区农村承包土地的经营权、农民住房财产权等农村产权融资业务，拓宽抵质押物范围，加大特色产业信贷业务投入。而金融服务与教育扶贫结合方面，要求各金融机构扎实开展助学贷款业务，解决经济困难家庭学生就学资金困难。这表明中国金融服务政策已经开始从单一政策向与产业扶贫、教育扶贫等各类政策有效协同配合，发挥政策组合作用，有效地满足了贫困地区的金融需求。

科技扶贫方面。科技扶贫政策的实施，例如，科技人员下乡进行农业生产科技指导，对农民进行实用性科技技能培训，可以有效增加贫困落后地区科技知识的供给，使得贫困地区农村居民运用科学知识改善农业生产，从而加快农业产业化进程，形成富有地方特色的产业，促进贫困地区经济发展，最终提高减贫脱贫效率。改革开放以来中国科技扶贫政策可以归纳为两点：第一，科技扶贫由支持农户脱贫转向支持贫困地区产业发展转变。1986年，国家科委向大别山贫困地区派驻了一支由67名科技干部组成的科技扶贫团，用于指导大别山贫困地区科技生产。以此为标志，拉开了中国科技扶贫的序幕。1994年国务院印发《国家八七扶贫攻坚计划》，明确指出科技扶贫要求，即科技部门要制定科技扶贫战略规划，扶贫工作要转向依靠科学技术和提高农民素质。这标志着中国科技扶贫工作重心也开始由支持农户脱贫转向支持贫困地区产业发展。因此，在随后的科技扶贫政策紧紧围绕贫困地区产业发展。例如，2001年中科院、中科协印发的《"十五"科技扶贫发展纲要》，再次明确提出了要向贫困地区输送先进适用的科学技术，培育特色产业和支柱产业。2016年10月，中国科协、农业部、国务院扶贫办联合印发了《科技助力精准扶贫工程实施方案》，加大了科技扶贫的力度，并进一步明确提出了具体的科技扶贫支持产业发展目标：计划到2020年，在贫困地区支持建设1000个以上农技协联合会（联合体）和10000个以上农村专业技术协会；通过培训使每个有劳动生产能力的贫困家庭至少掌握1—2项脱贫致富的实用技术和技能，至少能够

第四章　扶贫与阻断贫困代际传递工作的实践总结

参与 1 项农业增收项目，提高农民依靠科技致富的能力。第二，科技扶贫政策由科技部门推动向多部门协调配合积极推动转变。科技扶贫政策从最初的由国家科委、科技部为主体推动，逐步向多部门协调配合。例如，1994 年之前由国家科委单独派驻科技人员向贫困地区输送科学技术，到近年由农业部、国务院扶贫办、中国科协联合积极推动，这说明中国科技扶贫的力度在逐步加大。

教育扶贫方面。教育扶贫政策的实施，例如，加大对贫困地区教育硬件办学条件设施的投入以及师资、学杂费减免等软件设施的资助，能够有效提高贫困地区群众科学文化素质，尤其是年轻子辈，提高他们日后在就业市场上的竞争力，从而摆脱世代贫困的命运。改革开放以来中国不断出台教育扶贫政策，可以归纳为以下三点：第一，系统性教育扶贫政策出台时间较晚。中国关于系统性教育扶贫政策主要集中在 2011 年之后，虽然 1994 年《国家八七扶贫攻坚计划》有提及教育扶贫内容，2001 年推出义务教育阶段"两免一补"政策，但教育扶贫并没有得到真正重视，没有作为扶贫攻坚的重要手段，这主要是由经济发展阶段和扶贫开发的进程等客观原因造成的。改革开放到 2000 年，中国经济发展主要矛盾仍然是解决有效需求不足，而扶贫开发的重点任务则相应是解决生存温饱问题。而进入 21 世纪以来尤其是 2011 年以来，随着中国经济规模不断扩大和人民生活水平的不断提高，扶贫开发的重点任务由解决生存温饱开始转向贫困群众的发展能力建设，而教育是提高贫困群众能力的直接途径，教育扶贫逐步得到重视，政策体系逐步完善。2019 年 8 月，教育部、国务院扶贫办先后联合印发《关于打赢脱贫攻坚战进一步做好农村义务教育有关工作的通知》《禁止妨碍义务教育实施的若干规定》《关于解决建档立卡贫困家庭适龄子女义务教育有保障突出问题的工作方案》等政策文件，落实贫困地区义务教育控辍保学法定职责，指导全国 2811 个县（占比 95%）"一县一案"制订了控辍保学工作方案，高度重视贫困地区义务教育问题。这一方面说明中国系统性教育扶贫政策出台时间比较晚，另一方面也说明教育扶贫的作用逐步得到认识，教育扶贫的效用在逐步发挥。第二，教育扶贫政策目标内涵不断丰富。中国教育扶贫政策由 1994 年的《国家八七扶贫攻坚计划》中的有关教育扶贫目标"普及初等教育，扫除青壮年文盲"，到

2001年的义务教育阶段的具体的有关学杂费的"两免一补"政策，2011年《学前教育三年行动计划》中的贫困地区幼儿园入学率要求，2013年《全面改善贫困地区义务教育薄弱学校办学条件》中对教室、图书馆等硬件以及教师配备等软件都做出了明确的规划要求，再到2016年出台专项《"十三五"教育脱贫攻坚计划》对学前教育到高等教育系统性地做了明确规划。这说明中国教育扶贫政策目标由粗线条笼统性目标逐步向细分具体目标转变，教育扶贫政策体系不断完善，教育扶贫政策内涵不断丰富。第三，央地两级政府有效配合教育扶贫政策的落实。从中国教育扶贫政策的主要内容来看，地方政府积极有效地配合中央教育扶贫政策落实，央地两级政府开展各种合作形式的教育扶贫，有的是中央与地方共同分担教育扶贫支出，有的是地方主抓，中央奖励引导。例如，2001年"两免一补"教育扶贫政策中，中央财政负责提供免费教科书，地方财政负责免杂费和补助寄宿生生活费。2011年，学前教育资助政策中，地方政府对普惠性幼儿园在园家庭经济困难儿童、孤儿和残疾儿童予以资助，中央财政予以奖补。

社会保障扶贫方面。持续完善社会保障体系建设，构建减贫脱贫的社会安全网。中国在出台各类减贫脱贫政策促进贫困地区经济发展同时，也在积极持续完善社会保障体系建设，构建整个社会减贫脱贫的社会安全网，从而形成"两线一力"的中国特色反贫困模式[①]。建立城市低保制度，保障家庭人均收入低于最低生活保障标准的城市居民的生活。1999年9月，国务院审定批准《城市居民最低生活保障条例》，并于当年10月1日实行，标志着中国开始全面推行城市居民最低生活保障制度。建立农村低保制度，保障家庭人均年纯收入低于当地农村最低生活保障标准的农村居民的生活[②]。2007年8月，《关于在全国建立农村最低生活保障制度的通知》明确指出在全国建立农村最低生活保障制度是解决农村贫困人口温饱问题的重要举措，并且明确指出农村最低生活保障要能够维持当地农村居

[①] 闫坤、于树一：《中国模式反贫困的理论框架与核心要素》，《华中师范大学学报》（人文社会科学版）2013年第11期。

[②] 万敏：《五保供养向农村低保过渡的可行性分析》，《农业科研经济管理》2010年第4期。

第四章 扶贫与阻断贫困代际传递工作的实践总结

民全年基本生活所必需的吃饭、穿衣、用水、用电等费用。逐步规范农村五保制度，保障农村缺乏劳动力等弱势群体生活。中国从中华人民共和国成立后就开始建立农村五保制度，并且从20世纪50年代逐步形成了集中供养和分散供养相结合的五保供养模式。改革开放以后，中国对农村五保的主要内容、供养标准和经费来源都做了明确的规定，农村五保制度逐步走向规范化和法制化。1994年1月，国务院公布施行《农村五保供养工作条例》，将五保的内容调整为"保吃、保穿、保住、保医、保葬（孤儿保教）"，明确了供养标准为当地村民一般生活水平，供养经费由当地村或者乡级政府统筹。1997年3月，民政部颁布《农村敬老院管理暂行办法》，规范了农村敬老院建设、管理和供养服务。这两项法规规章的出台，标志着中国农村五保供养工作开始走上规范化、法制化的管理轨道。

阻断贫困代际传递方面。随着扶贫攻坚实践工作的不断深入，近年贫困代际传递问题开始引起重视，阻断贫困代际传递工作已经成为扶贫战略新目标。2014年3月，李克强总理在政府工作报告中明确提出"要继续向贫困宣战，决不让贫困代代相传"。这是中国官方第一次提及代际贫困问题。随后，2015年4月，习近平总书记在中央全面深化改革领导小组第十一次会议强调"发展乡村教育，让每个乡村孩子都能接受公平、有质量的教育，阻止贫困现象代际传递"。这是中国官方第一次明确提出要"阻止贫困代际传递"。2017年1月24日，习近平到河北省张家口市考察工作时指出，要把发展教育扶贫作为治本之计，确保贫困人口子女都能接受良好的基础教育，具备就业创业能力，切断贫困代际传递[①]。这表明党和国家已经开始从意识到代际贫困问题到开始着手阻断贫困代际传递问题，已将阻断贫困代际传递作为扶贫战略的新目标，中国扶贫事业由关注贫困本身进入到关注贫困代际传递的新阶段，并且解决贫困代际传递问题成为当下贫困治理的关键。

---

① 习近平：《落实教育扶贫，切断贫困代际传递》，2017年2月23日，央视网，http://news.cctv.com/2017/02/23/ARTIdHtbtRi3zpAATpvo50rF170223.shtml。

(二) 扶贫工作成效

1. 贫困规模大幅度下降，尤其是党的十八大以来减贫效果凸显

无论以绝对贫困人口数量还是以贫困发生率来衡量中国贫困规模，都显示出减贫成效显著。其中，绝对贫困人口规模从 1978 年的 25000 万人下降到 2020 年底的 0，40 多年间年均减贫约 595 万人。如果分具体时间段来看，党的十八大以来，中国减贫成效突出。其中，1986—2000 年，中国贫困人口从 13100 万人下降到 3209 万人，年均减少 659.4 万人。2000—2010 年，中国贫困人口从 9422[①] 万人减少到 2688 万人，年均减少 612 万人。党的十八大以来，2012—2020 年中国贫困人口从 9899 万人减少到 0[②]，消除了绝对贫困人口，5 年间年均减少 1980 万人，年均减贫规模成绩是前两个时期的近 3 倍；贫困发生率从 1978 年的 30.7% 下降到 2020 年底的 0，总共下降 30.7 个百分点。这期间还经历了两次贫困标准大幅度上调，但贫困规模下降依然保持着高速。

2. 扶贫标准不断上调，所有贫困县"摘帽"

中国能够及时根据经济发展水平上调贫困标准反映了扶贫开发工作呈现高质量广覆盖特征，使得尽可能多的贫困群众享受到改革发展的成果。从图 4-1 可以看出，尽管在扶贫标准上调时点年份，贫困人口和贫困发生率都突然大幅度上升，但之后年份又经历快速下降趋势，这说明中国的减

[①] 中国在 2007 年前有两个扶贫标准，第一个是 1986 年制定的 206 元的绝对贫困标准，该标准以每人每日 2100 大卡热量的最低营养需求为基准，再根据最低收入人群的消费结构来进行测定。后来此标准随物价调整，到 2007 年时为 785 元。第二个是 2000 年制定的 865 元的低收入标准，到 2007 年底，调整为 1067 元。2008 年，绝对贫困标准和低收入标准合一，统一使用 1067 元作为扶贫标准。此后，随着消费价格指数等相关因素的变化，标准进一步上调至 1196 元。但 1196 元的新扶贫标准仍被视作偏低。2011 年，中央决定，将农民年人均纯收入 2300 元（2010 年不变价）作为新的国家扶贫标准，这一标准比 2009 年提高了 92%，更多低收入人口将纳入扶贫范围。而本书中的 1978 年标准及 1978—1986 年贫困人口数据是根据 1986 年制定的贫困标准划定，2000—2010 年扶贫成效计算中，2000 年贫困人口按照 2000 年上调标准 865 元划定的贫困线计算得出 9422 万人贫困人口，2012—2020 年的扶贫成效计算中，贫困人口按照 2011 年上调标准 2300 元（2010 年不变价）计算。

[②] 2021 年 2 月 25 日，习近平总书记在全国脱贫攻坚总结表彰大会上郑重宣布"现行标准下 9899 万农村贫困人口全部脱贫，832 个贫困县全部摘帽，12.8 万个贫困村全部出列，区域性整体贫困得到解决，完成了消除绝对贫困的艰巨任务"。

第四章　扶贫与阻断贫困代际传递工作的实践总结

贫工作成效不会受到扶贫标准上调的影响，反而更加凸显减贫的成效。

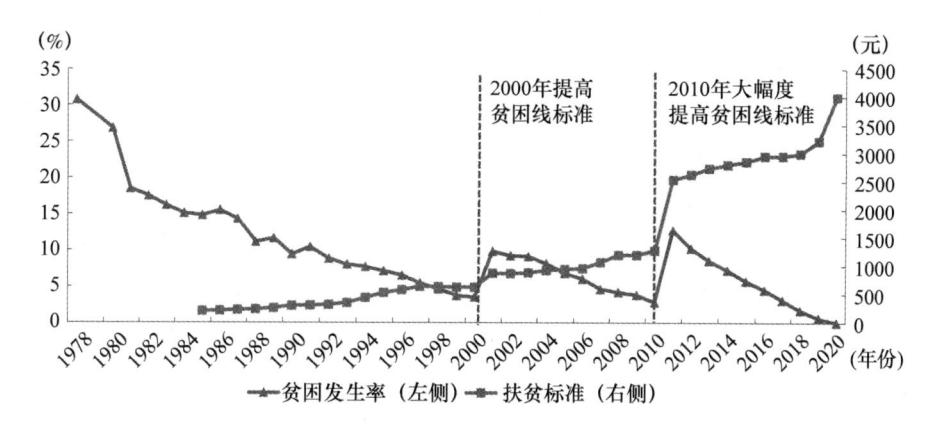

图 4-1　改革开放以来中国贫困发生率与扶贫标准变化趋势

数据来源：《中国农村贫困监测报告 2020》。

注：扶贫标准采用的是"现价"统计口径，根据国家先后确定的贫困标准，随当年物价进行调整，例如，2010 年国家贫困线标准定为 2300 元，之后年份参照这一标准进行"现价"调整。

同时，随着扶贫标准上调，尽管国家级贫困县数量在不断扩大，但近年来首次出现国家级贫困县"摘帽"现象，扶贫攻坚工作呈现积极成效。1986 年第一次划定国家贫困县标准，确定 258 个国家级贫困县；1994 年根据国家"八七扶贫攻坚计划"，上调标准，确定第二批 582 个国家级贫困县；2006 年根据国务院发布的《中国农村扶贫开发纲要》，再次上调标准，确定 592 个国家级贫困县；2012 年国务院扶贫办重新认定 592 个国家扶贫工作重点县，此后一直保持着这个数字。2017 年 28 个国家贫困县脱贫"摘帽"，成为 1986 年设定国家贫困县以来，中国贫困县数量首次出现净减少。2020 年中国实现所有贫困县"摘帽"，脱贫攻坚战取得决定性胜利。

3. 各地区减贫成效明显，呈现全面性、持续性与集中性特征

如果分东、中、西部区域来看，中国减贫成效可以归纳为以下三个特征：第一，全面性。贫困人口一直都保持着快速下降趋势，减贫效果呈现全面性。例如，2012 年党的十八大以来，东、中、西部贫困人口分别从

1367万人、3466万人、5086万人下降到2020年底的0[①]，全部均实现了脱贫。第二，持续性。改革开放以来，中国贫困标准保持着持续上调趋势，但是，中国各地减贫成效并没有打折扣，而是依旧保持着持续性高速减贫态势。例如，2000年上调标准之后，东、中、西部贫困人口分别从2000年的962万人、2729万人、5731万人下降到2010年的124万人、813万人、1751万人。2010年上调标准之后，2012年以来再次呈现快速下降趋势。第三，集中性。从下降速度来看，西部地区贫困人口下降速度最快，减贫效果最为显著，其次是中部和东部地区。例如，2000—2010年，东、中、西部年均减少贫困人口76.18万人、174.18万人、361.82万人；2012—2020年，东、中、西部年均减少贫困人口151.89万人、385.11万人、565.11万人。并且，从贫困人口占比来看，贫困人口始终集中在西部地区，其次是中部和东部地区。2000年全国农村贫困人口占比，东、中、西部依次为10.2%、29%、60.8%；2010年全国农村贫困人口占比，东、中、西部依次为4.6%、30.3%、65.1%；2019[②]年全国农村贫困人口占比，东、中、西部依次为8.53%、32.85%、58.62%，如图4-2和图4-3所示。

4. 贫困地区农村居民收入规模保持快速增长，并且收入结构持续优化

从分项收入增长的绝对规模来看，中国贫困地区农村居民可支配收入及其各分项收入保持快速上涨趋势，尤其是2010年之后快速增长。其中，可支配收入从2000年707元增加到2010年2003元，增加了1296元，增长了1.83倍。从2010年之后，这一增长速度进一步加快，从2010年2003元增加到2019年[③]11567元，增加了9564元，绝对增加幅度占2000—2019年整个时期的88.07%，增长了4.77倍。分项来看，家庭经营性收入始终是占据主体部分，其次是工资性收入、转移性收入、财产性收入。除了财产性收入变化不大之外，其余分项收入都保持快速增长，并且也主要集中在2010年之后。其中，家庭经营收入从2000年的517元增加到2010

[①] 2020年底，中国绝对贫困人口全部脱贫，东、中、西部绝对贫困人口均为0。

[②] 为了便于比较，选取2019年底东、中、西农村贫困人口占比数据，因为2020年均实现了脱贫。

[③] 2020年贫困地区农村居民人均可支配收入和各分项收入数据截至2021年6月暂未公布。

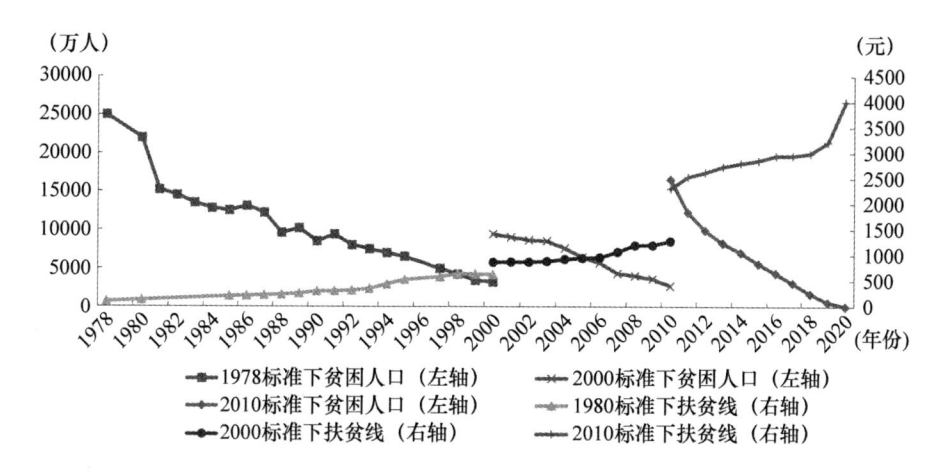

第四章 扶贫与阻断贫困代际传递工作的实践总结

图4-2 中国改革开放以来3次扶贫开发标准下的贫困人口及扶贫标准变化趋势

数据来源：《中国农村贫困监测报告2020》。

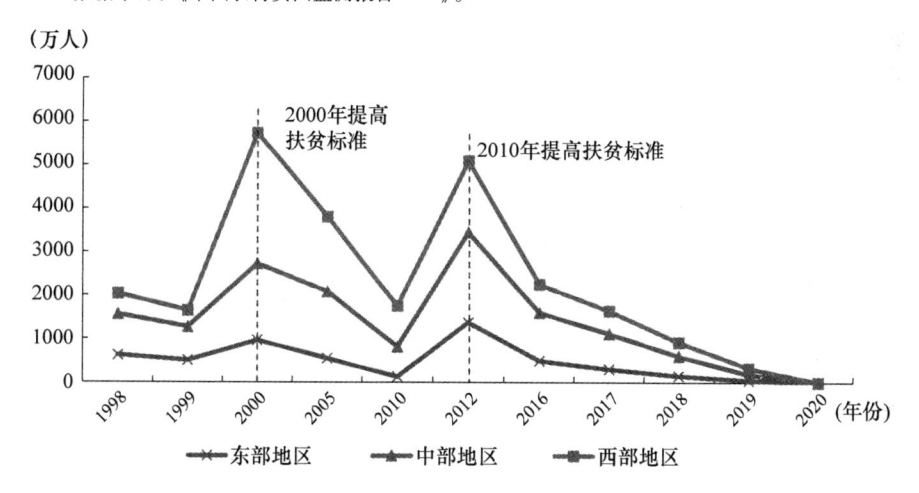

图4-3 1998—2020年中国东、中、西部贫困人口变化趋势

数据来源：《中国农村贫困监测报告2020》。

注：1. 由于2000年才开始发布《中国农村贫困监测报告》，有关区域贫困人口数据最早时点只统计到了1998年。2. 中国先后于2000年和2010年两次提高贫困标准，《中国农村贫困监测报告》中2000年数据为2000年提高标准后贫困人口数据，2010年数据为2010年提高标准前贫困人口数据。3. 东部地区：包括北京、天津、辽宁、上海、江苏、浙江、福建、山东、广东、海南；中部地区：包括山西、吉林、黑龙江、安徽、江西、河南、湖北、湖南；西部地区：内蒙古、广西、重庆、四川、贵州、云南、西藏、陕西、甘肃、青海、宁夏、新疆。

年的1100元，增加了583元，增长了2.13倍，而从2010年的1100元增加到2019年的4163元，增加了3063元，绝对增加幅度占2000—2019年整个时期的84.00%；工资性收入从2000年的160元增加到2010年的681元，增加了521元，增长了3.26倍，而从2010年的681元增加到2019年的4082元，增加了3401元，绝对增加幅度占2000—2019年整个时期的86.72%；转移性收入从2000年的22元增加到2010年的188元，增加了166元，增长了7.55倍，而从2010年的188元增加到2019年的3163元，增加了2975元，绝对增加幅度占2000—2016年整个时期的94.72%；财产性收入从2000年的8元增加到2010年的34元，增加了26元，增长了3.25倍，而从2010年的34元增加到2019年的159元，增加了73元，绝对增加幅度占2000—2016年整个时期的82.78%。

而如果从分项占比结构来看，从2000—2019年，中国贫困地区农村居民的工资性收入、转移性收入占比持续提高，而传统的家庭经营收入占比持续降低，财产性收入变动不大。其中，工资性收入占比从2000年的22.63%增加到2019年的35.29%；家庭经营收入占比从2000年的73.13%下降到2019年的35.99%；转移性收入占比从2000年的3.11%增加到2019年的27.35%；财产性收入占比从2000年的1.13%微增到2019年的1.37%，几乎不变，如图4-4所示。

从上述分项收入描述分析来看，工资性收入占比的提高，说明贫困地区产业结构开始呈现积极变化，贫困农村剩余劳动力转移出来，就业机会增多。一般而言，只有发展非农产业，才能提供工资性收入，这为今后产业扶贫脱贫提供了直接实践经验。同时，转移性收入占比提高，也说明中国扶贫攻坚工作成效显著，贫困地区农村居民享受到了国家财政转移补助。而传统的家庭经营收入占比持续下降，也再次说明非农机会增多，非农收入提高。

5. 贫困地区农村居民消费支出规模不断增长，支出结构不断优化

从2000—2019年，中国贫困地区农村居民消费支出持续快速增长，尤其是2010年之后，消费水平大幅度提高。并且，各项消费支出结构呈现积极改善优化趋势，表明贫困地区农村居民生活水平不断提高。其中，人均食品支出从2000年的450元增加到2019年的3121元，占比从2000年的

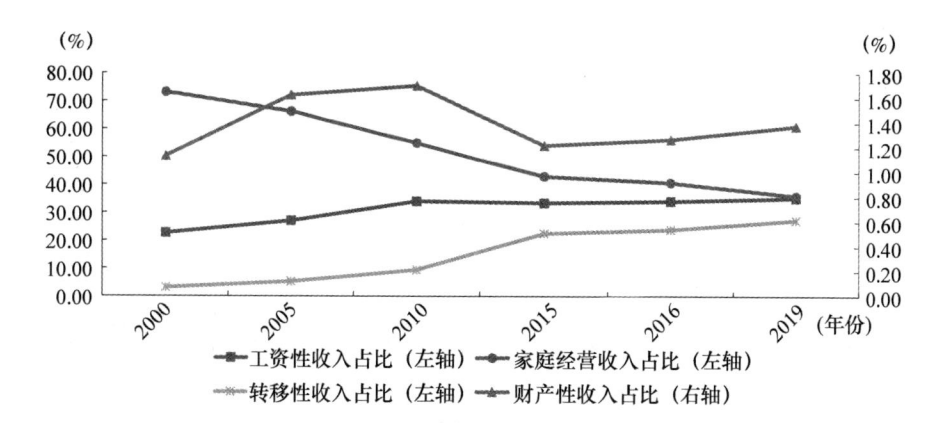

第四章 扶贫与阻断贫困代际传递工作的实践总结　　73

图 4-4　2000—2019 年中国贫困地区农村居民分项收入及其占比变化趋势

数据来源：《中国农村贫困监测报告 2020》（2020 年贫困地区农村居民分项收入目前没有公布）。

注：2010 年贫困地区农村居民收入口径是人均纯收入，2010 年之后中国农村调查统计将这一口径变成人均可支配收入。

64.66%下降到 2019 年的 31.18%；人均衣着支出从 2000 年的 43 元增加到 2019 年的 549 元，占比从 2000 年的 6.18%下降到 2019 年的 5.48%；人均交通通信支出从 2000 年的 15 元增加到 2019 年的 1200 元，占比从 2000 年的 2.16%增加到 2019 年的 11.99%；人均居住支出从 2000 年的 61 元增加到 2019 年的 2173 元，占比从 2000 年的 8.76%增加到 2019 年的 21.71%；人均生活用品支出从 2000 年的 23 元增加到 2019 年的 585 元，占比从 2000 年的 3.30%增加到 2019 年的 5.84%；人均医疗保健支出从 2000 年的 28 元增加到 2019 年的 1053 元，占比从 2000 年的 4.02%增加到 2019 年的 10.52%；人均文教娱乐支出从 2000 年的 51 元增加到 2019 年的 1163 元，占比从 2000 年的 7.33%增加到 2019 年的 11.62%，如图 4-5 和图 4-6 所示。这表明中国贫困地区农村居民基本生存需求消费比重下降，例如，食品支出和衣着支出等。而生活消费需求比重在上升，例如，文教娱乐、交通通信、医疗保健、生活用品等。这也说明，中国贫困地区农村居民消费结构呈现积极的优化趋势，满足基本生存需求的同时，生活水平开始改善，中国扶贫减贫成效显著。

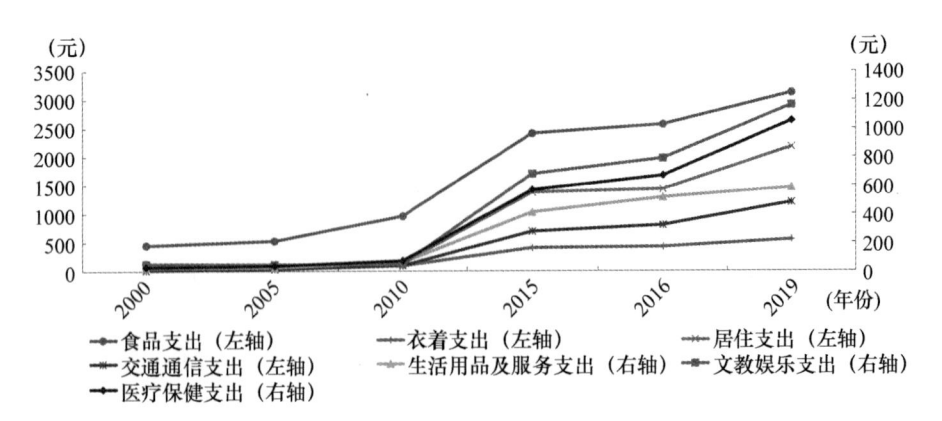

图 4-5　2000—2019 年中国贫困地区农村居民消费支出变化趋势

数据来源:《中国农村贫困监测报告 2020》。

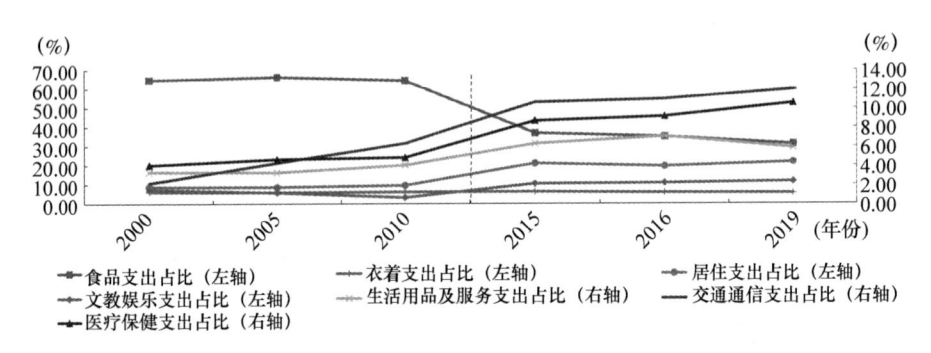

图 4-6　2000—2019 年中国贫困地区农村居民消费分项支出变化趋势

数据来源:历年《中国农村贫困监测报告 2020》。

注:占比是指各项消费支出占人均生活消费支出的比重。

6. 贫困地区农村劳动力文化水平持续提高,为持续脱贫积累人力资本基础

从 2000—2019 年,中国贫困地区农村劳动力接受教育年限不断增长,文盲率大幅下降,初中文化程度大幅度提高。这说明中国在积极落实教育扶贫,尤其是在贫困地区加快基础义务教育投入,已经初见成效,为脱贫积累人力资本基础。其中,16 岁以上成年劳动力文盲率从 2000 年的 21.1% 下降到 2016 年的 8%,小学文化程度比率从 2000 年的 39.8% 下降到 2016 年的 34.4%,初中文化程度比率从 2000 年的 33.6% 提高到 2016

年的46.2%，初中以上文化程度比率从2000年的5.5%提高到2016年的11.5%，如图4-7所示。

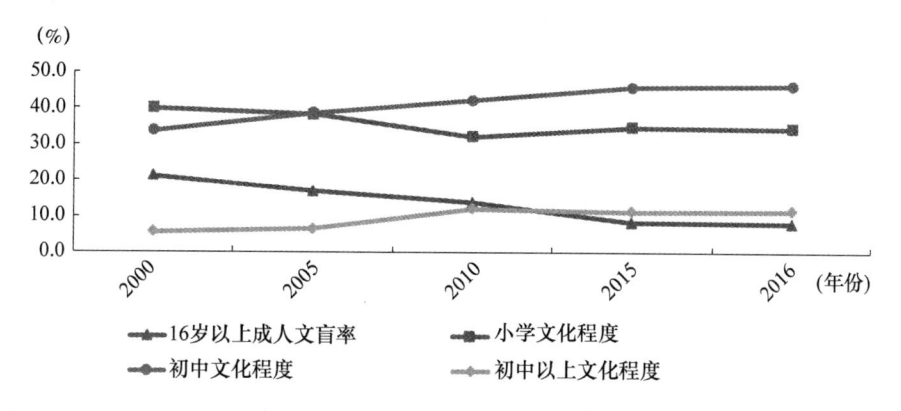

图4-7 2000—2016年中国贫困地区农村劳动力文化程度变化趋势

数据来源：历年《中国农村贫困监测报告》。

这种变化既反映了中国教育扶贫实践工作初见成效，扎实落地教育扶贫政策措施，使得贫困地区群众接受教育机会不断增多。同时，也说明教育水平的提高又会反过来助力贫困地区经济发展，提高脱贫成效，为进一步脱贫积累人力资本基础，尤其是为将来阻断贫困代际传递工作奠定基础。

7. 贫困地区基础设施逐步完善和不断升级，为持续脱贫奠定硬件条件基础

从2000年到2019年，中国贫困地区农村以"四通"为代表的基础设施逐步完善。并且从2011年开始，生活标准不断升级，从"老四通"标准（"通电、通电话、通公路、能收看电视"）升级为"新四通"标准（"通电话、通有线电视、通宽带，主干道路硬化处理"）。其中，所在村通电话农户比重从2000年的67.4%增加到2019年的100%；所在村通电农户比重从2000年的94.6%增加到2010年的99.8%，从2011年开始这一标准变为"所在村通宽带比重"，这一新标准从2012年的38.3%增加到2019年的97.3%；所在村能看电视比重从2000年的94.8%增加到2010年的99.5%，从2011年开始这一标准变为"所在村能接收有线电视信号比

重"，并且这一新标准从2012年的69%增加到2019年的99.1%；所在村通公路比重从2000年的90.4%增加到2010年的96.9%，从2011年开始这一标准变为"所在村主干道路硬化处理比例"，并且这一新标准从2012年的59.9%增加到2019年的99.5%，如图4-8和图4-9所示。

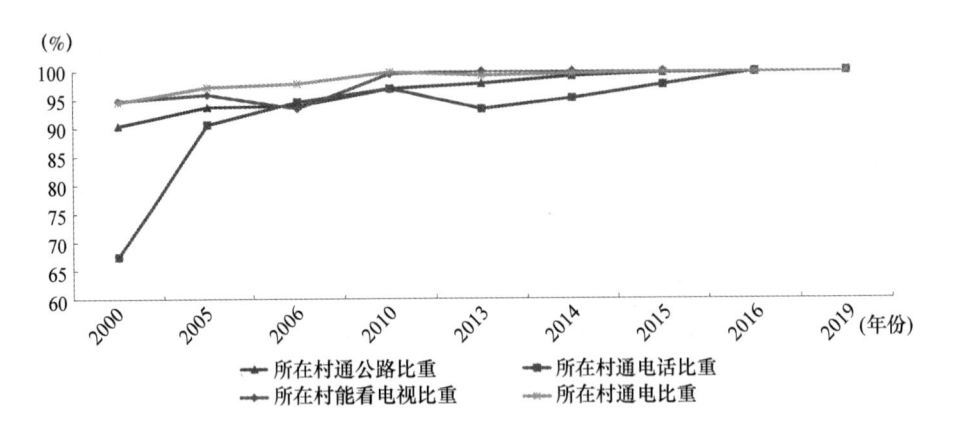

图4-8 2000—2019年中国贫困地区农村基础设施"老四通"变化趋势

数据来源：《中国农村贫困监测报告2020》。

注：2011年"新四通"取代"老四通"标准。

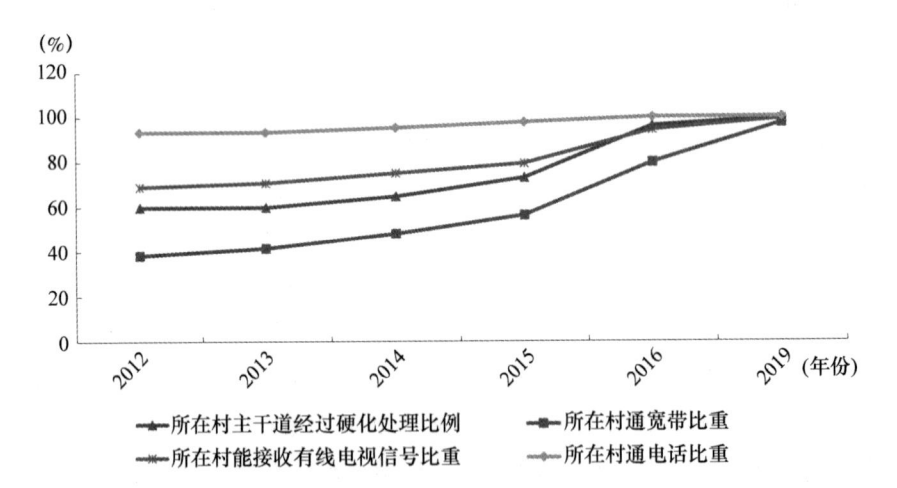

图4-9 2012—2019年中国贫困地区农村基础设施新"新四通"变化趋势

数据来源：《中国农村贫困监测报告2020》。

从上述变化趋势来看，反映了中国贫困地区农村扶贫积极成效。一方面，扶贫标准上调已经进一步落实到具体民生细节指标上。之前的贫困标准线的量化指标进一步细化为具体的民生生活标准，而这一上调标准时间节点再次出现在党的十八大前后，说明党的十八大以后中国扶贫攻坚力度加大。另一方面，扶贫成效随着扶贫标准上调反而更加积极。从上述"新四通"标准变化以后，各项指标上升幅度快于之前年份，说明中国贫困地区农村扶贫攻坚真正落到实处，贫困地区群众切实享受到了扶贫攻坚带来的生活改善益处。因为中国扶贫政策具有长期可持续性，因此，从"宏观代际"视角来看，这些扶贫成绩的取得产生了一定的阻断效果。

（三）扶贫工作中存在的问题

1. 代际贫困问题凸显，贫困治理难度加大

随着中国脱贫攻坚战落下帷幕，贫困地区都已经逐渐摆脱绝对贫困境况，生产生活条件得以改善。但也有些地区由于地处偏远西部山区，交通条件不便，气候地形等自然条件差导致农业工业生产困难，自然资源禀赋不能得以有效开发，导致经济基础薄弱等问题，进而导致这些地区脱贫成果不稳定，代际贫困问题开始凸显，加大下一步贫困治理的难度。

2. 脱贫地区群众致富内生动力不足，已成为巩固拓展脱贫攻坚成果与乡村振兴有机衔接的重难点

脱贫地区群众由于种种主客观原因，致富内生动力不足，导致下一步贫困治理的难度增加。而如果这一问题长时间得不到解决，将会演变成严重的代际贫困问题，即发生贫困代际传递现象。首先，脱贫地区自然条件限制。一方面，由于大多数脱贫地区地理位置偏远，交通不便，与外界交流沟通较少，其居民习惯于贫困生活，没有明确的改善生活的奋斗目标。另一方面，中西部地区地形、气候等自然条件难以适合非农产业聚集与布局发展，其居民非农就业机会与收入较低。这无形中让居民很难看到短期快速改变命运的有效途径，内生动力不足。其次，脱贫地区教育文化水平限制。一方面，其居民掌握的知识技能较低，所获得的机会有限，缺乏能力改善生活。另一方面，其居民眼界狭窄，思想闭

塞，不愿意从事非农就业工作来改善生活。最后，绝对贫困治理方式方法限制。扶贫工作落实到基层乡镇和自然村时，时常出现一线基层扶贫工作人员大包大揽，而没有重视群众的参与。而且，甚至有的基层扶贫重视"业绩"，而不重视时效。重视短期形式扶贫，不重视长期脱贫可持续。这无形中会加剧部分居民"等、靠、要"思想，从而导致脱贫内生动力不足。2017年6月，习近平总书记在深度贫困地区脱贫攻坚座谈会时指出"扶贫工作要加大内生动力培育力度，一些贫困群众'等、靠、要'思想严重"。2018年2月，习近平总书记在打好精准脱贫攻坚战座谈会时再次强调指出"精准脱贫要加强扶贫同扶志、扶智相结合，激发贫困群众积极性和主动性"。这说明，提升脱贫群众致富内生动力问题已经成为今后贫困治理的重点抓手。

3. 农村医疗保障体系仍然有待完善，"因病致贫"与"因病返贫"风险仍然存在

现阶段中国的综合医疗保障体系仍然有待完善，并没有有效覆盖广大农村，农村医疗卫生基础设施缺乏，而"看病难、看病贵"等问题在农村并未得到根本性解决，一场重大疾病变故仍会摧毁一个正常的中等农户收入家庭，即"因病致贫"。同时，对于刚刚摆脱贫困线的农村居民，如果也遭遇重大疾病变故等，会再次陷入贫困境况，即"因病返贫"。根据国务院扶贫办2015年底调查数据，全国贫困农民中，因病致贫的占42%，而在这些因病致贫的农村贫困人口中，年龄在15—59岁占农村贫困人口的40%以上[①]。同时，根据国家卫生健康委员会有关数据，截至2017年底，中国3000万建档立卡贫困人口未脱贫中，因病致贫返贫家庭占40%左右，患大病和慢性病的贫困人口占20%左右。

上述这些问题日益演变成为中国的代际贫困问题，尤其是内生动力不足等问题，是中国代际贫困产生的根源。

---

① 国家卫健委：《解决因病致贫因病返贫问题，打赢健康脱贫攻坚战》，人民网，2018年4月25日，http://health.people.com.cn/n1/2018/0425/c14739-29949739.html。

二 国际阻断贫困代际传递工作的实践总结

按照国家、影响因素、时间三个维度进行搜集梳理国际阻断贫困代际传递模式。其中,国家维度是最终呈现维度,是主体展开维度;影响因素维度,按照前文所论述的习近平新时代"五位一体"新发展理念展开,即经济建设、政治建设、文化建设、社会建设、生态建设五个影响因素方面;时间维度主要区分儿童时期和青年时期。最终,梳理归纳出四个典型案例,即以巴西为代表的"发展极"阻断模式、以印度为代表的"农业科技革命"阻断模式、以美国为代表的"政治赋权"阻断模式、以泰国为代表的"易地生态搬迁"阻断模式,这四种模式分别代表着经济、文化科技、政治与社会、生态因素,如图 4-10 所示。并且,在介绍这四种模式时,按照阻断理论、阻断逻辑、阻断实践措施、阻断成效、阻断启示五个部分展开,从中提炼出对今后中国阻断贫困代际传递工作具有重要借鉴意

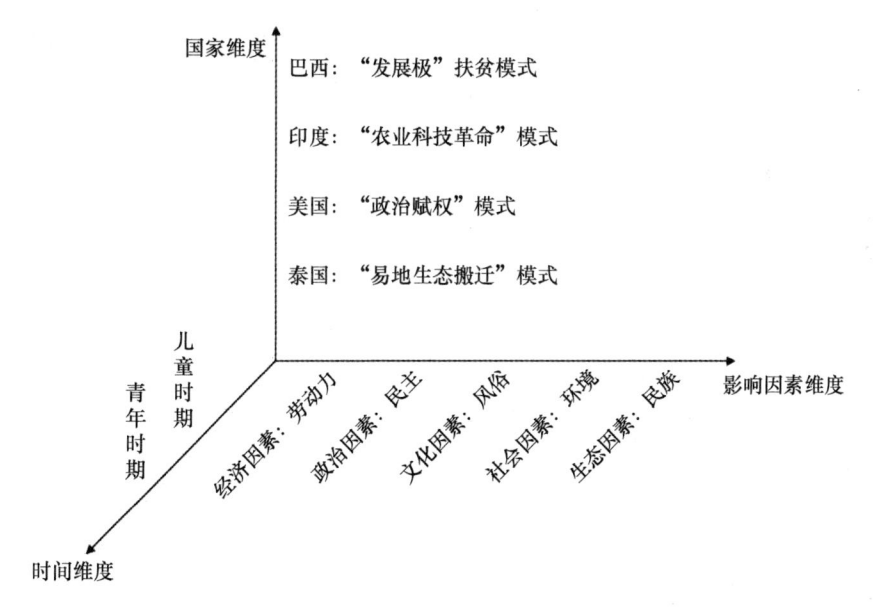

图 4-10 国外减贫及阻断贫困代际传递模式维度

义的经验。

（一）"发展极"阻断贫困代际传递模式——以巴西为例

1. "发展极"理论内容

法国经济学家弗朗索瓦·佩鲁于 1955 年在《略论发展极的概念》一文中提出了发展极理论，该理论认为国民经济在不同地方不同时期，首先发展起来的地区往往是那些聚集着大量创新企业和国民经济主导部门的大中型城市，这些地区发展起来之后再向周围扩张其效应，而这些大中型城市地区被称为发展极。

2. "发展极"理论模式阻断逻辑

"发展极"理论阻断贫困代际传递主要表现在两个方面：一方面，通过要素集聚，促进区域城市优先发展，通过提升贫困人口的收入水平从而阻断贫困代际传递。优先发展大中型城市，大力投资建设基础设施，吸引人才、资本等要素聚集。同时，实行倾斜性优惠的财税投资政策，吸引企业聚集布局，从而提升区域整体发展的创新创造力，促进经济增长，创造大量的就业岗位，提高区域内整体的收入水平，并有效覆盖区域内的贫困家庭，使其获得充分就业提升收入水平的机会，激活其主动脱贫的积极性，摆脱贫困代际传递的命运。另一方面，待区域优先发展形成示范效应，带动周边乃至促进全国范围发展后，及时出台教育扶贫及阻断政策，促进贫困代际传递阻断。经过长期的倾斜性的经济政策之后，"发展极"区域经济增长逐渐获得成效，并形成示范效应，带动周边地区及全国其他地区经济社会发展，形成良性循环，从而为减贫及阻断贫困代际传递奠定基础。同时，在拥有一定财力的基础上，及时出台教育财政扶贫政策及教育阻断政策，重视人力资本积累，尤其是注重提升区域和全国范围内底层贫困群体的教育文化水平，增强其劳动市场竞争力，从而发挥教育阻断贫困代际传递功效。并且，反过来，劳动力要素质量提升了，进一步增强"发展极"区域经济潜力和水平，从而使得"发展极"能够形成良性循环，从而使得减贫及阻断贫困代际传递能够形成可持续良性循环。这种理论阻断逻辑可以简单概括为："倾斜性的经济发展政策→打造区域'发展极'→劳动力、资本集聚到'发展极'区域→'发展极'区域发展并形成示范效应→实施教育财政扶贫政策→提升人力资本水平和创新创造力→促进'发展极'区域经济进一步发展→提升贫困阶层收入水平→阻断贫困代际传递",如图4-11所示。

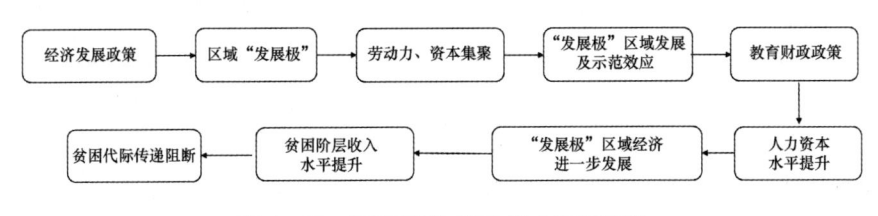

图4-11 "发展极"理论模式阻断逻辑

3. "发展极"理论模式实践——以巴西为例

在全世界范围内,以巴西最为典型代表,采取了这种"发展极"阻断贫困代际传递模式。巴西的这种"发展极"阻断模式的显著特征可以简单归纳为两个方面:其一,致力于打破区域经济发展不平衡,通过政策倾斜聚集生产要素,促进贫穷落后地区发展,为扶贫和阻断贫困传递奠定坚实的经济基础;其二,在"发展极"区域经济发展的同时,高度重视教育阻断贫困代际传递的作用,实行教育阻断政策。具体来看,包括以下政策措施。

实行倾斜优惠的经济政策,全力打造区域经济"发展极"。巴西由于自然地理因素,导致东南部沿海地区经济最为发达,例如,圣保罗、里约热内卢等城市,而中西部、东北部和地域广阔的亚马逊河流域经济相对落后。而大部分贫困人口大多数集中分布在经济发展相对落后的地区。巴西政府针对这一现实情况,按地区资源特点开发这些落后地区,实行各种政策倾斜,聚集要素,建设"发展极"。1960年,巴西政府为了促进内陆地区经济发展,将首都从东南沿海的里约热内卢迁往内陆的巴西利亚。同时,1966年,巴西政府制订了"开发亚马逊"计划,通过投入20亿美元来促进该地区在农业、交通以及能源等方面的发展,并开发当地的自然资源。同时,对该地区实行倾斜性的优惠政策,例如,对在该地投资的企业实行免交所得税优惠政策。经过多年的建设和要素聚集,巴西在亚马逊地区根据当地资源特征,确立经济增长点,最终确立了15个区域"发展极"。例如，以发展橡胶生产为主的"阿克里发展极"，以发展木材加工、锰矿生产及农牧业为主的"阿马巴发展极"。

重视"发展极"区域劳动力文化素质，及时出台教育扶贫及教育阻断政策。巴西在大力实行倾斜性财政政策，促进"发展极"地区经济发展同时，也致力于提高这些不发达地区劳动者素质。1996年，巴西政府启动"远距离教学计划"，通过电视卫星等传媒渠道向偏远地区播放教学节目，降低不发达地区文盲率①。2003年，巴西卢拉政府时期开始实施"家庭补助金计划"，旨在通过现金补贴赤贫家庭，而这些赤贫家庭大多数集中在边远的内陆地区，大部分是在"发展极"区域。其中，该项补助计划规定贫困家庭（人均月收入在50—100雷亚尔）如果想得到每月15—95雷亚尔的现金补助②，必须满足在受教育和健康方面的规定，例如，入学出勤率、产前护理。其中，受益家庭6—15岁儿童入学出勤率必须在85%以上，并且定期接受健康检查。这些家庭如果还有16—24岁在读学生，每人每月还可以申请60雷亚尔的补助。2005—2010年，该项目惠及的儿童从370万人增加到620万人。2016年5月，罗塞夫政府将"家庭补助金计划"补贴金额平均上调9%，以更好补贴巴西贫困阶层。2017年，巴西共有950万户家庭领取补助金，占到了巴西家庭数量的13.7%。该项政策极具创新之处，能起到事半功倍之效。一方面能够通过现金转移支付提高贫困家庭生活水平，达到短期减贫效果；另一方面通过设定接受补助条件，引导家庭重视子辈教育，引导人力资本投资，从而发挥教育对阻断贫困代际传递的作用，打破贫困代际传递的恶性循环。

4. "发展极"阻断模式实践成效——以巴西为例

由于缺乏详细的巴西的贫困代际传递微观贫困家庭数据，本书评价巴西的阻断模式成效仍然立足于"宏观代际"视角，即看长期（至少一代人时间）可持续性的减贫效果。综合来看，巴西"发展极"阻断贫困代际传递模式成效表现为：短期减贫效果明显；长期易受外部经济发展波动，可

---

① 王俊文：《国外反贫困经验对中国当代反贫困的若干启示——以发展中国家巴西为例》，《农业教育》2009年第3期。
② 《揭秘巴西如何解决贫富差距》，《财经热点调查》第53期，财经网，http://jingji.cntv.cn/cjrddc/bxpfcj/index.shtml。

第四章 扶贫与阻断贫困代际传递工作的实践总结

持续性较差，宏观视角下的阻断代际传递效果较差。

2003年巴西实行"家庭补助计划"以来，短期效果非常明显，贫困人口大幅度减少、社会就业率增加、社会公平机会增多。从2003年到2006年底，巴西贫困人口减少了27.7%，2006年巴西用于家庭补助计划的财政资金仅相当于其GDP的0.5%和政府支出的2.5%，而受益人口却达到4400万人。此外，根据巴西土地开发部2010年公布数据显示，2001—2011年巴西全国贫困人口减少2600多万人，3600多万人成为新中产阶级，基尼系数从2003年的0.594下降到2011年的0.501。

但是，从2015年开始，巴西经历经济危机，贫困人口数据反弹，扶贫减贫进程中断，难以发挥宏观阻断效果。2015年和2016年巴西经济增长大幅度下滑，经历了严重的衰退，为巴西近26年以来最差经济表现。其中，2015年巴西GDP增长率−3.55%，相对2014年下降了3.8%，2016年增长率为−3.47%。根据巴西地理统计局（IBGE）公布的最新数据显示，按照世界银行贫困线标准（每人每天生活费5.5美元以下），2017年，巴西贫困人口达5480万人，占全国总人数的26.5%，比2016年增加近200万人，增长近4%。而如果按照世界银行极端贫困线标准（每人每天生活费1.9美元以下），2017年，巴西极端贫困人口达1530万人，占全国总人数的7.4%，比2016年增加180万人，增长13%，而2014年这一比例为3.01%，明显大幅度增加。

5."发展极"阻断模式经验启示——以巴西为例

从巴西的"发展极"阻断贫困代际传递模式实践来看，可以得出以下几点有益的经验启示：第一，"发展极"理论模式应用受到一定的经济地理发展约束。"发展极"模式应用的前提是要打破区域发展不平衡，通过贫困落后地区优先发展来阻断贫困代际传递。那么，该模式下的目标国则必须是幅员辽阔的大国并且区域经济发展呈现发展梯度，呈现不平衡性。第二，"发展极"阻断模式的长期效果受到经济可持续性发展影响。以巴西的"发展极"模式阻断实践来看，其长期效果不佳原因在于经济发展不稳定，容易受到外部经济危机的冲击，导致用于减贫及阻断政策的财政支出不可持续，并且因经济下滑而带来更多的失业及贫困人口。因此，一国的经济持续稳定发展是"发展极"模式应用的根本前提。

(二)"农业科技革命"阻断贫困代际传递模式——以印度为例

1. "农业科技革命"理论内容

"农业科技革命"理论实质是在农业中实践科技扶贫模式,依托的理论是简单的经济增长理论。根据西方经济学长期生产函数 $y = f(L, K, A, \cdots)$,科学技术既可以单独作为一种生产要素,同时也能间接提高资本和劳动两种生产要素的产出效率。因此,尤其是对于传统的农业,通过引入科学技术,可以大幅度提高农作物产出效率,提高农民收入水平。并且,还能改变传统的粗放式农业生产经营,用技术代替低端农业劳动操作,实现规模化经营,从而转移大量的农业劳动力到非农业部门,促进农民收入水平提高。

2. "农业科技革命"理论阻断逻辑

在农业中通过引入科学技术,实践科技扶贫模式,将农业部门剩余劳动力转移到非农业部门,提高农业生产效率,从而提高农民收入水平,尤其是底层贫困农民的收入。如果这一良性循环能够长时间持续,则会产生巨大的减贫效应。从而,激活广大贫困地区农民的脱贫积极性及提高他们的科技劳作技能,使得他们看到改变命运的机会与希望,进而产生阻断贫困代际传递成效。因此,其阻断逻辑可以简单归纳为:"引入先进农业科技→转移贫困剩余农业劳动力→激活脱贫内在积极性→提高农业生产效率→提高贫困农民收入水平→阻断贫困代际传递",如图4-12所示。

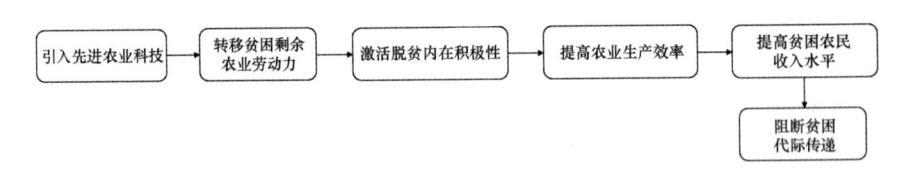

图4-12 "农业科技革命"理论模式阻断逻辑

3. "农业科技革命"理论阻断模式实践——以印度为例

而在全世界范围内,印度采取了这种"满足基本需求"扶贫模式,进行阻断贫困代际传递。印度"满足基本需求"阻断贫困代际传递措施:推进农业重要产业"革命",解决贫困农民基本生存温饱需求。印度于1947

第四章　扶贫与阻断贫困代际传递工作的实践总结　　85

年独立后不久，为了解决贫困地区农民的基本生存温饱需求问题，开展了农业重点产业现代化革命，例如粮食产业的"绿色革命"、牛奶产业的"白色革命"、水产养殖业的"蓝色革命"，短期内取得了显著的脱贫成效。其中，印度从20世纪60年代开始推行"绿色革命"，致力于解决粮食问题，解决广大农村贫困地区人口的基本生存需求问题。印度通过引进、改良、推广高产优良粮食品种为核心，提高粮食单产，结合当地热带和亚热带气候因素，集中种植小麦和水稻。例如，20世纪60年代初成功育成"墨西哥小麦"，单产达到每公顷1.4万公斤。20世纪60年代中期育成的菲律宾"奇迹稻"，单产达到每公顷2.25万公斤；印度从20世纪70年代后期开始推行"白色革命"，通过引进、培育、推广优良水牛品种，建立牛奶生产合作社，致力于大力发展牛奶产业，提高贫困农村地区牛奶产业产值，增加贫困地区农民收入，提高贫困农村地区农民生活水平；印度从20世纪80年代后期开始推行"蓝色革命"，通过开发江、河、湖、海，致力于大力发展水产养殖业，以此来扩大农业就业，赚取外汇收入，提高贫困农村农民生活水平[1]。印度专门成立了渔业开发署和专门从事渔业的国家合作开发公司，在科钦地区建立了海洋研究院、中央水产、航海工程学院，在马德拉斯建立了国家养殖中心。

4."农业科技革命"理论阻断模式实践成效——以印度为例

印度采取的"农业科技革命"阻断模式实践成效，可以简单概括为：短期减贫效果明显，长期阻断成效难以发挥。印度致力于解决贫困农村基本需求而实施的农业产业革命，达到了一定的短期减贫效果。经过"绿色革命"之后，印度的粮食单产和总产量成倍增加，粮食产量从1950年的5080万吨增至2006年的19820万吨[2]，基本实现了粮食自给自足，有效地解决了农村贫困地区的基本生存问题；实施"白色革命"后，20世纪80年代后期印度已成为世界上第三大产奶国，产值大幅度提高，有效地改善了贫困地区农民收入；根据相关统计，仅1992—1993年度，印度水产品赚

---

[1] 詹伦忠：《印度农业的"绿色革命""白色革命""蓝色革命"》，《中学地理教学参考》1995年第2期。

[2] 宋志辉：《印度农村反贫困的经验、教训与启示》，《南亚研究季刊》2009年第1期。

取外汇近6亿美元。但其长期阻断效果而言不明显。第一，教育扶贫政策没能引起重视，阻碍长期减贫效果发挥及阻断传递功能发挥。根据印度2014年发布的年度教育状况报告，印度农村地区公立学校的入学率从2007年的72.9%下降到2014年的63.1%，儿童学习阅读水平也呈现下降趋势。第二，人口过快增长，使得减贫效果大打折扣。印度人口增长率自其独立以来就一直保持高速增长，年均保持1.2%的人口增长率，而这给印度的减贫扶贫带来了巨大的压力与挑战。根据世界银行2010年报告[①]，2010年印度极度贫困人口占全球极度贫困人口比例为33%，为世界上极度贫困人口最多的国家。而根据2016年6月牛津大学发布的《牛津贫困和人类发展项目》国家简报数据显示，印度贫困发生率为54.8%，其中16.4%的人口易于遭受贫困，28.6%的人生活在严重贫困中，仍然有28.5%的人生活在极端贫困中。第三，贫困群体基本生存需求短期能得到满足，但不具备长期可持续性扶贫效果。印度从1992年就开始启动类似"平价商店"等一系列直接补贴模式扶贫，但经过近20多年实践，效果并不明显。根据2016年国际食物政策研究所发布的全球饥饿指数排名，印度位列118个发展中国家的第97位，这说明相对世界其他国家而言，印度仍然有很大部分贫困群体没有解决温饱问题。

5. "农业科技革命"理论阻断模式启示——以印度为例

印度采取的"农业科技革命"阻断模式实践来看，可以归纳以下几点重要启示：第一，科技扶贫是重要的扶贫及阻断政策措施，但仅仅依赖这一措施还远远不够。在贫困地区，通过引进科学技术，可以在短时间内大幅度提高农业生产效率，提高农民收入水平，这是科技扶贫的短期成效。但这一成效如果要长期发挥作用并产生阻断效果，仅仅依靠科技扶贫则远远不够，而且印度的农业科学技术大多数是依靠引进并不是自主研发的，这也决定了其科技扶贫的长效性不足。第二，科技扶贫一定要依靠教育扶贫及教育阻断措施，方能发挥最大功效。教育扶贫及教育阻断措施，是治理贫困代际传递的根本之策，居于主导地位，不能本末倒置。在农业中采

[①] 世界银行报告：《贫困现状：穷人都在哪里？哪里的人最穷？》（*The State of the Poor: Where are the Poor and Where are the Poorest?*），2010年。

用先进的科学技术，关键不在技术本身，而在于要立足提高广大贫困地区使用技术的农民的文化素质。只有重视基础教育及技能培训，营造良好的教育文化环境，提高受教育意愿和重视文化知识的程度，才能在广大贫困农村引入科技后产生持续性良性作用。第三，合理调控人口数量与人口质量关系，辩证看待人口因素在阻断贫困代际传递中的作用。印度的"农业科技革命"阻断模式成效大打折扣的重要原因是没有控制人口增长，人口增长速度过快。而在当下的中国，这一问题需要辩证地看，中国当前一方面已经进入到"老龄化"阶段，每年新增劳动力在大量减少，已经对今后中国经济可持续增长造成巨大的压力，为缓解老龄化压力实行全面放开二孩政策。通过对比，可以明显发现中印两国面临的国情完全不同。因此，未来减贫及阻断贫困代际传递的过程中，对于人口因素，一定要以人口质量为根本，而不是一味地以控制人口数量为核心，这是今后中国人口政策理念转变的根本。这就要求今后阻断贫困代际传递工作一定要大力加强广大中西部地区的基础教育及技能教育，适度调控贫困地区人口增长，同时提高贫困地区的人力资本水平，充分发挥教育阻断贫困代际传递的核心作用。

（三）"政治赋权"阻断贫困代际传递模式——以美国为例

1. "政治赋权"理论内容

"政治赋权"背后的理论依据是阿玛蒂亚·森的能力贫困论。森认为无论是绝对贫困还是相对贫困，都不仅仅是收入缺乏问题，其本质都是由于贫困群体可行能力缺失造成的基本权利被剥夺。森在《贫困与饥荒——论权利与剥夺》著作中进一步论述了贫困产生与权利缺失之间的关系，认为饥饿背后是食物所有权的反映，而贫困产生背后是贫困群体基本权利的缺失造成的[1]。贫困群体无法平等地获取或接触到许多产品和服务，尤其是公共服务，不具备把这些产品转化成效用的"功能"或"权利"的能力。简言之，就是缺乏改变命运的机会，使得起点与过程都不公平。

---

[1] 阿玛蒂亚·森：《贫困与饥荒——论权利与剥夺》，王宇、王文玉译，商务印书馆2001年版。

2. "政治赋权"理论阻断逻辑

能力贫困论在提供一个全新视角理解贫困问题的同时,也提供了一个减贫及阻断贫困代际传递的有效措施,即通过"政治赋权"途径。通过给予社会少数弱势群体赋权,例如,儿童、老年人、黑人、少数民族等,出台相关国家层面的法律法规,明确相应的权利和保障方案,可以极大地扩大他们获取基本权利的渠道和机会。例如,受教育权利、医疗健康保障权利、平等就业权利,从而激活他们脱贫积极性,提高收入水平,摆脱贫困及阻断贫困代际传递。因此,其阻断逻辑可以简单概括为"出台法律赋予贫困群体基本权利→获得基本受教育、医疗保障、就业权利→增加就业机会→提高就业收入水平→阻断贫困代际传递",如图4-13所示。

明确赋予贫困群体基本权利 → 受教育、医疗保障、就业权利获得 → 就业机会增加 → 贫困农民收入提升 → 阻断贫困代际传递

图4-13 "政治赋权"理论模式阻断逻辑

3. "政治赋权"理论阻断贫困代际传递实践——以美国为例

美国的贫困人口主要为老年人、黑人、妇女、儿童、残疾人等弱势群体,尤其以少数族裔为最,而这些弱势群体往往缺乏相应的基本社会权利,特别是在20世纪60年代,随着黑人民权运动的发展,少数族裔的社会权利问题越来越得到重视[1]。因此,通过"政治赋权"减贫和阻断贫困代际传递,是美国减贫的一个重要途径。而这种"政治赋权"阻断模式有两个显著特征:第一,权利覆盖范围广,保障范围大。美国对弱势群体的社会权利保障以其完善的社会福利体系为基础。而西方的社会福利政策形成时间较早,发端于近代无产阶级工人运动,随后逐步完善,日渐成熟。而相比较发展中国家仅仅关注收入提高,美国的社会福利还关注营养健康、教育、就业等各个方面。第二,实践落地可持续性长,依托雄厚的财政支撑。美国的"政治赋权"并没有仅仅停留在法案口号层面,而是不断地完善,从20世纪60年代到现在一直都在完善中,其背后依托的是美国

---

[1] 参见闫坤、刘轶芳、于树一《中国特色反贫困理论与实践研究》,中国社科科学出版社2016年版。

第四章 扶贫与阻断贫困代际传递工作的实践总结

的雄厚的财政支撑。而不像前文提到的发展中国家一样会因为经济波动，财政支撑不足使得扶贫和阻断政策效果打折扣。美国的"政治赋权"主要是针对黑人和儿童群体，本章重点介绍美国对这两个群体的"政治赋权"阻断实践经验。

关于黑人群体。20世纪60年代，美国政府在扶贫减贫过程中，开始关注和侧重解决黑人和少数族裔基本社会权利问题，以法律形式结束了美国的种族隔离制度。1964年，美国颁布了具有文明里程碑意义的《民权法案》，其明确规定"禁止基于种族、肤色、性别、宗教和地域的歧视"，结束了美国的种族隔离制度。1964年颁布《经济机会法》，提出"社区行动计划"，该计划致力于使得每个美国人都有机会贡献个人全部能力参与到社会的工作中，以消除贫困。并且要求穷人（特别是贫困黑人）"最大限度地参与"当地社区各项活动，在地方政治中获得发言权[①]。1965年，美国政府颁布了《选举法案》，禁止任何未经法律允许的限制选举权的条款，赋予了黑人真正平等意义上的选举权。1968年，美国政府基于当年《人权法案》基础，颁布《公平租赁法案》，该法案规定"禁止在买卖、租赁住房或购房贷款，以及其他与住房相关的交易中，有基于种族、肤色、来自国家、信仰、性别、家庭状况的歧视行为"[②]。这意味着美国以法案形式结束了对黑人的就业歧视，赋予了黑人真正平等意义上的公平就业权，为贫困的黑人摆脱贫困命运及阻断贫困代际传递命运清除了政治障碍，奠定了基本的权利基础。

关于儿童群体。美国在儿童"政治赋权"阻断贫困代际传递方面，首先出台一系列贫困家庭儿童保障项目计划，然后及时出台相应的法律法规，保障这些项目依法进行。一是设立面向贫困家庭儿童的一系列抚育成长保障项目：设立贫困家庭儿童营养早餐。美国联邦政府于1960年起，设立了以帮助贫困家庭学生获得充足营养及减少贫困家庭的相关食物支出为目标的学生营养早餐项目。该项目规定美国的所有公立、非营利性的私立

[①] 蒋云芳：《20世纪80年代以来美国联邦政府以促进公平为核心的基础教育改革研究》，博士学位论文，西南大学，2012年。

[②] 王曦：《西方国家留学生消费者权益保障研究——以美国、澳大利亚和新西兰为例》，硕士学位论文，湖南师范大学，2012年。

学校都可以加入，这些学校每提供一份早餐都将受到政府的补贴，补贴经费完全由政府出资。二是设立低收入家庭儿童"开端计划"。美国联邦政府于1965年起开始推行面向低收入家庭儿童的"开端计划"，资助对象为0—5岁低收入家庭的儿童，为他们的家庭提供综合性的全面的服务，包括教育、医疗、营养等。该计划通过对贫困家庭儿童进行教育补偿，改善贫困群体代际恶性循环，提升贫困家庭儿童公平受教育以及成长的机会。开端计划经费由联邦政府拨款（80%）和社区共同承担，而贫困家庭的家长并不需要缴纳任何费用。该计划实施以来，得到了联邦政府有力的财政支持，财政拨款从未停止并且拨款数额一直保持上升趋势，呈现良好的可持续性。三是设立贫困家庭"早期优先计划"。美国联邦政府于1998年1月开始推行"早期优先计划"，主要面向低收入家庭婴幼儿和孕妇，由政府出资为他们提供早期护理和保健服务。四是出台法律法规保障贫困家庭儿童项目得以持续顺利进行。美国联邦政府为了保证贫困儿童保障项目能够持续顺利进行，不断出台法律法规，将政府的扶贫行为纳入法制化轨道，监督扶贫项目资金能够顺利到位，使得扶贫项目能够持续顺利进行。例如，1979年美国国会通过的《儿童保育法》、1981年出台的《开端计划法案》、1990年出台的《儿童早期教育法》和《儿童保育和发展固定拨款法》、1998年出台的《1999年法案：向所有儿童提供优质教育》、2002年出台《不让一个儿童落后法》[1]。正是由于这些法律法规的出台，才使得联邦政府对早期教育的投入不断增加，尤其是使得对贫困家庭儿童投入收益最大，保证了贫困家庭儿童公平受教育机会，极大地增加了摆脱世代贫困命运的可能性。例如，1981年出台的《开端计划法案》明确规定联邦政府每年至少为开端计划项目拨款10.7亿美元，该法案颁布以来，政府对开端计划项目拨款数额持续增加，从1990年的15.52亿美元已经增加至2015年预算的85亿美元。

4. "政治赋权"理论阻断模式实践成效——以美国为例

美国的"政治赋权"阻断模式实践成效：短期内成效显著，贫困人口

---

[1] 张敏：《美国发展0—3岁早期教育的经验及启示》，《宁波大学学报》（教育科学版）2012年第4期。

大幅度下降。美国20世纪60年代通过对黑人"政治赋权",颁布一系列法案,奠定了黑人摆脱贫困的法理和政治基础,大大提高了当时美国反贫困计划具体措施的实行效率,部分地解决了物质丰富社会中的贫困问题,使得官方口径下的"贫困线"以下的人口大幅度减少。根据美国官方设定的贫困标准及贫困数据,1964年,美国总人口为1.89亿人,贫困人口为3605万人,贫困率为19%;1970年,美国人口上升到2.02亿人,贫困人口降为2542万人,贫困率为12.6%;2000年美国人口有2.78亿人,贫困人口为3158万人,贫困率下降到11.3%。但是,虽然长期内贫困率有所下降,但成效并不明显。美国贫困人口和贫困率在2009年之后,开始反弹上升。2009—2014年贫困率处于14%—15%。2010年美国人口超过3亿人,贫困人口也超过4000万人,贫困率高达15.1%。2014年,美国人口为3.15亿人,贫困人口为4665万人,贫困率为14.8%。可见,美国从1964年开始,经过近50年的扶贫,贫困率有所下降,但从1964年的19%下降到2014年的14.8%,成效并不是十分显著,近50年来从未降低到10%以下。

5. "政治赋权"理论阻断模式启示——以美国为例

通过回顾美国"政治赋权"阻断模式实践,本章归纳以下几个重点启示:第一,能力缺失及其导致的权利缺失是贫困问题和代际贫困问题产生的重要原因,扶贫开发要注意重视社会公平,尤其是社会少数弱势群体贫困问题。美国的"政治赋权"模式依托的是阿玛蒂亚·森的能力贫困论,通过对少数弱势群体赋权政治权利,保证他们有足够的公平的机会摆脱贫困和代际贫困。因此,对于中国阻断贫困代际传递的实践工作来说,务必要保障起点公平和机会公平,从源头上保障贫困弱势群体的权利问题,尤其要重视经济发展过程中的公平机制设计,尽最大努力保障广大中西部贫困地区能够公平享受到发展成果以及使得其要素能够平等参与市场经济发展,甚至可以实行一定的政策倾斜。例如,当下的高招专项贫困扶贫计划,用人单位的贫困家庭专项计划。第二,要注意统一协调扶贫开发工作,部门之间和扶贫项目之间要注意协调提升效率。美国针对贫困家庭儿童的扶贫项目众多,具有覆盖广的特点。但同时也带来了项目与项目之间协调性较差的问题,从而降低扶贫效率。美国针对贫困家庭儿童福利性质的扶贫项目大致由 14 个大型子项目组成，各个子项目又细分包括多个不同的方案，而这些项目很多都独立运行，并没有统一的扶贫小组进行协调统筹，这导致这些项目之间很多内容重复，影响效率。

(四) "易地生态搬迁"阻断贫困代际传递模式——以泰国为例

1. "易地生态搬迁"理论内容

生态贫困论认为，生态环境脆弱往往容易引起贫困，而且也往往使得扶贫难度加大，即使依靠政府和社会外界扶贫，也会受到本地地理位置、气候条件及气象灾害等影响，容易返贫。并且由于生态环境脆弱，农业及工业生产难以大规模有效地开展，使得这些贫困地区群众脱贫意愿下降，滋生贫困文化，出现贫困的扩散以及传递效应，容易出现贫困代际传递，简单概括为"生态环境脆弱→农业工业生产缺乏→贫困文化滋生→贫困代际传递"。

2. "易地生态搬迁"理论阻断逻辑

因此，根据这一理论，针对生态脆弱的贫困地区，通过易地扶贫搬迁，可以有效解决生态脆弱问题，同时实现保护生态环境和缓解贫困等多重目标，从而打破贫困代际传递链条。也就是说，将生态脆弱地区群众有效转移到生态条件好，适合开展经济生产的地方。并且，进行一定的物质激励与补贴，改善其原始的基础的生活水平，还同步配套实施教育扶贫措施，提高转移贫困群众的科学文化水平，尤其是其子辈的受教育水平，从而最大限度激活脱贫积极性，提高就业竞争力及增加增收渠道，提高收入水平，阻断贫困代际传递。这一阻断逻辑可以简单概括为"易地扶贫搬迁→改变生产生活条件→提高基本生活水平→提高受教育水平→激活脱贫积极性→提高就业竞争力和增加增收渠道→提高收入水平→阻断贫困代际传递"，如图 4-14 所示。

3. "易地生态搬迁"理论阻断模式实践——以泰国为例

泰国北部山区少数民族众多，经济发展水平差，生活条件差，民众文化落后，这一地区居民往往又被泰国称作"山民"。根据泰国有关经济数据，这里的居民人均居住面积每平方公里 2.5 人，20 世纪 50 年代，北部山区以原始农业为主，粗放经营，过度开垦，每 2—3 年就要迁移易地耕

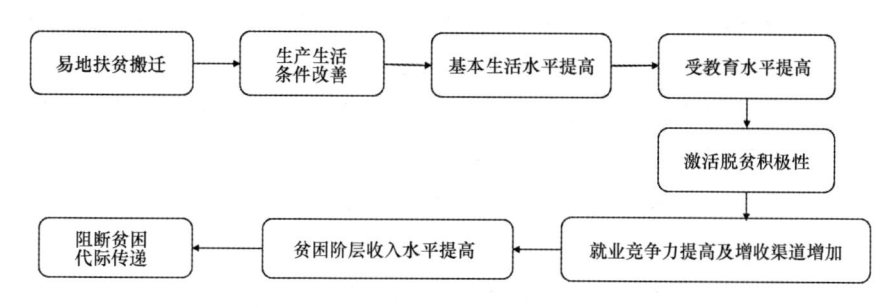

第四章　扶贫与阻断贫困代际传递工作的实践总结　　93

图 4-14　"易地生态搬迁"理论模式阻断逻辑

作。这种耕作方式严重破坏生态环境，水土流失严重，动植物物种急剧减少。并且，农业生产效率低下，经济收入水平有限，导致当地部分居民寻找种植罂粟等作物，成为制毒贩毒吸毒的来源地。因此，在这一生态环境背景下，泰国北部山区居民一直生活在封闭、落后、贫穷的环境中，贫困代际传递现象严重。

　　针对这一贫穷落后的北部山区发展局面，泰国政府致力于通过易地生态扶贫搬迁促进北部山区摆脱贫困，阻断贫困代际传递。从 1959 年开始，泰国公共福利厅根据泰国内阁的指导路线，在泰国中、南部建立"山民自助居住区"，1960—1962 年期间共建立了 4 个"山民自助居住区"。泰国政府为了能够保证山民顺利实行易地扶贫搬迁，采取了一系列保障措施，主要包括：第一，加强基础设施建设。扶贫搬迁项目在搬迁入地的各个村庄修建公路，并且为当地居民修建水利工程，提供自来水、输电通信线路等基本公共设施。第二，强化产业扶持。当地政府和银行等金融机构合作，根据当地农业资源禀赋特征，投资建立果园、滩涂养殖场、蔬菜种植园和农产品加工厂，先期由政府派出技术人员规划设计，建设时选择准迁户的青年一边接受培训一边参加建设，建成后农户与政府签订承贷合同，3 年之中享受免税待遇，分期还清贷款。第三，加强教育和医疗配套扶贫体系建设。兴建学校，动员农民子女入学。学校建立后，由泰国教育部初级教育机构接收管理，按期拨付经费、教材，培训教师，建立流动图书馆；举办各类手工艺技术培训班，传授竹藤器编织、裁缝和金银器加工等工艺。建立医疗卫生保健站，项目区内的农民患重病需要到城里就医，皇家项目还给予他们经济支持。第四，重视农业实用科技扶贫。政府聘用了一批技术人员协助实施扶贫计划。在农业生产中改变了单一水稻种植的状态，引进洋麻、木薯和甘蔗等经济作物，代替罂粟种植。第五，重视农产品销售，切实提高扶贫搬迁民众收入水平。泰国政府在曼谷和清迈等地都设有负责市场营销的专门机构，负责易地扶贫搬迁项目区农产品销售[①]。

4. "易地生态搬迁"理论阻断模式实践成效——以泰国为例

泰国易地生态搬迁计划实施后，泰国北部扶贫搬迁计划区内及其辐射地区90%以上的少数民族已实现定居，基本消除刀耕火种现象，铲除了鸦片生产，森林等自然资源得到了有效的保护和改善，农民生活水平大大提高，贫困人口大幅下降，代际贫困现象也大大降低。

5. "易地生态搬迁"理论阻断模式启示——以泰国为例

从泰国易地生态搬迁的阻断模式实践中，可以归纳出以下几点启示：第一，易地扶贫搬迁措施立足于贫困群众，改变其生存的自然空间，能够起到较好的扶贫及阻断效果。易地扶贫搬迁能够改变贫困群众的生存空间，将其转移到适合居住及生产的生活环境中去，能够有效克服自然条件限制。而这对于中国深度贫困地区阻断贫困代际传递具有重要的参考借鉴意义。中国深度贫困地区，往往是西部生态脆弱地区，生产生活条件极差，世代贫困现象严重，这一地区最适宜采用易地扶贫搬迁措施来阻断贫困代际传递。第二，易地扶贫搬迁是个系统性措施，需要结合产业扶贫、科技扶贫、教育扶贫一起配套实施，方能发挥其减贫及阻断功效。泰国在扶贫搬迁实施过程中有产业扶贫措施，重视迁入民众在迁入地的产业发展，同时还加强农业科技支持，提高贫困群众的教育文化知识，等等，多重措施共同配合，才使得减贫和阻断功效发挥最大。第三，易地扶贫搬迁效果最终要落实到贫困群众的产业收入水平，重视提高产业发展是最终落脚点。泰国政府专门设立机构，负责易地扶贫搬迁地区贫困农民的农产品销售，打通销售渠道，切实提高农民产业收入，从而促进产业发展，这样

[①] 王红彦、高春雨、王道龙：《易地扶贫移民搬迁的国际经验借鉴》，《世界农业》2014年第8期。

有利于提高迁入地贫困群众脱贫积极性，能够起到短期减贫及阻断贫困代际传递作用。就长期而言，还要重视教育扶贫措施，提高人力资本水平，提高长期就业收入水平，发挥其长期阻断作用。

三 中国阻断贫困代际传递工作的实践总结

扶贫先扶志，当前中国存在部分脱贫群体内生动力不足、致富积极性不高问题，这折射出脱贫攻坚胜利背后还潜藏着深层的贫困问题即代际贫困问题。从理论上看，代际贫困本质上是一种深度持续贫困；从实践上看，代际贫困问题必然是扶贫攻坚到一定阶段才会出现的问题，须引起高度关注。从中国近年来出台的阻断贫困代际传递各类政策来看，本书将其大体梳理为三类，即：教育阻断政策、贫困儿童营养健康保障政策、贫困地区女性教育政策。本章仍将从措施、成效、问题三个方面对这三类阻断贫困代际传递政策进行梳理。

（一）阻断贫困代际传递工作措施
1. 教育阻断政策

阻断逻辑。扶贫先扶志，而扶志要和扶智相结合，即治贫先治愚。全面重视贫困地区家庭子女基础教育，提升贫困人口综合素养，摆脱观念和心智的贫困；增强贫困人口人力资本水平以获得实现自我发展的内在能力，摆脱能力贫困。同时，减轻或消除当前因上学导致的经济负担，相当于转移收入或替代支出，摆脱经济贫困。教育扶贫政策的阻断逻辑可以简单归纳为"重视贫困地区基础教育→减轻贫困家庭教育经济负担→增强子辈人力资本积累意愿→提高子辈人力资本水平→提高就业收入水平→阻断贫困代际传递"，如图4-15所示。

而从实践上看，中国从1986年大规模扶贫开发实践开始，就已经认识到教育扶贫的重要作用，并且出台了一系列教育扶贫政策。近年来，随着扶贫攻坚实践的逐渐深入推进，中国深度贫困问题逐步凸显，尤其是以代际贫困为典型特征的深度贫困问题开始引起重视。同时，也加深了教育对

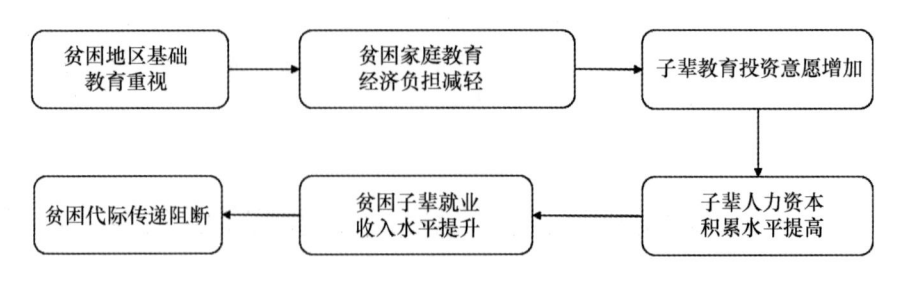

```
┌──────────────┐    ┌──────────────┐    ┌──────────────┐
│ 贫困地区基础 │───▶│ 贫困家庭教育 │───▶│子辈教育投资  │
│   教育重视   │    │ 经济负担减轻 │    │  意愿增加    │
└──────────────┘    └──────────────┘    └──────────────┘
                                                │
                                                ▼
┌──────────────┐    ┌──────────────┐    ┌──────────────┐
│贫困代际传递阻断│◀──│ 贫困子辈就业 │◀──│ 子辈人力资本 │
│              │    │ 收入水平提升 │    │ 积累水平提高 │
└──────────────┘    └──────────────┘    └──────────────┘
```

图 4-15　教育阻断政策阻断逻辑

扶贫的认识，即逐渐认识到教育对代际贫困问题的根本阻断作用。2015 年 9 月，习近平总书记在给北师大贵州教师研修班参训教师回信中明确指出"扶贫必扶智，让贫困地区孩子们接受良好教育，是扶贫开发的重要任务，也是阻断贫困代际传递的重要途径[①]"。随后，"教育阻断贫困代际传递"不断被反复提及，不断被引起重视。2015 年 11 月下旬，习近平总书记在中央扶贫开发工作会议上特别强调指出"教育是阻断贫困代际传递的治本之策。贫困地区教育事业是管长远的，必须下大力气抓好"[②]。由此，中国教育扶贫政策开始向阻断传递方向转变，加大对重点贫困地区教育财政投入。

政策特征。教育阻断政策是教育扶贫政策的深入，相对于一般的教育扶贫政策而言，有其自身的显著特征。一方面，教育扶贫作用更加凸显。以往的教育扶贫措施往往和产业扶贫、科技扶贫、金融扶贫等措施一起发力，教育的作用往往和其他措施处于并行并列关系。而在教育阻断措施中，教育处于核心主导地位，统领整个阻断政策体系，其他阻断措施都得围绕教育阻断措施展开。因为，教育的阻断作用具有直接与间接双重作用，即自身有直接阻断作用，同时，也会作用其他影响因素而起到阻断作用。另一方面，教育扶贫对象更加精准。教育扶贫针对的是普遍贫困地区教育发展问题，而教育阻断措施针对的是深度贫困地区教育缺失问题，例

[①]《习近平给"国培计划"（二〇一四）北师大贵州研修班参训教师回信》，中国政府网，2015 年 9 月 10 日，http://www.gov.cn/xinwen/2015-09/09/content_2927778.htm。

[②] 中共中央文献研究室编：《习近平关于社会主义经济建设论述摘编》，中央文献出版社 2017 年版，第 220—221 页。

如，教育软硬件资源缺失，家庭教育投资不足、教育机会不均衡等问题。因为，深度贫困地区无论是交通、地理位置等自然条件，还是产业发展、就业机会等经济条件，都要较一般贫困地区恶劣，从而导致其面临的教育贫困问题往往表现为教育资源缺失，而不是教育质量发展水平低下问题。而这往往会直接引起贫困代际传递问题。因此，充分发挥教育阻断传递作用，就要立足补齐教育资源缺失短板。

政策措施。第一，精准定位贫困学生信息，实现教育扶贫政策资助群体全覆盖。2016年12月，教育部联合国务院扶贫办等六部委以"完成发展教育脱贫一批重要任务，阻断贫困代际传递"为根本目的，出台《教育脱贫攻坚"十三五"规划》。其中，明确提出要重点面向国家扶贫开发工作重点县、集中连片特困地区以及建档立卡贫困人口，针对这些人群实行教育精准扶贫。2018年2月教育部联合国务院扶贫办颁布《深度贫困地区教育脱贫攻坚实施方案（2018—2020年）》（以下简称《方案》），提出了面向中国"三区三州"等深度贫困地区一系列具体精准教育扶贫要求措施，具有重要的教育阻断意义。《方案》要求每年春秋两季学期做好建档立卡贫困教育人口信息对比，要做到每个建档立卡的贫困学生信息准确，实现精准定位，为教育扶贫政策覆盖和专项教育扶贫资金发放提供精准信息[1]。第二，全面保障贫困学生教育资金需求，实现从学前教育到高等教育资助全覆盖。《方案》明确提出了对建档立卡学生专门的从"学前教育"到"高等教育"全覆盖的系统性资助方案，务必保障"三区三州"建档立卡贫困家庭学生享受学生资助政策。其中，学前教育按照"地方先行、中央补助"的原则，建立并实施学前教育资助政策；义务教育实施"两免一补"政策；中等职业教育实施免学费和国家助学金政策；普通高中免除建档立卡等家庭经济困难学生学杂费并实施国家助学金政策；高等教育及研究生教育实施"奖助贷勤补免"及入学绿色通道等"多元混合"的资助方式。第三，补齐深度贫困地区教育资源缺失短板，发挥教育阻断传递的可

---

[1] 《教育部、国务院扶贫办关于印发〈深度贫困地区教育脱贫攻坚实施方案（2018—2020年）〉的通知》，中国政府网，2018年2月27日，http://www.cpad.gov.cn/art/2018/2/27/art_46_79213.html。

持续性功能。《方案》明确提出要"加大边远贫困地区、边疆民族地区和革命老区人才支持计划、教师专项计划倾斜力度，优先向'三区三州'选派急需的优秀支教教师，缓解'三区三州'师资紧缺、优秀教师不足的矛盾，提高当地学校教育教学水平。"

2. 贫困儿童营养健康保障政策

阻断逻辑。贫困地区家庭由于经济条件限制，收入水平低下，子辈成长过程中往往缺少必备的营养水平以及从婴幼儿开始的健康保障。这直接导致贫困地区儿童身心成长远远落后于同龄人，影响其后天身体素质及人力资本积累效率，从而导致后天较低的就业收入获得水平，从而发生贫困代际传递。因此，国家加强对贫困儿童的营养干预，促进儿童身体健康、智力发育以及良好行为习惯的养成[1]，提高其今后人力资本积累水平与效率，从而提高其就业市场竞争力和收入水平，阻断贫困代际传递。贫困儿童营养健康保障政策的阻断逻辑可以简单归纳为："贫困儿童营养干预→促进身心健康发展→提高人力资本积累效率→提高就业竞争力→收入水平提高→阻断贫困代际传递"，如图4-16所示。

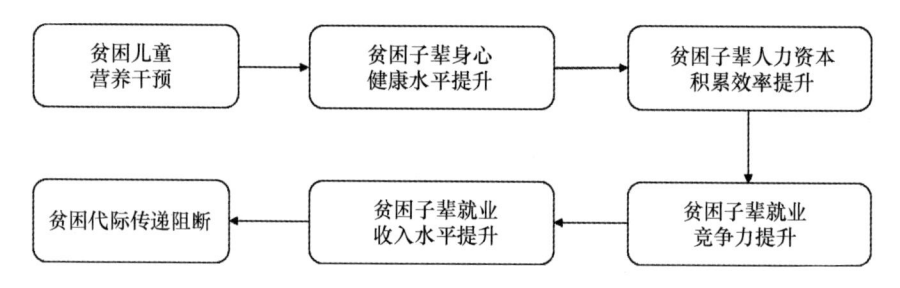

图4-16 贫困儿童营养健康保障政策阻断逻辑

政策特征。这类政策也有其自身的特征，简单概括为两点：第一，越在子辈人生早期干预，影响效果越好。根据一般的教育学常识，良好的身体条件起源于母亲的产前照料，0—3岁往往是身体素质奠定时期。而对贫困子辈的营养健康扶贫干预，则在其子辈的人生越早期越好，尤其是0—3岁婴幼儿时期。第二，营养健康的阻断作用具有双重性，既有直接阻断路

---

[1] 檀学文：《中国教育扶贫：进展、经验与政策再建构》，《社会发展研究》2018年第3期。

径也有间接阻断路径。从直接作用来看,良好的儿童期营养健康水平,必然有利于形成良好的身体健康水平,而用于后天看病治疗等医药费用支出必然较少,这直接减少费用支出,增加可支配收入水平。而对于广大中西部贫困家庭而言,良好的营养健康保障无形中有利于收入水平的提升,一定程度降低贫困代际传递发生概率。从间接作用来看,良好的儿童期营养健康水平,会间接作用于教育因素,从而阻断贫困代际传递。例如,营养健康水平较高的子辈,学习成绩更好,更有利于人力资本形成效率和水平,从而阻断贫困代际传递。

政策措施。第一,实施困难地区义务教育营养健康直接财政补助。2011年10月26日,国务院决定启动实施农村义务教育学生营养改善计划。该计划规定,在集中连片特殊困难地区开展试点,中央财政按照每生每天3元的标准为试点地区农村义务教育阶段学生提供营养膳食补助[1],补助资金严格用于为学生提供食品,严禁直接发放给学生和家长,严防虚报冒领[2]。试点范围包括680个集中连片特困县(市)、约2600万名在校生。2014年11月,这一标准提高到每人每天4元。2016年8月,教育部、国家发改委、财政部联合发布《关于进一步扩大学生营养改善计划地方试点范围实现国家扶贫开发重点县全覆盖的意见》,扩大学生营养改善计划试点范围,力争到2017年覆盖所有贫困县。第二,全面重视并实施贫困地区儿童营养健康发展规划。2014年12月国务院办公厅颁布《国家贫困地区儿童发展规划(2014—2020年)》,将义务教育营养改善计划扩展为儿童健康保障计划,包括新生儿出生健康、婴幼儿营养改善和儿童医疗卫生保健领域,惠及680个集中贫困连片区从出生到义务教育阶段的所有农村儿童[3]。第三,实施贫困地区"出生缺陷"检查,在生命源头阻断贫困代际传递。2005年,中国决定将9月12日定为"中国预防出生缺陷日",而广大的贫困农村地区一直是"出生缺陷"的重灾区,例如,山西吕梁贫困地

---

[1] 参见李培林、魏后凯、吴国宝《扶贫蓝皮书——中国扶贫开发报告(2016)》,社会科学文献出版社2017年版。
[2] 高蕾:《中央财政拨款160亿补助农村学生改善营养》,《农家之友》2012年第2期。
[3] 檀学文:《中国教育扶贫:进展、经验、与政策再建构》,《社会发展研究》2018年第3期。

区神经管畸形的发生率为 19.9%，大约是全球平均水平的 20 倍。因此，实施"出生缺陷"检查，有利于从生命源头阻断贫困代际传递。2010 年 4 月，国家人口计生委启动免费孕前优生健康检查试点，为 18 个省区 100 个县的计划怀孕农村夫妇提供免费孕前优生健康检查[①]。2018 年，国家卫生健康委在贫困地区全面实施免费孕前优生健康检查、农村妇女增补叶酸预防神经管缺陷、农村妇女"两癌"筛查、儿童营养改善、新生儿疾病筛查等项目，推进出生缺陷综合防治；并且联合中国出生缺陷干预救助基金会，持续开展出生缺陷防治宣传教育公益活动，针对 6 大类 72 种结构畸形和多种遗传代谢病开展贫困患儿医疗救助[②]。

3. 贫困地区女性教育政策

阻断逻辑。重视并提高贫困地区女性受教育水平，打破传统农村"重男轻女"封建思想将从两方面产生作用。一方面，可以改善提高女性子辈人力资本积累水平，提升其今后收入水平，阻断贫困代际传递，即"提高贫困地区女童教育水平→提升其人力资本积累水平→提高女性收入水平→阻断贫困代际传递"；另一方面，发挥其今后母亲在家庭教育中不可替代的作用，增强其下一代子辈教育投资意愿和受教育水平，提高下一代人力资本积累水平，提升其下一代收入水平，阻断贫困代际传递，即"提高贫困地区母亲教育水平→提升其子辈受教育水平→提升其子辈收入水平→阻断贫困代际传递"，如图 4-17 所示。

政策特征。这类政策可以简单概括为两点：第一，关爱贫困女童教育缺失，提高贫困女童平等接受教育机会。重视贫困家庭女童接受教育上学问题，确保能平等享受基础教育乃至高等教育权利，提升其人力资本积累水平，能深刻影响其今后子辈家庭教育中的子辈教育投资意愿与投资理念，发挥教育阻断贫困代际传递的持续性与长效性作用。第二，打破贫困地区传统"重男轻女"封建落后文化习俗，重视女性教育的意义。在当下中国广大中西部贫困落后的农村，仍然存在着"重男轻女"的落后教育理

---

① 冯艳：《计生卫生技术服务信息资源共享建设存在的问题与对策研究》，《档案学研究》2015 年第 5 期。

② 《我国贫困地区 600 多万儿童受益于新生儿疾病筛查项目》，中国政府网，2018 年 9 月 13 日，http://www.gov.cn/xinwen/2018-09/12/content_5321366.htm。

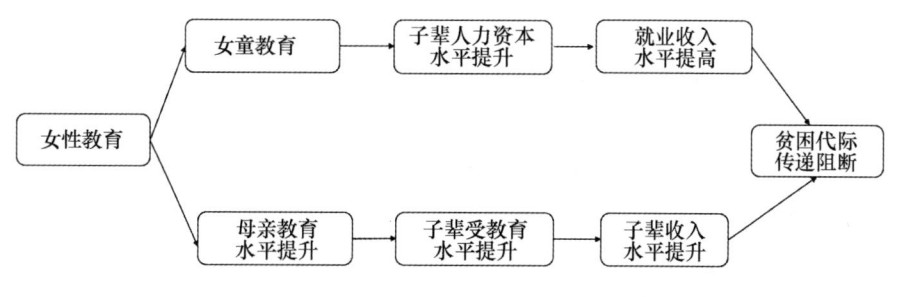

第四章 扶贫与阻断贫困代际传递工作的实践总结

图 4-17 贫困地区女性教育政策阻断逻辑

念。重视女性教育扶贫,能够有效发挥女性子辈教育阻断作用,进一步丰富教育阻断贫困代际传递的政策含义。

政策措施。第一,失学女童重返校园的"春蕾计划"。1989 年中国儿童少年基金会发起并组织实施了"春蕾计划",致力于救助贫困地区失学女童重返校园。第二,出台专门针对贫困地区女性教育问题的指导意见。1996 年 7 月,国家颁布了《贫困地区、民族地区女童教育的十条意见》,专门针对贫困地区女性教育问题做出了规定。其中,为女童创造就学条件方面规定"有条件的地方可设立扶持女童教育基金,对因贫困导致入学难的少数地区和贫困家庭的女童可减免杂费和实行助学金制度";坚持依法治教方面规定"对那些拒不送女童入学的家长或监护人要处以罚款,对雇用女童的单位、个人,对虐待女童者要追究法律责任"。第三,出台针对贫困地区女性接受教育的长远发展纲要。2011 年 7 月国务院颁布《中国妇女发展纲要(2011—2020 年)》(以下简称《纲要》),专门针对贫困地区女性接受教育问题做出了规定。《纲要》涉及的贫困地区女性接受教育层次实行全覆盖,从学前教育到高等教育均有规定。其中,涉及学前教育规定的,"资助贫困家庭女童和残疾女童接受普惠性学前教育";涉及高中阶段教育规定的,"加大对中西部贫困地区高中阶段教育的扶持力度,满足农村和贫困地区女生接受高中阶段教育的需求";涉及高等教育层次的,"多渠道、多形式为贫困和残疾女大学生接受高等教育提供资助[①]"。

[①] 《国务院关于印发中国妇女发展纲要和中国儿童发展纲要的通知》,中国政府网,2011 年 7 月 30 日,http://www.gov.cn/gongbao/content/2011/content_1927200.html。

(二) 阻断贫困代际传递工作成效

1. 教育阻断政策成效

教育阻断政策通过补齐深度贫困地区教育资源短缺的短板,加大软硬件教育资源设施建设,尤其是更加精准的教育财政资金投入,使得中国深度贫困地区教育质量有较大程度的改善,一定程度上能够为将来阻断贫困代际传递奠定基础。因为,教育阻断政策能够有效增进深度贫困地区家庭子辈人力资本积累水平,增强其未来就业市场竞争力,提高其收入水平,进而阻断贫困代际传递。

但同时,一方面由于中国阻断贫困代际传递政策实施起步较晚,基本上是从2015年开始,中国教育扶贫政策开始向教育阻断方向倾斜。因此,阻断成效还有待进一步的时间检验。另一方面由于目前尚未认识到教育对贫困代际传递的完整影响路径,导致中国阻断政策尚未形成完整的相互协调的政策组合,并且教育阻断政策也侧重于宏观国家教育财政投入方面,缺少微观层面的家庭教育阻断政策及与其他方面的阻断政策配合。这也会大大影响中国阻断政策的成效。

因此,本书重点考察教育阻断政策的教育财政覆盖面人群及其软硬件设施改善情况,而不能直接通过考察因教育阻断政策带来的子辈收入变化来判定阻断成效。从近两三年来中国教育阻断政策具体实践来看,相较于早期的普适性教育扶贫政策,教育扶贫精准性大为提高,尤其是在广大中西部贫困地区,教育财政资金覆盖面更加精准,阻断效果初见成效,这为今后彻底阻断贫困代际传递打下了坚实基础。例如,宁夏贺兰县、重庆石柱县、贵州毕节市。

宁夏贺兰县主要通过对家庭困难学生精准帮扶,并且针对建档立卡贫困家庭学生实行专项学费减免,这相对于以往普适性教育扶贫政策,更进一步凸显了精准性,为贫困家庭子辈积累人力资本水平,为日后阻断贫困代际传递打下坚实基础。2017年,宁夏贺兰县针对家庭困难学生实行精准帮扶,对其资助实现了从学前教育到高等教育的全覆盖。其中,2017年针对家庭困难学生,累计发放农村义务教育寄宿生生活补助费338万元;学前两年教育资助儿童1793人次,资助103万元;普通高中家庭经济困难学生资助1902人次，资助230万元；大学生生源地助学贷款1282人，发放助学金贷款815万元。并且，宁夏贺兰县2017年专门投入30万元免除所有建档立卡、农村低保、特困救助、残疾人家庭子女、残疾学生在内的学生学费、课本费和住宿费①。

重庆石柱县通过教育财政投入精准覆盖贫困家庭学生和努力改善办学条件，有效地解决了贫困家庭学生"上学难"和"上学贵"的问题，为贫困家庭子辈努力提升人力资本水平奠定基础，进而提升他们今后就业市场竞争力和收入水平，奠定阻断贫困代际传递作用。2015年至2018年，重庆石柱县累计投入贫困学生资助资金23692万元，资助各级各类贫困家庭学生352886人次，覆盖建档立卡的贫困家庭学生43453人次。并且，在精准资助贫困家庭学生基础上，努力改善办学条件，精准补齐教育资源硬件短缺短板。2015年至2018年，重庆市石柱县累计投入资金58418万元，用于改善办学条件。其中，投入19615万元改造农村薄弱学校65所，投入3583万元建设农村寄宿制学校23所，投入35220万元新建中学1所、小学5所，投入资金174.1万元实施贫困村学校项目建设6个②。

贵州毕节市赫章县立足于当地贫困地区实情，通过努力提升优质职业院校发展水平，大量吸纳接受贫困家庭子女，并且努力拓宽其就业渠道，实现了从"教育入学"到"毕业就业"的完整的教育扶贫覆盖，有力地提升了贫困家庭子女人力资源水平和就业市场竞争力，有效地阻断了贫困代际传递。赫章县积极对接10余所省属优质职业院校，开展"赫章班"，从2015年到2017年3年时间，每年计划招收赫章县贫困家庭应往届初高中毕业生1000人，对就读学生实行全部免除学费、书费、住宿费、校服费，全部享受国家资助金，并设立勤工助学岗位、专班奖学金奖励品学兼优学生。这一措施培养了各类专业技能人才，推动了赫章县贫困农户脱贫致富的步伐，有效地阻断了贫困代际传递。同时，通过强化"校企合作"，努力为贫困家庭在职业学校就读的子女拓宽就业渠道，努力为他们创造良好

---

① 《教育扶贫成效显著"三个精准"解难题——贺兰县教育扶贫工作侧记》，人民网，2018年7月11日，http://cpc.people.com.cn/n1/2018/0711/c216374-30141239.html。

② 石柱：《"精"字当头"准"字为本教育扶贫托起贫困孩子上学梦》，中国政府网，2018年11月8日，http://news.cqdj.gov.cn/cq/2018/1114/333308.shtml。

的就业平台。其中，从 2015 年到 2017 年 3 年时间，赫章县成功为县内各类大中小型企业输送贫困家庭职业毕业生 21500 人，带动了全县近 2 万个家庭脱贫致富，其中精准贫困对象家庭 3100 余个①。

2. 贫困儿童营养健康政策阻断成效

贫困儿童营养健康政策立足于贫困地区儿童健康扶贫，通过贫困家庭儿童早期人生干预，发挥健康因素的直接与间接作用，有力地克服成长过程中的不利健康因素的影响，能够较好地提升贫困家庭子辈今后的人力资本积累效率与水平，从而产生阻断贫困代际传递效果。但同时，这种阻断政策成效仍需要一定时间才能彻底发挥出来。一方面，由于贫困儿童营养健康政策实施周期较长，作用相对于教育阻断政策较为间接；另一方面，该政策属于阻断政策体系，在中国起步时间也较晚，大体上最早可以追溯到 2006 年。因此，贫困儿童营养健康政策成效主要侧重于考察其贫困儿童健康保障覆盖面人群，现阶段较难直接通过考察收入变化带来的阻断贫困代际传递效果。

经过这近十多年来的贫困儿童营养健康政策实施，覆盖人群大面积提高，营养与健康状况大幅度提升。婴幼儿健康方面：一系列出生缺陷防治措施显著提升了贫困地区出生人口素质和妇幼健康水平。根据有关数据，全国婴幼儿神经管缺陷发生率由 2006 年的 81.8‰ 下降至 2016 年的 20.1‰。2016 年苯丙酮尿症和先天性甲状腺功能减低症患儿 1 岁以内治疗率分别达到 97% 和 99.6%，2.3 万名先心病患者获得专项救治②。儿童营养方面：根据 2016 年国务院发布的《中国的减贫行动与人权进步》白皮书，自 2011 年起，全国超过 50% 的县实施了农村义务教育学生营养改善计划，按照每生每天 4 元标准为贫困地区提供营养膳食补助，中央财政累计投入 670 亿元，惠及 3360 万名农村学生③。

---

① 《教育扶贫精准发力》，《毕节日报》2018 年 8 月 7 日，http://rb.bjrb.cn/html/2018-08/07/content_5_1.htm。

② 《我国贫困地区 600 多万儿童受益于新生儿疾病筛选项目》，中国政府网，2018 年 9 月 13 日，http://www.gov.cn/xinwen/2018-09/12/content_5321366.htm。

③ 国务院新闻办公室：《中国的减贫行动与人权进步》，《人权》2016 年第 11 期。

3. 贫困地区女性教育政策阻断成效

因为缺乏详细的全国范围的贫困家庭女性教育及其收入变化数据，本书对贫困地区女性教育政策阻断成效主要从以下两个方面的"宏观视角"来考察：第一，从贫困地区女性接受教育的人数变动数据来考察。贫困地区女性受教育人数覆盖面增大及其受教育质量提升，能够充分发挥女性教育阻断作用功能，女性教育政策作用越好。1989 年"春蕾计划"实施以来，截至 2017 年底，"春蕾计划"已经资助女童 357 万人次，捐建春蕾学校 1732 所，对 52.6 万人次女童进行技术培训，编写发放护蕾手册 203 万套。第二，从"宏观代际"视角来看，女性教育政策阻断成效包含于中国显著的减贫成效中。中国贫困地区女性教育政策伴随着中国大规模扶贫开发政策，至今都具有一代人的"代际时间"。例如，中国于 1989 年开始实施"春蕾计划"，至今已经有近 30 年的时间。而中国大规模扶贫开发始于 1986 年。因此，中国减贫成效中包含着中国广大贫困地区女性因受教育而带来的贡献。

（三）阻断贫困代际传递工作中的问题

从当前中国阻断贫困代际传递的实践工作来看，主要存在以下问题：第一，虽然实施了教育阻断政策措施，但并未形成完整的阻断政策体系。虽然当前一致认为教育对阻断贫困代际传递具有根本性作用，并且逐步形成了以教育因素为政策主要着力点的阻断措施。例如，教育阻断政策、贫困地区女性教育政策、贫困留守儿童教育政策。但这也说明当下中国阻断贫困代际传递政策单一，对教育政策依赖性太强，没有借助其他影响因素来综合配套施策，从而形成完整的阻断政策体系，例如，缺少产业扶贫、科技扶贫与教育阻断政策直接的联动。这些其他因素的扶贫政策本身并没有进行深入的推进，没有瞄准代际贫困家庭精准施策，从而也没有发挥阻断传递的作用，当前也仅仅停留在原有的普适性扶贫政策方面。而如果这些其他方面的阻断政策体系能够得到系统性设计并且实施，将会有力地配合教育阻断政策，形成完整的阻断政策体系。第二，虽然认识到教育因素的阻断作用，但并没有形成系统性的教育阻断路径的认识。中国当前虽然已经认识到了教育因素的阻断作用，但并没有清晰地认识到教育对贫困代际传递的完整作用路径,只认识到了教育因素的直接作用路径,而没有认识到教育因素对其他影响因素的间接作用路径。例如,教育水平低下,会导致父辈的健康知识水平缺乏,从而导致子辈的健康关怀水平低下,影响子辈的身体健康水平,而这会影响其日后的就业竞争力和收入水平,引起贫困代际传递。因此,这导致教育阻断政策比较片面,教育阻断政策措施不能和其他阻断措施有力地形成配合,难以完整有效发挥教育阻断政策的功能作用。第三,虽然出台了宏观教育阻断政策,但并未重视和有效激活微观家庭教育投资积极性。从当前的教育阻断措施来看,主要立足于国家宏观教育财政投入,强调对深度贫困地区的教育资金财政投入、软硬件教育资源的配置,以及从学前教育到高等教育完备的资助体系建设。但是,仅仅依靠国家宏观教育财政投入远远不够。立足于中国现实国情来看,深度贫困地区家庭往往不仅仅是物质生活上的贫困,更深层次的是思想观念的落后与封闭,尤其是对待子女的教育理念的落后。在偏远的中西部脱贫地区,"读书无用论"仍然盛行,在这种家庭教育理念支配下,家庭教育投资往往不足,在一定程度上限制了子女受教育水平,而这会直接导致子女人力资本积累水平低下,影响其日后就业收入水平,从而重复父辈的贫困命运,即贫困代际传递。而这一问题并没有纳入到当前的教育阻断政策体系中去,国家的宏观教育财政投入并没有有效地激活家庭教育投资的积极性,即缺乏微观家庭层面的教育阻断政策。第四,缺少一套行之有效的阻断政策评估方法,难以精准地考察当前阻断政策的财政投入绩效。现有国内关于贫困代际传递的研究,大多数停留在影响因素及其借助微观家庭调查数据对代际传递系数的测度,而缺少一套对中国近年来实施的以教育为主体的阻断政策评估方法。当前对阻断政策成效的考量也主要是采取间接的方法,即通过该类阻断政策的财政投入覆盖面及其人数变动情况来考察。当然,这也受到时间长度限制,中国的阻断政策实施时间较短,没有达到"宏观代际"视角下的时间长度要求。而随着今后中国阻断贫困代际传递政策的继续深入推进,势必需要系统性研究一套政策成效评估方法,以此评估中国财政投入的阻断绩效。

本章主要通过对比国际和国内扶贫以及阻断贫困代际传递模式,总结归纳它们各自在扶贫及阻断实践工作中的特点,得出以下几点结论。

第四章　扶贫与阻断贫困代际传递工作的实践总结

第一，从扶贫实践来看，一国经济发展水平及其可持续性决定了扶贫政策的连续性及其成效。一国经济发展水平及其层次，决定了其扶贫的财政支持力度。广大发展中国家大多数发展水平较低，财政收入水平相对较低，用于扶贫的财政支持力度较小。同时，经济发展进程又较大程度受到外部经济发展环境影响，抵御经济风险能力较弱，因而也时常会中断其扶贫政策，影响扶贫的长效性。本章通过梳理国外和中国扶贫模式得知，印度和巴西的扶贫模式短期成效显著，但由于高速经济发展不可持续，扶贫政策措施往往出现中断，严重影响了扶贫的长效性。而美国的扶贫模式不断深入推进，源于其较高的经济发展水平，并且政策措施不断丰富，覆盖面不断扩大，扶贫成效显著。同样，中国扶贫成绩更为显著，得益于中国近40多年改革开放带来的经济快速发展，政策措施也同样不断丰富，扶贫力度不断加大。

第二，从扶贫实践来看，中国的扶贫成效举世瞩目，具有较强的可持续性，并且较好地体现了央地两级政府之间积极配合，这是国外扶贫模式所不具备的。中国自1986年大规模开展扶贫实践以来，中央政府制定的减贫任务和部署的减贫政策，得到了地方政府的大力配合。尤其表现在扶贫资金上，地方政府出台相应的专项资金支持。而这得益于中央和地方财政关系不断调整优化，形成运行高效的财政体制。

第三，从扶贫实践来看，中国的扶贫政策措施呈现"造血式"扶贫，并且政策措施呈现体系特征，多措并举促进扶贫开发。中国的扶贫政策包括科技扶贫、金融扶贫、产业扶贫、教育扶贫等，这些扶贫措施都立足于贫困地区的自生能力建设，最大限度地激活贫困地区贫困群体的脱贫积极性，呈现典型的"造血式"扶贫特征，这完全不同于国外立足于短期的现金补助、食物发放等"输血式"扶贫。这种扶贫特征从根本上决定了中国显著的扶贫成效以及扶贫可持续性。

第四，从阻断贫困代际传递实践来看，可持续性扶贫政策措施具有宏观代际视角的阻断效果。从国内外扶贫模式来看，中国的扶贫开发模式最可持续，从1986年大规模扶贫开发至今，层层推进，每次大幅度提高扶贫标准情况下仍能实现贫困人口下降，已经具备了从宏观代际视角的阻断条件，较大限度地阻断了贫困地区贫困家庭代际贫困传递的命运。而其他国家的扶贫模式则不具备相应的阻断条件，表现为其扶贫开发模式不具备可持续性。

第五，从阻断贫困代际传递实践来看，除中国外，没有一个国家明确提出了阻断贫困代际传递政策。这主要是由于扶贫开发实践进程决定的，代际贫困问题是贫困问题发展到一定阶段的产物，解决代际贫困问题必须先要大规模解决普遍性贫困问题之后才会逐渐凸显出来。而通过梳理国外扶贫开发实践模式得知，广大发展中国家扶贫模式不具备持续性，扶贫成效长期甚微，代际贫困问题并不会引起重视。而类似美国等发达国家，主要贫困问题是相对贫困问题，更多关注收入不平等等问题，而忽视了代际贫困问题。

第六，中国近年来开始构建以教育为主要抓手的阻断政策体系，初见成效，但体系仍然不够完备。这主要体现在两个方面：一方面，由于起步时间较晚，并没有形成完整的政策体系。中国目前的阻断政策呈现教育为核心的主导政策，没能和其他因素的阻断政策相互配合、形成合力，政策体系比较单一单调，不能完整有效地发挥教育阻断政策作用。另一方面，中国目前的教育阻断政策主要侧重于宏观教育财政投入，立足于深度贫困地区的教育资源短板问题，这一措施有巨大的积极作用。但同时，并没有意识到贫困家庭教育投资的作用，不能有效地激活贫困家庭教育投资的积极性，而只靠外力作用难以实现对贫困代际传递的根本阻断，家庭教育投资意愿极其重要。

结合前文的影响因素框架、实证分析和本章国内外实践模式总结，本书已经从理论、实证以及实践三个角度验证了教育因素对中国贫困代际传递的重要作用。而在教育因素中，作为经济学维度的教育财政因素又最为核心。因此，本研究将仍然基于前文"五位一体"的影响因素框架，从"宏观代际"视角重点研究教育财政因素对贫困代际传递的阻断机制。

第五章

教育阻断贫困代际传递的模式比较研究

"贫困代际传递"的相关问题被提出之后，世界各国开始有针对性地采取措施以减少甚至阻断贫困现象在代际之间的传递，其中，在教育领域采取的措施最为全面，在此过程中，相关国家根据自身历史、现状以及承受能力等，各有侧重地出台了一系列政策措施。为了更好地对中国教育阻断贫困代际传递问题进行深入研究，本章主要对代表性国家在教育阻断贫困代际传递问题上采取的政策措施进行比较分析，总结其经验教训。

西方国家在17世纪初就通过济贫制度对贫困儿童及其家庭进行救助，在贫困人口接受教育方面给予一定的资助，其后出台的社会福利制度也延续了这一做法，许多国家都提出了儿童义务教育问题，但这些做法缺乏系统性，没有专门针对贫困代际传递问题，也较少涉及理论层面。

由于贫困代际传递现象广泛存在于世界各个国家和地区，单纯依靠民间组织已经无法应对，很多学者开始呼吁政府应在阻断贫困代际传递过程中发挥应有的作用，在此过程中，通过教育支出阻断贫困代际传递成为发达国家政府的选择。教育本质上是一种社会调节器，为全体社会成员提供平等的向上流动的机会，对低收入者而言，教育是提高综合素质和能力、增强社会流动性、改变贫穷现状、打破贫困恶性循环的一条根本途径。许多国家在贫困代际传递相关研究的基础上，总结政府在过去形成的贫困人口救助措施，系统性地扩大教育在阻断贫困代际传递过程中的作用，形成了各有特色的政策体系和资助模式。

一 发达国家教育阻断贫困代际传递的政策体系与实践

（一）美国

教育扶贫与美国其他反贫困措施一样，成形于20世纪60年代，联邦政府运用各种资助项目来贯彻教育扶贫的理念和目标，在一定程度上，可以说形成了一套"从摇篮到坟墓"的教育扶贫体系。该体系注重教育机会平等与教育质量提升的统一，涵盖学前教育、初等教育、中等教育、高等教育、职业教育、社区教育等人生的各环节，而且各环节之间的政策安排相互衔接，为低收入者提供了充分的教育资助和支持。50多年来，美国教育扶贫体系不断被补充和完善，已成为联邦政府阻断贫困代际传递问题的核心政策工具，不仅对增加低收入人群教育机会、减少贫困方面发挥着关键作用，而且对促进美国社会稳定、提升人力资源水平产生了积极效果。

1. 美国联邦政府教育扶贫体系的起源与发展

按照美国宪法规定和财政体制安排，教育事务的责任多在州与地方政府，州政府、地方政府负责制定教育政策、投入教育经费，从新中国成立到20世纪初期，联邦政府在教育问题上扮演着"局外人"的角色。"二战"后，联邦政府开始提供一些教育资助，主要针对高等教育领域，服务于军事方面的目标。1944年，为了解决"二战"期间退伍军人的安置问题，美国联邦政府提出了以教育资助的形式来安置退伍军人。50年代，为了"冷战"时期加强国防目标，美国通过《国防教育法》，规定联邦政府对高等教育进行资助是履行国防义务的一部分，并建立了第一个联邦学生资助项目"国防学生贷款工程"，为贫困大学生提供贷款资助，满足国防对高等教育的需要。

20世纪60年代，美国经济进入快速增长的"黄金时代"，经济繁荣带来了巨大的财富，但仍有近25%的人生活在贫民窟之中，15%的白人属于贫困阶层，非洲裔美国人中贫困人口几乎占50%以上，贫困代际传递现象非常严重。1962年，美国分析学家迈克·哈林顿在《另一个美国：美国的贫困状况》的著作中纪实描述了美国贫困人口的状况，指出美国已经被"分裂"为"两个国家"，即"富人国"和"穷人国"，由于缺少必要的受教育机会或技能，穷人根本无法实现向社会高层阶级流动，只有改变穷人的受教育机会和环境，才有可能打破这个"贫困怪圈"。严重的贫困问题引起了社会广泛关注，消除贫困成为政府迫切需要解决的首要问题。

面对贫富悬殊和种族冲突日益加剧，美国总统林登·贝恩·约翰逊发起了"向贫困宣战"的社会经济改革运动，力图在教育、医疗、环保、住房、反贫困和民权等领域解决由于贫困引起的各种问题，缓和社会矛盾，把美国带入一个"伟大社会"。他把教育作为"伟大社会"改革的核心组成部分，最优先考虑的事项之一就是扩展教育机会，提高贫困人口的受教育水平，帮助他们获得更多的就业机会和较高的劳动报酬，打破贫困循环。从20世纪60年代开始，教育扶贫逐步成为美国整个反贫困体系中的关键环节和实施扶贫战略的重要武器，美国联邦政府深度介入了教育扶贫领域，密集推出各项法案和政策措施。

（1）1964年《经济机会法》

1964年8月，美国通过《经济机会法》（*Economic Opportunity Act*），其立法宗旨为"美国的现行政策要通过使每个公民接受教育和训练来提供社会机会。为每个公民提供体面舒适的社会机会，以消除多数人对社会上贫困问题的各种抱怨"。《经济机会法》主要包括教育、就业培训和社区行动等方面的内容，推出了促进教育发展、保障贫困家庭孩子受教育权利的三大方案，分别是开端计划（Head Start）、工读计划（Federal work study program）和职业团（Job Corps）。

开端计划是一个联邦拨款资助的学前教育项目，服务对象是生活在贫困线以下家庭的3—5岁的儿童，旨在通过教育、健康、营养、社会和其他服务，提高儿童的认知发展水平，帮助来自低收入家庭的学龄前儿童做好入学前的准备，扩大弱势群体的受教育机会，实现教育机会均等，是"向贫困宣战"的核心。工读计划为经济困难的大学生提供兼职工作，帮助学生赚取大学学费及其他费用，为贫困大学生完成高等教育提供了一定的保障。职业团是一个免费的教育和培训项目，帮助低收入青少年获得高中文凭或结业证书、规划职业生涯、找到并能持久地做好一份工作。

(2) 1965 年《初等和中等教育法》

为满足工业化高速发展的需求，美国在 19 世纪建立了公立学校，公立学校主要由地方政府和州政府资助，对所有儿童开放，为全体民众提供平等的教育，但是，公立学校的教育质量并不尽如人意，区域之间发展差异很大，贫困地区的学生辍学率也比较高。1965 年 4 月，《初等和中等教育法》(The Elementary and Secondary Education Act) 颁布，该法案是约翰逊政府反贫困计划的重要组成部分，开启了联邦政府渗透教育发展的新纪元，它授权联邦政府拨款用于改善处境不利儿童和青年的教育水平；援助学校图书馆建设、教材购买、各种教学材料和设备的购买；建立辅助教育中心；促进教育科研和培训；加强各州教育部的职能等。该法案旨在为生活在贫困中及学业成绩较差的学生提供受教育的机会，同时，还专为残疾儿童提供了大量资金。

《初等和中等教育法》的核心条款是第一款，即"为满足低收入家庭儿童的教育需求，须向其所在的地方教育机关提供财政援助"。联邦资助资金的 78% 集中在这一款项中，是反贫困的主要教育举措，带给贫穷儿童通过接受教育打破贫困、改变命运的希望。该条款根据学生受益理论设计，按照各州在校生的人均费用乘以贫困家庭的学生数，计算结果就是划拨至该州的资金，对于贫困学生特别集中的学校则另给额外补助，并规定这项资助主要用于免费供应教科书、学习用具、交通补贴、免费午餐等。美国国会在 1965 年、1966 年、1967 年、1969 年不断对该法案进行修订，不断扩大资助对象的范围和提高联邦拨款的力度，成为支持公立学校发展和贫困学生的重要资助来源。

(3) 1965 年《高等教育法》

1965 年 11 月《高等教育法》颁布实施，其立法宗旨是通过联邦政府的教育资助，让所有贫困家庭的学生都有接受高等教育的机会，促进教育的公平。《高等教育法》同样被看作是反贫困的措施，成为《经济机会法》的补充，它与《初等和中等教育法》一同被认为是美国历史上两部里程碑式的教育法案，具有深远影响力。

《高等教育法》授权联邦政府向贫困学生提供"教育机会助学金""担保学生贷学金"和"校园工读机会"，在助学金、学生贷款和勤工助学三种传统资助方式的基础上,创立了教育机会助学金和担保学生贷款两个新的资助项目,教育机会助学金主要资助一些特别贫困学生;担保学生贷款主要面向有一定经济需求的中低阶层的学生,采用由政府担保,商业金融机构贷款的模式。过去形式多样的大学生资助探索也都汇集到《高等教育法》统一管理之下,确立了奖(奖学金)、助(助学金)、贷(贷款)、勤(勤工助学)等完整的大学生资助体系。

(4) 1968年《职业教育修正案》

美国的职业教育移植于英国,效仿英国采用学徒制向穷人提供一些职业教育。20世纪60年代初期,由于自动化技术进步和经济社会环境的变化,对人力资源的重视程度上升到国家政策层面。在此背景下,美国1963年出台了《职业教育法》,与以往的职业教育法不同的是,在资助对象的选择上,职业教育不再局限于中学教育,而是把适用对象的范围扩大至整个社会群体,该法案中也包含一部分资助贫困人口的措施,主要是为贫困青少年(15—20岁)提供工读计划,联邦政府为贫困的年轻人提供兼职工作,以便于帮助他们继续在校学习。

由于职业教育是教育与工作之间的纽带,在向贫困宣战的过程中,职业教育也受到重视。如前所述,《经济机会法》中的职业团计划,其参加者一般为受过9年教育后辍学,16—21岁,来自父母失业、人口众多、居住条件在标准以下家庭的失业青年。为进一步发挥职业教育扶贫的功能,1968年《职业教育修正案》加强了对处境不利者与残疾人的关注,规定在每年的职业教育拨款中,至少15%的拨款用于残疾人,至少15%的拨款用于中学后职业教育,至少10%的拨款用于处境不利者,为其发展适合的职业教育计划,在经费紧张的情况下,残疾人和处境不利者仍会获得优先发展的权利。同时,联邦政府继续为工读计划提供资金,主要用于中学和中学后阶段,以便于将教育、训练和工作经验、收入机会结合在一起。

20世纪60年代,在"向贫穷开战"的背景下,美国联邦政府高度重视教育的作用,通过实施一系列教育法案,形成了覆盖学前教育、中小学教育、高等教育和职业教育等各阶段的教育资助计划与措施,这些法案为联邦政府支持教育扶贫提供了政策平台,从而构建起针对贫困学生和弱势群体的教育扶贫框架体系，发挥着阻断代际贫困的重要作用。

从20世纪60年代至今，美国教育扶贫体系在上述框架体系的基础上，不断地修订、补充、拓展相关法案。例如，1976年《职业教育修正案》在1968年修正案的基础上，继续加大为特殊人群提供资助的力度，规定为处境不利者提供20%的拨款。又例如，20世纪80年代以后，《初等和中等教育法》的资助对象开始由处境不利的学生扩大至所有学校和学生，同时，联邦政府也从单纯提供资金资助转变为注重资助规模与产出指标考核相挂钩，加强了对州政府执行联邦教育标准和绩效结果的考核，这在1988年、1994年《初等和中等教育法》重新授权时都有充分体现。再例如，1995年出台了《早期开端计划》（Early Head Start Program），对开端计划法案中没有涵盖的内容提供专门的补充计划，以处境不利的3岁以下的儿童及其家庭为资助对象。

总之，在过去50多年中，随着经济社会发展状况和目标的不断变化，美国覆盖教育生涯全阶段的教育扶贫体系也不断进行调整，从"开端计划"到"佩尔奖学金"，从学前教育到高等教育，在阻断代际贫困方面持续发挥着相应的作用。在不同的阶段，教育扶贫政策的目标和重点、联邦政府资助的投入规模、管理方式、考核标准和政策效果都各有特点，同时，又保持着相对的连续性，持续关注低收入人群的教育机会均等，以下划分教育阶段展开具体的分析。

2. 学前教育阶段阻断代际贫困：开端计划及其他

（1）学前教育阻断代际贫困政策安排概述

学前教育指5岁前的儿童（包括5岁）在未正式入学之前接受的教育。学前期是人的认知发展最为迅速、最重要的时期，是人一生发展的关键期，人人接受高质量的学前教育可实现教育起点的公平，消除儿童贫困与社会排斥现象。美国政府一直高度重视和优先支持贫困儿童学前教育，在长期面临财政赤字和福利保障赤字的压力下，资助低收入人群学前教育的经费仍然是逐年增加的。相关的政策安排非常完备，资助计划的目标明确，类型多样化，具体见表5-1。

表 5-1　　美国政府针对学前教育扶贫的主要资助项目

项目	资金来源	管理机构	主要目标	资格条件	法律依据
开端计划	联邦政府（州和地方政府部分补助）	卫生与人力资源服务部	针对低收入家庭儿童实施的综合发展项目	收入低于联邦贫困线130%的家庭，3—5岁儿童申请开端计划，0—3岁儿童申请早期开端计划	1965年的《开端计划法案》
幼儿特殊教育	联邦、州政府	美国教育部	针对残疾儿童实施的教育服务	面向所有学龄前的残疾幼儿；州政府确定的发育迟缓儿童	《残疾人教育法案》
州 Pre-K 项目	州政府资金，有时地方政府或联邦政府提供补充	绝大多数为州教育厅	对符合条件儿童提供教育服务，有时兼具营养、健康等服务	条件由州确定，但主要面向高风险儿童（低收入家庭、学业风险儿童）	州相关法律
儿童直接补贴（CCDF和TANF）	联邦政府资金，州政府配套	卫生与人力资源服务部	针对低收入家庭儿童保育提供援助	收入低于州中位数收入85%的工作家庭，或符合贫困家庭临时救助（TANF）儿童年龄在0—13岁	《儿童保育与发展国家拨款法》
税收抵免	联邦、州政府所得税抵免	联邦及州财政部门	在个人所得税中对中低收入家庭的保育费给予抵免	适用于0—13岁儿童家庭，保育费用符合要求的任何家庭，但是，抵免额根据收入水平确定	财政部抚养援助计划（DCAP）与儿童及家属照管税收优惠（CDCTC）
一号条款中用于学前教育	联邦政府资金	美国教育部	对弱势儿童提供各种教育服务	如果学校中低于联邦贫困线的儿童比例达到40%及以上，适用于学校中的所有儿童；如果上述比例没有达到，则适用于学业风险儿童	《初等和中等教育法案》

资料来源：马丽：《美国"瞄准性"学前教育财政投入的经验及启示》，《教育与教学研究》2018年第11期。

联邦政府提供的资助主要包括开端计划、幼儿特殊教育计划、儿童保育与发展基金资助（The Child Careand Development Fund，CCDF）、《初等和中等教育法》中的学前班计划、税收抵免等，联邦资助项目多数需要州政府提供相应的配套资金。在联邦政府不断加大投资力度的影响下，各州也开始筹措资金发展本州的学前教育事业，创办一些公立幼儿园。20世纪80年代开始，美国各州开展了一场"普及学前教育运动"，为希望接受学前教育的3岁和4岁幼儿提供免费、非强制性的学前教育。1989年《2000年目标：美国教育法》规定，为所有美国儿童提供良好的学前准备，让所有处境不利的儿童和残疾儿童都能受到与其发展相适应的高质量的学前教育，各州政府进一步加大学前教育资助力度，促进学前教育的普及和优质化。

总体而言，州、地方政府在学前教育扶贫领域承担了主要支出责任，据统计，以投资规模较大的四个项目（开端计划、幼儿特殊教育、K-12中的学前一年、州 Pre-K 项目）为例，汇总平均而言，2012年，联邦、州、地方三级政府的投入比例分别为21.55%、43.43%和35.02%，当然，具体到不同的项目，三级政府投入的比例差异较大。除了种类繁多的资助计划，一些州政府还通过给低收入家庭发放教育券的方式，帮助这些家庭支付私立幼教机构的学费，保障贫困儿童的入园机会。在各类项目中，开端计划是运行时间最长、影响力最大的学前教育资助项目，也是其他项目的典范和榜样，因此，本书以开端计划为例探讨美国学前教育阻断代际贫困的政策实践与效果。

（2）影响力最大的学前教育扶贫资助项目：开端计划

开端计划为低收入家庭的学前儿童提供一个全面的计划，以满足他们的教育、情感、社会、健康、营养和心理需求，旨在提高他们以后在学校的成功概率，为他们一生的发展打下坚实的基础，从而斩断贫困循环的链条。自1965年推出以来，越来越多来自贫困家庭和少数民族家庭的学前儿童从开端计划项目中获益，开端计划已为3500多万名5岁以下的儿童及其家庭提供了资助和服务，目前，开端计划每年约为100万名低收入家庭的学前儿童和孕妇提供资助。开端计划主要包含四类子项目，即3—5岁儿童开端计划；面向婴幼儿、学步儿童和怀孕妇女的0—3岁早期开端计划；为

第五章 教育阻断贫困代际传递的模式比较研究

农业移民和流动人口提供资助的项目；资助美国印第安人、阿拉斯加土著居民的项目。资助对象遍布美国各州、农场工人营地以及150多个部落社区。

开端计划不仅为贫困儿童提供了教育、保健、认知能力发展的机会，而且培训了大量的教师与教学助手，开展了一系列科学研究，制定了一系列教育标准，为家长提供了再学习的机会和职业发展的机会，促进了贫困家庭的经济独立及社会稳定，对美国整个学前教育事业的发展起到了重要的作用。这些成效很大程度上得益于联邦政府对开端计划的高度认可和密切关注，并持续为其提供充足的资金保障，支持开端计划改进、完善及顺利发展。

跟踪历史数据可以发现，开端计划获得的政府拨款逐年增加，见图5-1，服务范围和种类也在逐步增加。1965年，联邦政府对开端计划的拨款为0.96亿美元。1984年里根政府时期，开端计划的预算超过10亿美元。1995年克林顿政府时期，开始实施早期开端计划。1998年，开端计划被授权成为24小时和365天提供服务的项目。最近一次授权是乔治·布什总统时期，出台了2007年《开端计划入学准备法案》，增加了多项提高开端计划服务质量的条款，包括调整开端计划入学准备的目标与早期学习的州标准，提高开端计划教师队伍的学历要求，在每个州设立早期护理和教

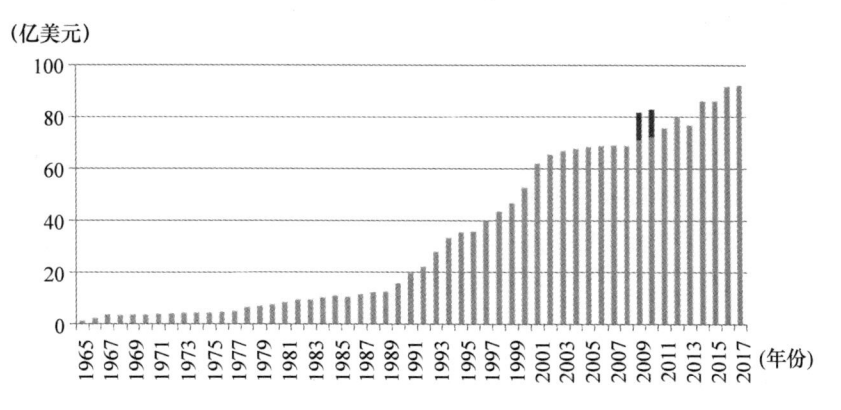

图5-1 美国1965—2017财政年度开端计划拨款规模

数据来源：The Office of Head Start, Head Start Federal Funding and Funded Enrollment History, https://eclkc.ohs.acf.hhs.gov/about-us/article/head-start-prog.

育咨询理事会，增加对儿童学习成绩和年度财务审计的监测等。2007年法案还对开端计划的整个培训和技术援助体系进行了重新设计，将无限期的项目周期改为5年一个循环，并建立六个国家中心和一个以州为基础的服务系统，以保证开端计划有效运转。2009年《美国复兴与再投资法案》（*American Recovery and Reinvestment Act*）为开端计划和早期开端计划拨款21亿美元，用于扩展对3岁以下婴幼儿及其家庭的早期教养服务，这极大地推动了早期开端计划的发展。2017年和2018年，开端计划获得的联邦拨款分别是92亿美元、98亿美元。

开端计划在运转过程中有明确的要求和规则，从制度安排上保证其有效地发挥帮助学前贫困儿童的作用，具体而言，开端计划作为阻断贫困代际传递的政策工具主要有以下特点。

第一，目标指向非常明确，开端计划每个项目都致力于为处于或低于贫困线的低收入家庭提供服务，通过立法为"瞄准性"学前教育财政投入提供法律保障，财政投入优先关注贫困家庭弱势儿童。

开端计划相关法案中对资助对象有明确的量化规定，例如，2007年《开端计划入学准备法案》第645条规定，符合开端计划资助标准的儿童包括：一是家庭收入低于贫困线的儿童，贫困线是指预算管理办公室确定的官方贫困线，并根据家庭成员人数、劳工统计局发布的城市消费者物价指数等因素进行相应调整；二是无家可归儿童自动符合资助资格；三是在开端计划提供服务的地区，应先服务于满足前两类标准的儿童，在有剩余名额的情况下，可以考虑不符合上述两个标准的其他情况。例如，在合理范围内（高收入家庭或遇到紧急情况的家庭），当地儿童可以受益于此类计划，这类名额不能超过参与人数的10%；此外，家庭收入高于贫困线100%、低于贫困线130%的儿童也可以成为受益人，这类名额不能超过参与人数的35%。

第二，注重调动社区、州政府和地方政府积极性，汇聚各方力量和资源资助贫困儿童，同时在规则约束上适度灵活安排，保证处于社会最底层贫困儿童能够获得资助与服务。

联邦拨款直接授予公共机构、私人非营利组织和营利组织、部落政府和学校系统等实施开端计划。多数开端计划项目都是以社区和学校为基础

第五章 教育阻断贫困代际传递的模式比较研究

的,也可以通过儿童护理中心和家庭托儿所提供服务,还有一些项目可以选择上门服务,指派专门的工作人员每周去家里探望孩子,与家长一起教养儿童,通过多样化的服务模式充分满足受资助儿童的需求。开端计划通过当地社区的1700多家服务机构促进低收入家庭的儿童做好入学准备。开端计划属于联邦政府资助项目,但是受益儿童获得的资助中联邦政府最多提供80%,其余20%则必须来源于非联邦政府资助,即联邦政府资助有硬性的配套要求,受助者可以依靠包括州或地方政府资金、私人或企业捐赠(如货币和物资)以及志愿者服务等提供匹配。

只有在特殊情况下,联邦政府才会免除部分或全部配套要求,这些情况包括:社区缺乏可用资源,开端计划服务机构无法满足配套资金要求;开端计划服务机构处于成立初始阶段,配套资金要求对其成本压力较大;开端计划服务机构位于受重大灾难不利影响的社区;等等。

除了要求社区通过志愿者时间、其他资助和捐赠作为非联邦份额进行投资以外,开端计划还要求资助项目在文化上对所服务的社区做出反应。例如,服务内容应适应当地民族风俗、语言和部落文化,从而更好地融入社区,调动社区各方的参与积极性,提高互动交流,切实满足贫困儿童的实际需求。

第三,充分体现美国教育政策目标的价值取向,坚持教育公平和教育质量的统一,注重对联邦政府财政投入的绩效考核。

开端计划的宗旨是保证教育机会的公平,是对贫困儿童的一种补偿性教育,该计划高度重视对服务机构服务质量的要求,不仅有专门的机构管理各项财政投入资金绩效和法律合规情况,监督开端计划服务机构提供教育、保健、家庭和社区参与、交通等服务的质量,而且制定了长达170多页的绩效考核标准,对开端计划的服务标准、管理程序、年度财务审计等方面都有非常详细的规定。开端计划每年都要提交项目信息报告,对整个项目年度中所服务的儿童、家庭以及工作人员的地理分布、项目特征等具体信息进行汇总。服务机构的工作人员需要满足统一的培训和考核标准,获得儿童发展协会颁发的儿童发展证书,对工作人员的学历也有相应的要求,通过不断提升工作人员的素质推动服务质量的提高。

由于推行严格的绩效标准,开端计划在全国范围内服务规范是相同的，质量标准也是一样的，不管受资助儿童生活在什么地方，都能保证得到同等质量的服务。开端计划已成为实现公平教育的榜样，为各州儿童扶贫服务项目做出了示范。

第四，开端计划对贫困儿童的资助不仅局限于早期教育方面，而且包含健康、家庭福利、亲子关系等诸多配套支持，通过提供综合性服务和管理，支持儿童在积极的学习环境中成长和发展。

早期教育主要通过个性化的学习体验，通过与成年人的关系、玩耍、有计划的和自发的指导，培养孩子对学校及其他方面的认识和兴趣。同时，关注儿童健康，开端计划把资助儿童家庭与医疗、牙科和心理健康服务联系起来，所有儿童都接受健康和发展筛查，以及营养膳食、口腔健康和心理健康帮助。开端计划认为家长是影响儿童成长的主要因素，支持和加强亲子关系，让家长参与儿童的学习和发展，同时，设置一些项目专门支持资助家庭父母实现自己的目标，如住房稳定、继续教育和收入保障等，通过改善贫困儿童的家庭处境为儿童成长提供良好的环境。

开端计划由卫生与人力资源服务部下属的儿童与家庭管理局管理，该局专门设立了开端计划办公室（The Office of Head Start，OHS），负责项目的审查和执行，还提供联邦政策指导、培训、技术援助，以及开展相关研究、示范和评估活动，帮助受助人为符合条件的儿童及其家庭提供广泛的服务。按照2007年法案规定，联邦政府对开端计划的资助总额中85%以上应用于项目服务支出，用于行政管理的资助不超过15%，用于资助培训和技术援助的支出一般在2.5%—3%，并专门预留用于研究、示范和评估活动的支出。以2018财政年度为例，开端计划各类别支出情况见表5-2，服务支出占到96.3%，培训和技术援助支出占比为2.4%。

表5-2　　2018财政年度开端计划中联邦政府拨款支出情况

项目名称	规模（美元）	比例（%）
开端计划，包括早期开端计划儿童关照合作支出	9472946340	96.3
培训和技术援助支出	235385242	2.4
研究、示范和评估支出	24293069	0.2
监测支持	41994027	0.4

第五章　教育阻断贫困代际传递的模式比较研究

续表

项目名称	规模（美元）	比例（%）
程序支持	39324335	0.4
指定更新系统转换支持	24750000	0.3
合计	9838693013	100.0

数据来源：The Office of Head Start, Head Start Program Facts Fiscal Year 2018, https://eclkc.ohs.acf.hhs.gov/about-us/article/head-start-prog。

第五，注重同年龄阶段项目之间的协调和不同年龄阶段项目之间的衔接。

开端计划本身就包含"早期开端计划"（面向0—3岁）和"开端计划"（面向3—5岁）这两项相互衔接的计划，在孩子3岁之前，家庭可以使用早期开端计划，并准备过渡到开端计划或其他学龄前儿童计划。目前，在整个开端计划中，婴儿、学步儿童和孕妇占开端计划总资助人数的26%，约73%的受资助者都是3岁和4岁的儿童，5岁儿童占1%。

学前教育在美国受到高度重视，除了开端计划以外，在联邦政府层面还有上百个与儿童有关的资助计划，这些计划有的和开端计划目标类似，有的受益群体与开端计划重合，因此，为避免资源浪费，同类资源的整合协调非常重要。但是，不同计划之间的具体要求和实施必然存在一些差异，实际协调起来会有诸多障碍，经过不断磨合，开端计划与其他服务贫困儿童的计划之间的协调合作取得了明显成效。例如，开端计划累计有13%的受资助儿童属于残疾儿童，他们同时也是残疾人教育法案下设的一些专门项目的受益人。目前，开端计划90%的受资助儿童参加了贫困者医疗保险（Medicaid）、儿童健康保险计划（CHIP）或者州政府资助的儿童健康保险计划。早在1974年，开端计划与定期幼儿医疗调查、诊断与检测项目展开了合作，这两个项目是贫困者医疗补助保险的一部分；开端计划与儿科协会也达成了一致，协会同意派医生与儿童发展办公室合作，为乡村儿童的开端计划提供医疗服务。开端计划与农业部也达成了协议，由农业部为开端计划提供食品。

开端计划的目标是为低收入家庭儿童做好入学准备，资助对象是0—5

岁的儿童,但它非常注重与受资助儿童的义务教育阶段相衔接,尽力通过不同项目和机构之间的业务协调与衔接,帮助贫困儿童巩固住他们在学前教育活动中所获得的成果,顺利适应小学教育。早在20世纪60年代末和70年代初,联邦政府就实施了"坚持到底计划"和"继续发展计划",在小学三年级以前继续提供开端计划的相关服务,以巩固开端计划的效果。继续发展计划注重从开端计划到小学之间的衔接和过渡,坚持到底计划为参加过开端计划的儿童提供入学后到小学三年级之前的相关服务,通过不同计划的无缝对接以形成一个持续性的连贯的服务体系。虽然由于各种原因这两项计划没有持续下去,但是,目前,开端计划所依据的法案和绩效考核标准中明确规定对从开端计划转向义务教育的策略方针和操作标准,以实现从开端计划到小学的自然过渡和紧密衔接为目标,要求开端计划安排家长和社区服务机构做好过渡合作工作,并设立了过渡合作的最基本内容,包括加强家长、教育管理部门、小学老师之间的合作,确保将受资助儿童的相关记录转移到学校,由熟悉儿童的工作人员与其在学校中的对应人员进行沟通,以促进学习和发展的连续性,开展联合培训等。

3. 初等与中等教育阶段阻断代际贫困:从学前班到高中的13年免费基础教育

美国中小学教育管理体制主要有"地方政府—州政府"两级,州政府要负责辖区内公立学校教育经费的统筹,联邦政府并不直接干预中小学的教育事宜。在实际运行过程中,由于学区之间的差异、各州政府的财力差异以及对学校的重视程度差异,导致中小学生在接受教育方面事实上的不平等,也成为贫困代际传递的一个重要诱因。鉴于此,1965年美国颁布了《初等和中等教育法》,这是约翰逊政府向贫困开战计划的重要组成部分,主要目的是为低收入家庭的贫困学生提供学习机会,并为低学业成就的学生提供平等受教育的机会。该法案及后续修改的法案确定了美国公立学校系统学习的贫困学生,只要提供家庭低收入的基本证明,从学前班一直到高中都免除学费、杂费、书本费,并且免费提供早餐和午餐[1]。当然,在

---

[1] 1945年,杜鲁门总统签署了"全国学校午餐计划"。这一旨在为参加公立学校和非营利性私立学校的低收入家庭学生提供免费午餐的计划,由美国农业部食物与营养服务处统一管理。

美国就读公立学校的费用较低,非贫困学生就读公立学校的费用大概也只有每学期 50 美元的杂费。

《初等和中等教育法》共有五个主要部分:第一部分规定联邦政府要为贫困儿童提供补偿教育服务;第二部分规定联邦政府要为从州或地方获得财政拨款较少的所谓贫困学区提供教育补助经费,以便这些学校正常运转并帮助学校购买图书资源、教科书及其他教材;第三部分授权联邦政府在各州设立辅助教育中心,并为贫困儿童及落后学生提供示范性解决方案;第四部分加强各州之间以及州内的学校之间的教育研究和培训,并开展教学合作;第五部分授权联邦政府实施一个 5 年方案,以帮助各州教育部门提高行政人员的领导能力。

由于上述法案并非永久授权,因此,每隔一定时间,美国国会都要对该法案进行修改与重新授权,每次修订都要对具体条款进行调整与改变,并且会重新确定资助额度和相应标准,但为低收入家庭的贫困孩子提供平等受教育机会的宗旨始终不变。

在《初等和中等教育法》的修订过程中,主要修订内容之一是调整法案对财政资金使用的安排和对财政资金使用效率的评价。在法案最初制定时,法案的拨款大多数直接交由各州的教育管理部门,由其根据所属学校的具体情况确定资助标准,各州的教育部门可能并没有按照公平性和有效性的原则确定所属学校与教师的补助,甚至出现将财政资金挪用的行为。为了控制联邦教育经费的流失,后续法案开始增加对资金使用的约束性和控制性条款,法案的实施细则越来越细,教育法案的页数从 80 页增加到 360 页,联邦教育规章从 92 种增加到接近 1000 种。[①]

虽然制定了尽可能多的实施细则,但法案的制定者主要是着眼于财政资金使用的公平性和防止财政资金流失等方面,对于财政资金的使用效率,也就是学生的教学水平方面的关注较少,直到该法案 1988 年修订时才要求学区重新评估项目的有效性,用学生的标准化考试成绩来对接受资助的学校进行评估,并要求学区对表现不佳的学校提供改进计划。1994 年法

---

① Ravitch, D. The Troubled Crusade: American Education, 1945 – 1980, New York: Basic Books, 1983, pp. 312 – 320.

案修订时，对上述要求进行了细化，要求各州建立标准、考试和问责体制，通过这些标准化要求督促接受资助学校提升教学效果。2002年该法案的修订版《不让一个儿童掉队》提出了联邦教育资金的效率性要求，对教育结果的问责制正式推出。

2002年教育法案明确每个州都要对学生进行年度标准化考试，并依据3—8年级和高中一个年级的年度考试对学校、学区进行评估，要求各个学校每年都要按照标准比上一年取得足够进步。例如，2014年所有学生都要在阅读和数学方面达到"熟练"级别，对于每年评估未达标的学校，法案还根据未达标的连续年限不同，提出了非常具体的整改措施，从允许学生转学到学校整改，最后到直接转成特许学校，由州教育部门直接管理。

4. 高等教育阻断代际贫困：多层次多元化的助贷学金制度

美国拥有一大批世界顶级高校，美国高校收费也是非常高的，并且学费还在节节攀升，2018—2019年度美国私立大学每年学费平均在5万美元，最高的哥伦比亚大学每年5.6万美元，公立学校对于州内学生也要在每年1.5万美元左右，而且学费上涨的趋势仍然在持续。如此高的学费对大多数美国家庭而言是不小的负担。

为了鼓励优秀学生进入学校学习，或者是防止学生因为经济原因辍学，美国很多私立大学设置了入学奖学金制度，以吸引优质生源，一些州政府为了鼓励优秀学生进入本州的州立大学学习，也会设置一些奖学金制度。有些美国大学也会减免部分贫困学生的学费，给予在读的贫困学生经济援助以及提供勤工俭学机会，帮助学生完成学业。美国大学的这些政策都是单一的和有限的，只是针对部分学生和人群的，不是普适政策，并非所有的贫困大学生都能够获得足够的资助，这造成很多美国孩子高中毕业即进入社会。

高等教育对于阻断贫困代际传递，实现贫困人口生活的正常化也是非常重要的，因此，长久以来，美国政府也在资助一些贫困大学生完成学业，但这些支持政策都是独立的、非系统性的，有些并非是为帮助贫困学生设置的。为了实现高等教育层次的教育公平，1965年美国国会通过了《高等教育法》。该法令授权联邦政府向大学生及研究生阶段的贫困学生提供"教育机会助学金""担保学生贷学金"和"校园工读机会"，这一法

第五章　教育阻断贫困代际传递的模式比较研究

律的通过标志着联邦政府对大学生资助政策的确立。

在该法案不断修订的过程中，联邦政府不断将以前政府及学校对于大学生教育支持的一些做法进行整合，鼓励学校参与到这一过程中，最终形成了包括助、贷、勤、免在内的多层次、多目标的高等教育贫困学生资助体系，在其中起到主导作用的是政府助学金和学生贷款。

教育机会助学金制度。教育机会助学金是高等教育法案规定的资助贫困大学生的主要方式之一，主要目的是向符合贫困标准的大学新生和老生提供学费资助，此后又通过联邦补充教育机会助学金的方式将助学金的发放范围扩展到部分学业良好以上的中等收入学生。

1980年，教育机会助学金发展成为现在一直沿用的"佩尔助学金"（Pell Grants），主要负责对贫困学生的资助。佩尔助学金的计算方式非常复杂，最新的指标包括3大类24项具体指标，基本能够客观反映学生的家庭收入状况，同时，这些指标的计算也可以推导出对学生的不同资助额度。2018—2019年度，佩尔助学金的发放标准基本上是要求家庭收入低于25000美元，根据不同情况计算，获得佩尔助学金资助的学生获取的额度在650—6059美元。佩尔助学金是以需求为基础的，每个学校的学生只要符合标准都可以申请获得。当然，佩尔奖学金对于学生有选课的要求和出勤的要求，否则可能会被取消资格，甚至要求退款。

联邦补充教育机会助学金则是对部分家境中等的孩子在有经济资助需求时发放的，该助学金的发放是给予每个学校一定的额度，学校需要根据学生的申请状况及其家庭状况为申请者确定一定的发放标准，但由于每个学校的额度有限，在学生申请阶段内实行"先到先得"的方式，额度用完之后即截止。2018—2019年度，该项助学金的发放标准为100—4000美元。

助学贷款制度。1965年法案中主要确立了联邦助学金制度的实施，在助学贷款方面更多的只是延续了联邦政府的国防助学贷款制度，此后，在历次法案的修订过程中，助学贷款的相关制度越来越完善，形成了较全面的助学贷款体系，内容涵盖了对学生的贷款和对家长的贷款、有补助的贷款和没有补助的贷款等，每种贷款的名称也不相同，其内容和范围也在不断演化，其中，1980年将国防贷款计划更名为帕金斯贷款计划一直延续至今，其他贷款计划分分合合，目前形成了如下的助学贷款种类。

帕金斯贷款：以学生需求为基础的助学贷款类型，贷款的具体管理交由各个学校负责，由其根据学生的申请确定具体的贷款额度，贷款采取固定5%的年利率，本科生贷款最高5500美元，研究生贷款最高8000美元。

有政府资助的贷款：针对有需求的本科生的助学贷款计划，政府在学生上学期间以及特定时间为学生支付贷款利息，要求学生必须有一半时间在校读书。目前该项贷款的年利率为4.45%，根据学生的年级和经济状况不同，最高可以贷款5500美元。

无政府资助的贷款：对所有的本科生、研究生和在职学生提供的助学贷款形式，学生需要自己支付所有的贷款利息，同样要求学生必须有一半时间在校读书。目前该项贷款的年利率本科生为4.45%，研究生和在职学生为6%。根据学生的年级和经济状况不同，最高可以贷款20500美元。

直接补充贷款计划：为资助本科生的家长以及研究生和在职学生提供的助学贷款形式，贷款者无须提供商业贷款必需的资信证明，同样要求学生必须有一半时间在校读书，目前该项贷款的年利率为7%，贷款额度最高为学生的所有支出减去所获得的经济援助。

政府资助工读项目。政府资助工读项目是由政府相关机构收集政府及相关机构的雇佣短期学生的工作机会，同时，政府相关机构也会与学校合作，鼓励学校提供部分教学辅助工作岗位，然后将相关信息提供给有需求的学生，最终帮助学生获得短期打工收入以资助学生完成学业的方式。这种方式在研究生阶段较为普遍，大学的助教职位基本上都是由在读的研究生来担任的。

税收减免计划。1997年克林顿总统和国会共同签署《1997年纳税人救助法》(Taxpayer Relief Act of 1997)，它规定在5年内提供410亿美元的资助资金，主要方式是大学生在校期间，其家庭年收入的所得税减免额直接增加1万美元，同时规定，年收入少于10万美元的家庭，所抚养的每个大学生在接受大学教育的前两年，如果学生成绩保持在B以上，可以直接从税款中扣除1500美元的学费和有关费用。

总体来看，助学贷款和课税扣除是美国联邦政府对高等教育最主要的资助形式，并且过去10年，美国政府缩减了大约16%的教育经费，资助方式贷款化趋势越来越显著,学费的压力转移到学生自己身上,在学费不断上涨的背景下,这就意味着需要偿还的助学贷款也越来越多,贷款本息不断膨胀,资助政策非但没有重点解决贫困生的问题,反而使真正贫困的学生对高等教育望而止步。

5. 职业教育阻断代际贫困:弥补终身教育的短板

美国非常重视职业教育,提倡终身学习,与其他教育体系类似,联邦政府也不直接管理职业教育事务,而是由州负责,各州一般会设立由政府人员、企业代表、社会代表等各界成员组成的职教委员会或类似机构,负责制定全州的职业教育政策、发展规划等,审批职业教育机构,并且负责向各个公立职业教育机构拨款。联邦主要通过制定职业教育国家标准、开展绩效评估等多种手段,引导各州向国家教育目标、国家标准看齐,从而实现国家干预,同时,联邦政府也为各州职业教育的发展提供补助资金。

早在1862年,联邦政府就通过《莫雷尔法》(*Morrill Land – Grant Act*),向州政府赠送国有土地用于建设农业和相关机械技术学院,这些学院被称为"赠地学院",1890年,美国国会在法案修改过程中明确提出由国库资金直接资助各州职业教育。此后1917年颁布的《斯密斯·休斯法》、1963年的《职业教育法》和1984年的《卡尔·帕金斯职业教育法》等法律都要求联邦向各州及职业教育学校提供拨款,这些拨款的内容不断增加,资助范围不断扩大,资助金额不断增长。其中《卡尔·帕金斯职业教育法》发挥了较为明显的作用,该法案在1990年、2006年两次进行了修订,每次都扩大了联邦政府资助职业教育的金额。

2018年8月,美国总统特朗普又重新签署了《卡尔·帕金斯职业教育法》,将其称为《加强21世纪职业与技术教育法》(*The Streng Thening CTE for the 21st Century Act*)。核心目的仍然是加强职业教育的发展,法案规定,每年联邦政府拨款12亿美元投入各州的职业技术教育。未来6年,大约超过1100万名学生将从这些拨款中受益,联邦政府的投入涉及先进制造业、健康医疗、网络安全等多个职业教育领域。

美国的职业教育体系并没有全国统一的组织框架体系,职业教育的管理分散在各个州的教育管理机构甚至下放到各个学区中,但就职业教育的级别而言,大体分为中等职业教育和高等职业教育两类。

中等职业教育。美国专门的中等职业教育机构较少，大约有1000所全日制职业教育高中，还有1200所区域职业教育中心，主要涵盖职业主题高中（Career Themed High School）、职业学园（Career Academy）等，但在9500所综合高中里，很多学校都要求设置职业教育课程及学习项目，并对中学生开展职业启蒙与陶冶活动，有些综合高中的学生附设职业主题学习，其中的学生一半时间要学习选定的职业技术课程。

中等职业教育学校也受义务教育法案的覆盖，学生同样免除学费、书本费和杂费，同时，联邦保障教育公平的政策也同样适用于职业教育。中等职业教育机构也享受联邦教育资助，同时，帕金斯法的历次修订案都规定要保留一定比例的拨款（州要提供配套基金）用于帮助单亲家庭、妇女、贫穷学生获得职业教育与培训的机会。

高等职业教育。美国高等职业教育主要依托于社区学院和一些公立大学的职业教育学院，其中社区学院是最主要的高等职业教育机构。目前美国现有1200多所社区学院，它们构成其高等教育的重要组成部分，主要为学生提供两年制的初级高等教育。其毕业生可以授予文科副学士和理科副学士的学位，与此同时，社区学院还承担着美国高等职业教育的职责，差不多60%以上的学生采取半工半读的学习方式。只要是高中毕业就可以申请这些社区学院的入学资格，通过数学和英语测评就可以注册学籍，即使没有考过也可以参加补习班。很多美国社区学院的学分课程被本州的公立大学承认，学生毕业后可以转入公立大学继续深造，在社区学院的学分在公立大学继续有效。

除提供学分课程之外还提供成人和儿童培训，内容涵盖相关职业的基础性培训，音乐、舞蹈、绘画等艺术课程，各种体育课程，烹饪、园艺等生活课程，以及科技与经济管理课程等。

目前，美国社区学院的主要经费来自州政府，其部分经费来自地方政府和收取的学费，其中学费部分差不多占到学院全部费用的20%。奥巴马总统非常重视以社区学院为主体的高等职业教育的发展，2013年投入80亿美元用于启动面向社区学院的"从社区学院到职场基金"（Community College to Career Fund）。2015年，他又提出关于社区学院免费的建议，他认为，为了减轻美国大学生日益加重的学生贷款负担，社区学院应该像高

第五章　教育阻断贫困代际传递的模式比较研究

中一样普遍免费。事实上，2011年通过的"美国机会税收抵免（American Opportunity Tax Credit）计划"可以将社区学院的学费支出从个人所得税应征额中直接扣除，实际上对大多数学生而言已经实现完全免费。

另外，美国联邦政府非常注重推动中高等职业教育机构之间、职业教育机构与普通教育机构之间、职业学校与企业之间的衔接工作，构建了以课程和学分衔接合作为基础的衔接机制，以帮助美国高中学生及高中毕业后的年轻人能更好地接受就业训练，具备相应的职业技能，迅速熟悉职业环境。同时，社区大学的学分制的做法，也为参加职业教育体系的学生重新回到国民教育体系提供了极为便利的条件。

（二）日本

日本自明治维新之后就较为重视国民的教育问题，日本政府先后颁布了多项有关教育方面的法律，并在多个领域对实现教育公平目标，特别是对贫困学生的救助工作采取了相关措施。但长期以来并没有专门对教育阻断贫困代际传递问题进行成体系的规划，只是在国民教育的相关阶段，根据自身对教育公平理念的理解，对贫困学生采取了相应的支持措施。

1. 全面普及的免费义务教育保障了贫困学生的基本受教育权利

日本政府非常重视儿童的义务教育，1900年日本开始实施4年制免费义务教育，并在其后延伸到6年制，学校经费主要由地方政府筹资及家长共同承担，1942年中央财政开始负担义务教育经费的50%。"二战"后，义务教育成为日本教育体系支持的重点，1946年的《宪法》和1947年的《教育基本法》都对此进行了描述，并将义务教育延伸到9年制，教育经费也基本上由中央和地方各负担一半。这些义务教育经费包括教师工资、校舍建设修缮费、书本费、学生上学交通费、校服费用以及免费的午餐等，基本上包括了学生学习的各种需求。因此，义务教育阶段的中小学生在校学习期间基本上没有什么花费。

同时，为了使学生享受的义务教育服务水平基本一致，日本政府设置了中小学校舍建设的具体标准及规范，对校舍的大小、教辅设施和材料的配备、每个班级的人数上限、教师数量以及教辅人员数量等都进行了明确规定，因此，即使是在偏远山区，日本中小学校舍的设施配备与大城市也基本没有差异。同时，为了消除教育水平的区域间差异，日本文教省规定，中小学教师要在一定区域内每 7 年定期轮换一次，以此保证特定区域内各个学校提供的教学水平基本相当，即使是来自偏远地区的贫困儿童也可以享受到与区域中心城市儿童差不多的中小学教育。

为了在一定程度上解除贫困儿童在生活方面的后顾之忧，日本政府在对所有儿童发放 10000—15000 日元（700—1000 元人民币左右）基本育儿津贴基础上，还专门对贫困家庭的儿童每人发放大约 40000 日元（2700 元人民币左右）的特别津贴，这些津贴大体上可以满足贫困儿童在义务教育阶段的基本生活支出需求，尽可能杜绝因家庭经济因素带来的贫困儿童失学问题。

正是因为日本对义务教育阶段的高度重视，日本政府对义务教育阶段的教育经费支出占全部教育经费支出的比重一直较高，最高的时候占总教育经费的比重超过 70%，最低也占到 50% 以上。

日本政府的这些措施，客观上帮助贫困家庭的儿童完成了义务教育，使他们在义务教育后阶段即使不进入高等教育体系，也能够自食其力，防止这些家庭陷入贫困代际传递造成的长期贫困境地。

2. 实行有偿的高等教育财政资助体系帮助贫困学生完成学业

日本的高等教育学费水平在世界各国中也相对较高，2016 年统计，私立大学一年的平均学费为 130 万日元（约合人民币 7 万元），国立大学一年为 67 万日元（约合人民币 3.5 万元）。因此，高昂的学费成为制约那些想进入高等学校学习以借此彻底改变自身命运的贫困学生的主要因素。日本各界普遍认为，虽然大学教育对于提升国民素质非常重要，但高等教育对于国民而言更是提升自身素质和未来职业能力的需要，即使来自贫困家庭的学生也要自食其力，为此，日本政府将高等教育贫困学生的资助重点放在未来需要偿还的助学贷款方面。

1953 年，日本改组了前期成立的育英会组织，将其作为政府附属机构专门负责高等学校的学生助学贷款，因此，到目前为止，日本的助学贷款项目仍然被称为育英奖学金。日本政府助学贷款的运作方式是由中央政府出资或者提供信用担保的方式融入资金，向大学生特别是贫困大学生提供助学贷款。育英会后来在 2004 年与其他相关机构合并成为日本学生支援机构（JASSO），全面负责对学生的各项援助措施。

日本学生支援机构的资金来源有财政直接借款、财政担保融资和市场化债券发行三种，在助学贷款制度开始运行阶段，项目的资金主要来自政府预算的直接借款，随着助学贷款项目的推行，财政资金在制度运行过程中大量沉淀，政府开始要求当时的育英会借助于政府投融资业务，通过政府信用对外融资后用于助学贷款项目，来自这方面的资金规模越来越大，逐步成为日本学生支援机构的主要资金来源，最高占到全部资金来源的70%以上。与其他两类资金来源相比，市场化债券发行一直是日本学生支援机构资金来源的补充。

日本学生支援机构的助学贷款主要分为两类，家庭收入低于一定水平的贫困大学生可以申请无息贷款，其他学生可以申请的助学贷款利率为3%。贫困大学生在校学习期间也需要偿还部分贷款本金，但如果生活确实困难可以申请延期支付，另外，如果贫困大学生确实存在还款困难问题，可以选择在毕业之后去中小学、特殊教育机构等工作，不仅可以部分减少甚至直接免除其助学贷款本息，也可以获得一份收入较为稳定的工作，摆脱贫困的困扰。

3. 相对薄弱的学前教育和高中教育援助体系

日本的学前教育机构主要有两大类：一类是根据《学前教育法》设立的幼儿园系统，主要是看护3—5岁的儿童；另一类是根据《儿童福利法》设立的保育所系统，可以收护0—6岁的儿童。其中，前者由文教省管理，绝大部分为私立，资金来源以收费为主，地方政府给予少量补助；后者由厚生省管理，主要以地方政府公立为主，也有极少数的中央政府设立的机构，资金以地方政府为主，中央政府专项支出较少，主要体现在对地方政府的转移支付中。

保育所严格意义上带有社会福利性质，也是政府对收入较低家庭的补助措施，儿童入园要看家长的在职及收入证明，收费标准是根据幼儿年龄和家庭收入来决定的，家庭收入低的收费较低，一定标准下的贫困儿童可以免费，但政府规定的减免项目只是学费，其他费用以及交通等都需要家长自己支付，这对于贫困家庭而言也是不小的负担。

对于学龄前儿童，日本政府也同样给予儿童津贴，与中小学政策是一贯的，对于贫困儿童也会给予附加津贴，但与养育孩子的费用相比，政府的津贴金额相对不足，贫困家庭有时难以负担。

当然，日本政府还给予孕妇专门的生育津贴，每个怀孕满4个月的妇女都可以获得42万日元的一次性补贴，日本地方政府还给予孕妇14次定期健康体检的支持凭证，基本可以满足孕妇分娩之前的健康体检需求。产前一个月到产后一年还可以享受67%的月平均工资的出产休假补助及育儿休假补助。这些措施一定程度上保障了孕妇的经济收入，帮助孕妇特别是贫困家庭顺利度过育儿阶段。

日本的高中阶段并非是义务教育阶段，虽然在这一阶段，日本政府投入的绝对金额并不少，但对贫困青少年的直接救助措施相对不足。

日本政府对于高中教育阶段的支持主要是为各类高中学校经费提供资助，日本高中分为国立高中、公立高中和私立高中，其中，国立学校的经费由中央政府负担，公立学校的经费由地方政府负担，私立学校的经费以前主要由个人负担，地方政府资助，后来改成由中央政府负担30%左右，地方政府负担30%左右，学校自筹剩余资金，学校自己负担的部分主要来自学生学费，也有部分来自民间资助。各类高中都要收费，只不过国立和公立高中的收费要明显低于私立高中，而贫困学生是可以免除学费的。日本的三类高中里面，前两者加起来的数量与后者的数量基本相当。因此，大约一半的日本高中生在私立高中就读，需要缴纳较高的学费。因此，国立与公立高中在日本属于稀缺资源，初中毕业时需要参加选拔考试，竞争较为激烈，如果贫困学生考不上公立高中，他们难以承受私立高中的高昂学费，就只能选择去类似于中专或者技校的专业学校，这类学校的招生量大约占日本10—12年级教育体系的20%，这些中等专业学校很多也是地方政府创办或者资助的，其余的是一些大企业设立的，学费相对便宜，在政府主导的学校里面还能够获得学费减免。

日本政府在高中阶段就停止了专门的儿童津贴，仅对贫困学生提供到18岁的额外津贴，加之高中学生学习期间的生活费也要高于9年制义务教育阶段，因此，很多日本高中生都会在课余时间打工以满足日常生活需求。

总之，在学前教育和高中教育阶段，日本政府对贫困学生的支持和津

第五章　教育阻断贫困代际传递的模式比较研究

贴力度并不足够，主要是这两个阶段并非法律规定的义务教育阶段，日本政府对托幼机构和学校的经费进行拨款支持，但并非覆盖学生的所有需求，对于来自贫困家庭的儿童而言，学前教育阶段还可以在减免学费和政府津贴的基础上获得相应的教育机会。在高中阶段，他们即使顺利考上公立高中，不仅要负担部分学费，还需要额外支付日常的学习费用和生活费用，在父母难以提供资金支持的情况下，还是会有一些学生选择了辍学打工。

4. 在职业教育领域中阻断贫困代际传递的做法

作为制造业强国，日本建立了以企业需求为导向的职业教育体系，为各类企业培养大量职业工人并提供后续技能培训。在这一体系中，日本希望通过提升贫困人口的职业技能，帮助他们脱离贫困的境地。

日本政府在高中层面的职业教育和高等职业教育机构运行过程中都对贫困人口减免学费，以期贫困人口能够掌握相应的职业技能，获得一份薪水中等且稳定的工作。

在失业工人救助过程中，政府除给予工人失业救助金和提供食品救济之外，还提供一些职业培训学校为失业人员提供再就业技能培训，以帮助他们尽快重新找到工作。

在其他方面，日本政府鼓励高等职业学校和大学"开门办学"，设立继续教育学院，为在职人员提供职业技能培训和其他职业培训，贫困人口可以选择免费学习，一方面可以提升其当前的职业能力，另一方面也可以为他们提供相应培训，以有能力获得更高薪水的职业机会。

5. 安倍政府的最新措施

2018年12月，安倍政府召开了有关幼儿教育、高等教育免费的内阁会议，宣布将扩大儿童保育和高等教育支持计划，并将于2019年10月开始实施幼儿保育计划，从2020年4月开始，对贫困家庭大学生进行补助。这些措施的主要目的是为学前教育阶段和高等教育阶段的贫困人口提供更多的免费教育机会。

在学前教育阶段，日本政府希望实现幼保无偿化目标，主要目的是减轻年轻父母的育儿负担，提升日本民众生育意愿，以应对日本新生人口逐年降低趋势。贫困人口也受益于此政策。政府计划对年龄在3—5岁且入读政府授权幼儿园的儿童免除学费。在其他幼儿园就读的儿童,只要家长能证明为双职工,就可以获得每月最多 3.7 万日元的幼儿园补助金。政府将为低收入家庭的 2 岁以下的婴儿提供免费托幼保育服务。日本的幼儿园补贴项目预计将投入 7760 亿日元。

在高等教育阶段,日本政府将在原来有偿的教育助学贷款计划的基础上,直接向来自低收入家庭(原则上是年收入达不到纳税水平的家庭)学生提供无偿的助学金,以帮助他们完成学业,贫困学生就读日本的大学、两年制学院、高等专修学院和职业学校时都可以接受无偿的助学金。具体标准如下。

就读国立或公立学校的学生,如果住在家中走读的,每年可获约 35 万日元的奖学金;非住家的学生,每年可获 80 万日元的奖学金。

就读私立学校的学生,如果住在家中走读的,每年可获约 46 万日元的奖学金;非住家的学生,每年可获 91 万日元的奖学金。

安倍政府的新政策对于提升贫困人口获得高等教育的机会较有帮助,能够缓解刚毕业的年轻人普遍面临的偿还高额助学贷款本息的压力,是教育阻断贫困代际传递的新举措。

6. 对日本教育阻断贫困代际传递相关政策的评价

日本政府在教育公平以及相关的教育阻断贫困代际传递方面做了很多工作,有利于迅速降低贫困人口数量、实现富裕社会。20 世纪七八十年代,随着日本经济迅速增长,快速进入发达国家行列,日本的绝对贫困人口问题确实得到了解决,政府的相关教育支持措施帮助贫困家庭的子女有能力获得稳定工作的机会,摆脱贫困的境地,在阻断贫困代际传递方面发挥了很重要的作用。

20 世纪 90 年代之后,特别是进入 21 世纪之后,日本经济停滞不前,就业机会减少,工作压力加大,很多年轻人特别是单身家庭的年轻人收入下降,陷入贫困境地,据日本政府统计,大约每 7 名儿童中就有 1 名来自相对贫困的低收入家庭,有些儿童甚至食物不足。这种情况下,以前经济向好时采取的政策,比如大学生的助学贷款政策,就成为造成贫困的重要因素之一,很多背负着助学贷款偿还压力的年轻人因为无法获得高收入的稳定工作而陷入贫困境地。

第五章　教育阻断贫困代际传递的模式比较研究

日本教育阻断代际贫困的过程中，面临的更为突出的问题是日本现行教育体制带来的。日本义务教育推行之后，学校内的学习内容不足以应对初中、高中以及大学的升学考试，很多有能力的家庭选择参加补习班，加上日本后来在很长时间内实行快乐教育，学校功课更为简单，导致越来越多的学生参加到补习班之中，以求升入更好的学校求学。贫困家庭的学生无力支付高昂的补习费用，只能就读普通公立学校，但在考大学时就很难考上好大学，而好大学对应着更高的收入和更为稳定的职业，二流、三流大学的学生在经济不好的阶段就业出现困难，开始面临贫困的困扰，这实际在一定程度上是新层次的贫困代际传递现象。因此，在高等教育已经获得较高程度普及的阶段，如何通过教育阻断贫困代际传递是发达国家政府面临的新问题。目前，日本政府也在修正前期政策，希望能够直接资助贫困大学生完成学业，减少助学贷款带来的还款负担，顺利进入职场，但实际效果如何需要时间来检验。

（三）英国

作为老牌工业国家，英国实行的是根据1942年的《贝弗里奇报告》建立起来的社会福利制度，对居民的各项保障措施都较为完善，在一定程度上可以说是政府负责其国民的"生老病死"。另外，英国传统上就非常重视济贫工作，在1601年就制定了全世界首部《济贫法》，因此，英国的社会福利制度中，包括了较为完善的贫困家庭救助措施，包括救助金、食品券、疾病护理、孕产妇照料、儿童津贴、孩子教育等各个方面。政府非常重视贫困家庭儿童的教育问题，希望通过为贫困儿童提供完善的教育，帮助他们在成年后获得一份稳定的工作，提高收入能力，阻断贫困在家庭代际中的传递。

1. 完全免费的学前教育与义务教育帮助贫困儿童健康成长、自食其力

英国政府社会福利政策对儿童的关注从孕期就开始，孕妇的正常检查及怀孕期培训等都是免费的，政府还向每个孕妇提供津贴，以满足她们的基本生活需求，对于贫困家庭的孕妇，政府还会额外提供部分资金支持。孩子出生后即可享受定期补助金，每个家庭的第一个孩子每周可得到20.30英镑的补助，再多生的就是每人每周13.40英镑，所有儿童领取津

贴一直到 16 岁，这些津贴基本上可以维持儿童日常生活的基本需求。贫困家庭，还可以在正常的儿童补助金之外申请部分特别津贴，具体金额需要根据家庭收入情况、儿童数量等确定。

所有儿童 3 岁都可以免费上公立幼儿园以及 5 岁时上公立小学举办的幼小衔接班，其后从进入小学开始直到 11 年级毕业都属于强制性的义务教育阶段，在这一阶段，所有儿童只要在公立学校学习，就会免除所有学费，还会负担学生的书本费、外出考察费等，并且免费提供早中餐。贫困儿童除享受这些福利之外，还享受上面所说的补助金和特殊津贴，一般不会出现因为生活问题而辍学的情况。

因此，英国贫困家庭儿童基本都能够免费完成义务教育，此后，如果他们没有考上大学，还可以选择进入英国政府设立的继续教育学院，选择适合自己的课程开始获得免费的职业技能培训，并能够在培训后很快参加工作获得薪酬，不至于因为缺乏谋生手段而再次陷入贫困的境地。因此，在普及义务教育以及为贫困学生支付生活津贴之后，贫困儿童便有能力在未来获得改变自身境遇的工作机会，这事实上起到了阻断贫困代际传递的作用，因此典型意义上的贫困代际传递问题在英国确实并不明显。

2. 助学金制度帮助有能力的贫困青年接受高等教育，彻底改变自身命运

大量的研究以及客观现实表明，接受高等教育能够帮助年轻人实现就业，获得一份更加体面的工作，对于贫困学生而言，如果能够考上大学并且顺利毕业之后，将有极大的可能获得一份薪酬较高的工作，从而改变家庭整体经济情况，帮助家庭彻底摆脱贫困境地。

因此，英国政府在开始建立社会福利制度时实施公立大学免费政策，这一政策成为阻断贫困代际传递的重要一环，帮助有能力的贫困青年及其家庭走出贫困境地。政府对贫困大学生不止免除公立大学的学费，为了避免出现贫困学生因为缺乏生活费用而无力维持学业的情况，政府还会对来自低收入家庭的学生给予补助金，帮助他们维持在校学习期间的生活。大学免费政策和对贫困大学生的生活补助，使得大学教育由精英教育转向国民教育，很多来自贫困家庭的年轻人通过高等教育的学习，成功地改变了

第五章 教育阻断贫困代际传递的模式比较研究

自身命运。

20世纪80年代，撒切尔夫人执政时期，为降低政府负担、提高经济运行效率，对英国福利国家的相关政策进行了较大调整。高等教育方面最大的转变就是开始对大学生征收学费，并且将政府助学资金由无偿划拨转向有偿使用，以助学贷款的方式帮助年轻人完成学业。在此期间，政府还是会给予贫困学生一定的直接津贴和助学金，但整体数量减少，贫困学生大学学习期间的生活受到影响，一些学生开始接受政府提供的无息贷款，并按照要求在毕业之后开始归还，在经济增长正常、新增就业压力不大的情况下，贫困学生大学毕业后可以很快找到合适的工作，有能力偿还助学贷款，但在经济下滑时，工资收入减少、失业增加，归还贷款本金也成为明显的负担，很多学生贷款都面临违约。

为此，英国政府后来又调整了贫困大学生资助政策。首先，增加了对贫困大学生的生活补助金，差不多增加到每年2700英镑，同时要求接受政府资助的大学也要对贫困学生配套无偿补助金，有的学校都能够给予一比一的配套，增加之后的补助金差不多可以帮助大学生维持在校学习期间的学习费用和生活费用。其次，如果贫困学生拿到各种补助金之后还是不能满足在校学习生活的费用，可以选择无息贷款，毕业之后，政府将贷款归还系统划归到个人税收系统合并管理，并且只有当其工资收入达到一定标准之后才开始偿还贷款本金，如果其毕业后的薪酬持续多年达不到相应的工资标准，还可以对其助学贷款进行一定的减免。

因此，从整体情况看，英国政府对于贫困大学生的资助政策要强于美国和日本，主要区别就在于美国和日本的助学制度最优惠的是无息贷款，英国是直接对贫困大学生进行补贴。即便是最新修改的贫困大学生资助政策也采用助学贷款方式，但政府仍然会对贫困大学生直接提供一定的生活补助，并且为贫困大学生助学贷款的偿还设定最低工资标准，这种做法更为人性化，具有操作的便利性。更为重要的是，它能够保证贫困大学生毕业后维持一定的生活水准，不会因为偿还助学贷款而再次陷入贫困的境地，而不会像日本那样，在经济下行期间偿还助学贷款成为年轻人贫困的重要原因。

3. 完善的继续教育制度帮助贫困人口适应社会的变化，获得新的工作

机会

作为老牌工业国家，在工业化进程中，英国为了快速获得大量的合格技术工人建立了很多职业培训学校，为年轻人就业和在职工人提供职业技能培训。经过200多年的发展，这些职业培训学校逐步发展成为拥有高等教育资格的继续教育学院，为中等职业教育、高等职业教育、普通高等教育与职业教育的衔接、高等教育后的终身职业培训等提供继续教育服务。

英国大部分继续教育学院都是地方政府举办的，其经费主要来自地方政府预算以及中央政府的转移支付，政府通过继续教育学院对全体国民进行职业培训，提升职业能力，并对一些特殊职业进行资格认证。

为了帮助贫困人口获得职业培训机会，提升职业技术能力，从而获取更好的工作机会，英国政府规定，所有25岁以下的国民都可以免费到公办的继续教育学院读书，25岁以上的低收入群体也可以免费在继续教育学院获得职业培训。

在继续教育学院体系中，贫困学生能够获得的职业培训种类非常多，大致有以下几个。

一是可以在16岁义务教育结束后选择去继续教育学院开办的中等职业培训中心学习感兴趣的职业课程，为高中毕业就走向社会打下基础。

二是可以选择在高等继续教育学院继续学习，提升自己，获得更多的职业技能，以寻求更好的工作机会。

三是在参加正规大学高等教育学习的同时，也可以在继续教育学院学习自己感兴趣的职业技能，实现通识教育与职业教育的结合，并且可以申请参加职业资格考试，获得相应的职业资格证书，这些证书具有权威性，雇主对此是非常认同的，有助于大学生获得更为满意的工作，另外职业培训也可以帮助他们尽快融入社会，开始自己的职业生涯。

四是可以为从业人员提供业余时间的职业技术培训，帮助低收入的从业人员提升职业能力，顺利转换职业。

五是失业人员可以进入继续教育学院学习新的职业技能，帮助他们实现快速再就业。

因此，通过继续教育，英国政府可以在各个阶段向贫困人口提供更多的教育支持，帮助他们提升自身素质，提高职业技能，获得更好的工作机会,从而也更可能阻断贫困代际传递。

4. 对英国教育阻断贫困代际传递政策的评价

英国的社会福利政策实施过程中,通过发挥一贯制的免费教育的救助作用,提升了贫困人口的个人素质,提高了他们将来获得较好工作的可能性,贫困家庭的后代不再因为无力求学而只能在低收入工作中寻求工作机会,从而避免了贫困儿童复制父辈的轨迹,陷入贫困代际传递的困境。

与此同时,英国的社会福利政策还为贫困学生提供相应的救助金和津贴,为他们专心从事学业免除了后顾之忧。在义务教育阶段,英国和美国、日本等其他发达国家的做法是类似的,但区别在于英国在高等教育的贫困学生救助上,采取了"免费+救助金"的方式,或者是"救助金+偿还"充满人文关怀的助学贷款的方式,这比完全市场化的助学贷款要有优势,防止贫困大学生因为偿还助学贷款而再次陷入贫困境地。

英国与美国、日本在高等教育资助方式上的区别导致教育阻断贫困代际传递的效果也存在明显差异。主要是因为在教育普及的时期,高中生接受完义务教育即参加工作,所获得的工作机会基本上属于低收入水平的,这虽然可以使其自食其力,但要彻底改变贫困境地还是比较困难,因此,贫困学生接受高等教育是非常必要的。如果对贫困大学生资助的结果仍然因为助学贷款的本息偿还问题使其不能摆脱贫困的困扰,贫困代际传递的现象将会继续存在。

因此,从总体情况看,英国在教育阻断贫困代际传递中的政策选择是要优于美国和日本的。但是,英国的问题在于,公立学校的教学质量很难比得上私立学校,并非所有的高中生都能够进入大学学习。同时,学校之间的水平差距明显,精英阶层通过将孩子送入私立学校接受教育,将会获得比其他学生特别是贫困学生更好的教育环境,将来更有可能考上一流大学,贫困学生要做到这一点非常困难。

(四) 北欧国家

斯堪的纳维亚半岛上的瑞典、挪威、丹麦等北欧国家实行的是福利国家的社会保障制度,侧重于社会福利在全体国民中的公平分配,全面贯彻普遍主义原则,国民享受不同水平的社会福利基金。北欧福利国家的福利制度的具体内容包罗万象，主要目的是维持全体国民的生活水平，这种制度开始于"二战"之后，基本上在20世纪70年代在北欧各国形成完整的框架。在这期间，北欧国家在儿童抚养和青少年接受教育方面制定了非常完善的保障政策。这些政策基本涵盖了公民从孕期到大学毕业的所有阶段，在阻断贫困代际传递方面发挥了较好的作用。

1. 保障周全的学前教育体系免除了低收入家庭育儿的后顾之忧

北欧各国都建立了较为完善的学前教育体系，这一体系也是强调孕期辅导和学前教育的免费，但与其他国家免费学前教育体系的最大不同是强调了父母亲在儿童成长中的作用，在20世纪70年代，北欧各国都通过法律，给予新生儿父母大量的休假以陪伴和照顾孩子。孩子出生后，丹麦给予父母合计52周的带薪假期用于照顾孩子，其中32周可以父母共享；为了鼓励父亲多休假，承担其照顾儿童的责任，挪威专门规定父亲可以休假照顾儿童，并将其假期从一个月逐步延长到14周，基本与母亲的育儿假平齐。瑞典则规定，一个家庭的父母亲共用了16周的育儿假，在此期间没有将婴儿送到公共托儿机构，则可享受每月3000克朗的减税。北欧国家的育儿假期间的薪酬都是政府补助。

在学前教育期间，北欧各国为鼓励妇女工作，在孩子半岁时就可以送入政府举办的托幼机构看护，因此，瑞典和丹麦都建立了0.5—6岁的免费学前教育体系，只有挪威由于学制问题，儿童6岁即进入小学就读，因此其学前教育为0.5—5岁。

在托幼所，北欧国家都是将不同年龄阶段的孩子混合编班，其中，3岁以下的孩子由于行动能力受限，为方便看护混合在一起编班，4—6岁的孩子也混合在一起编班，这样的方式有助于增强不同年龄段的孩子的互动，提升大孩子对年龄更小孩子的照顾意愿和能力，培养他们的责任感。北欧各国对托幼所的教学计划也都有统一的规定，主要是顺从儿童的天性，以游戏的方式认识自己、认识世界，实现生活自理等，在6岁左右会设置幼小衔接课程，对孩子进行简单的拼写和识字等教育。

北欧国家托幼所的费用在2000年之前基本上都是由中央政府和地方政府共同负担，2000年之后，瑞典开始对学前教育费用进行调整，幼儿家长也需要承担一部分，整体收费大概占到托幼所总费用的20%，托幼所收费标准也是按照家庭的收入水平来确定的，高收入家庭托幼费高一些，低收入家庭的儿童仍然是免费的。此外，北欧国家也建立了育儿津贴制度，例如，瑞典规定对每个 16 岁以下的儿童补贴 1050 瑞典克朗，低收入家庭还享有特殊儿童津贴和低收入津贴。

因此，免费的孕期保健、完善的父母休假制度、完全免费的托幼服务以及健全的育儿津贴补助，整合起来就能够帮助北欧各国的低收入家庭没有后顾之忧地顺利养育儿童，帮助他们与其他家庭的儿童一起顺利度过幼儿时期。

2. 免费的中小学教育帮助低收入家庭儿童完成中等学业，自食其力

北欧各国都实行免费的义务教育，其中瑞典和丹麦的义务教育阶段为 9 年，挪威的义务教育阶段为 10 年，但瑞典和丹麦的儿童 7 岁入学，挪威的儿童 6 岁就入学，因此，挪威的 10 年义务教育实际上是把瑞典和丹麦实施的 6 岁进入幼小衔接班的时期算成了正式入学。

北欧各国的免费义务教育是由相应的中小学承担，因为传统的原因，北欧国家对中小学的称谓各不相同，瑞典和挪威称为基础学校，丹麦称为综合性国民学校。虽然名称各不相同，但管理体制和资金来源大体一致，主要是由地方政府建立和管理，费用也主要来自地方政府，中央政府会给予一定资金支持。北欧国家义务教育免费的范围非常广，学费、书本费都不用缴纳，学校提供免费午餐，有的城市还提供交通工具，并支付外出游览考察费用，学生在学校基本没有什么花费。北欧国家这种"免费+生活津贴"的义务教育方式，与日本、英国的政策类似，能够赋予低收入家庭的儿童有能力接受义务教育。

在义务教育阶段，北欧各国更强调父母对学生教育的参与，除定期召开家长会之外，北欧各国的带薪假期更多，很多家长选择与孩子共同休假的方式一起度过，增加与孩子的沟通交流。

9 年或者 10 年的义务教育结束后，北欧各国的高中阶段也是免费的，基本学制都为 3 年，有些职业高中由于需要学习一定的职业技能，可能会延长到 4 年。受传统手工业培训的影响，北欧各国都将高中教育区分为学术教育和职业教育两类，瑞典通过综合学校的方式将学术教育和职业教育的学生合在一起授课，但学生可以选择不同的课程，丹麦两类学校则是分

开的。这种区分的主要原因是，参加学术教育的学生将来要读大学，参加职业教育的学生大多会在高中毕业之后参加工作，获得工资收入，做到自食其力。在此过程中，选择参加职业教育的学生多为来自低收入家庭的儿童，希望尽快工作以获得收入。由于北欧劳动力市场相对封闭，外来劳动力很难进入，因此，北欧国民高中毕业大多能够找到工作获得薪酬，但一般而言，高中生就能够找到的工作通常都是一些简单劳动类型的，薪酬水平相对较低，虽然不至于成为贫困人口，但成为中等收入的家庭还是有一定困难，这种情况实际上存在贫困代际传递的隐患。

另外，北欧国家私立教育不发达，但还是有一些儿童选择进入私立学校学习。由于这些学校的学费相对较高，一般高收入阶层的孩子才会选择，为了给学生更多的选择机会，政府还会给其他学生发放教育券，学生手持教育券可以选择感兴趣的私立学校读书，获得与公立学校不同的教育体验。

3. 免费的高等教育帮助有能力的低收入学生摆脱低收入的困扰

北欧国家都建立了完善的高等教育体系，高等教育机构一般包括传统的大学、大学学院及职业技术教育学院等，各国的学制稍有差异，瑞典的本科学制为3—5.5年，其中3年毕业的为普通本科，4年以上到5.5年毕业的为硕士，毕业之后可以攻读博士学位，一般要长于4年。挪威一般大学的本科学习时间为3年，硕士学习一般为2年，之后博士学习也需要差不多3年的时间。丹麦大学学制为4—6年，4年毕业获得学士学位，6年毕业后获得硕士学位，之后的博士学习一般需要3年。

由于北欧各国大学生直到博士都是免费的，其间还会提供补助金，因此，很多人选择一直在大学读下去。另外，由于北欧各国的生活费用相对较高，虽然大学免费而且还有一定的助学金，但收入水平毕竟很低，很多大学生都选择边打工边读书的方式，陆陆续续修学分，因此，有些大学生30多岁还在学校读书。

北欧国家的就业机会相对较多，与高中毕业开始工作相比，大学生就业还是具有优势的，因此，大学毕业生可以相对容易地获得一些社会地位高、薪酬收入高于平均薪酬水平的工作，只要低收入家庭的学生自身能力足够，毕业之后成为中产阶级的可能性还是比较大的，从而可以彻底改变

第五章　教育阻断贫困代际传递的模式比较研究

自身命运，阻断贫困继续传递下去。

4. 建立了较为成熟的成人职业教育体系，帮助低收入人口提高素质、获得更好的工作机会

北欧各国传统上工商业从业者都是学徒制，因此，各国很早就有职业培训的传统，职业培训都建立了自己的成人教育体系，其中的核心教育机构在几个国家的名称和职能都有所不同，瑞典的中等职业技术教育是由其基础高中提供的，高等职业教育机构是职业技术培训学院，丹麦的是民众高等学院，挪威的则是专门成立的成人教育学院。

北欧国家成人职业教育的发展，不仅为各类企业培训了大量合格的职业工人，而且还为不满足于现状的低收入人口，特别是高中毕业即参加工作的工人提供继续学习的机会，一方面可以提升当前的职业技能，在工作中获得更好的职业发展机会，另一方面可以给希望转换工作环境的国民，特别是低收入者提供新的职业培训计划，提升职业能力。

北欧各国职业学院的出资方主要是地方政府，也有私立机构，但其经费一半以上是由地方政府资助，因此，北欧各国的职业教育都是纳入国家发展规划之中的，低收入人口可以免费学习，而且还规定雇主需要同意雇员参加职业培训，在工作时间上可以进行灵活安排。政府的这些措施保证了低收入者能够通过接受继续教育获得更好的发展机会，防止他们因为技术脱节而被企业淘汰，更能够帮助他们在企业不景气的时候获得转换到其他职业或者岗位上的机会。

5. 对北欧福利国家教育阻断贫困代际传递政策的评价

目前为止，北欧极为完善的社会保障制度是最大限度关注社会公平，最大限度实行财富的再分配的福利制度，被称为福利国家也是名副其实的。这种社会保障制度下，国家通过高税收，对国民实行高福利，保障国民的"生老病死"各个时期的权利。因此，绝对贫困问题在北欧基本上不存在，贫困的代际传递问题也因为义务教育及长期的免费教育政策的实施而基本得到了解决。

因为实施全面免费政策和儿童津贴政策，北欧国家的义务教育阶段的教学安排更加重视个人能力的发展，全面提高学生的综合素质，学生的整体学习能力较强，在经济合作与发展组织（OECD）举办的国际学生评价

项目（Programmer for International Student Assessment，PISA）中，北欧各国的评价结果一直名列前茅。

但现实中，北欧国家中低收入经济状况在家庭代际传递问题还是一定程度上存在的，这种情况的成因主要在于两方面，一方面是北欧国家劳动力市场的流动性低，国内劳动力紧缺，高中毕业就比较容易找到合适的工作，因此，很多低收入家庭的学生就选择直接参加工作；另一方面是低收入家庭的父母大多没有上过大学，对高等教育在改变个人未来发展命运中的重要作用认识不足，也不赞成孩子多学习几年接受高等教育。这两方面的原因导致低收入家庭的儿童在高中毕业之后就参加工作，但多数只能从事低于社会平均工资水平的工作，导致低收入经济状况的代际传递。

北欧福利国家制度实施的前提是国家经济正常增长，国家对高收入者征收高额税收等，这样才能够为慷慨的国家福利制度的实施提供充足的资金来源，再加上北欧国家普遍较为廉洁的政府和高效的行政效率，征收上来的资金能够得到较为充分的使用，从而能够维持制度的顺利运作。

进入21世纪之后，北欧各国的经济增长面临问题，加上20世纪80年代英国开始对其广泛的社会福利政策进行大幅度的消减，福利国家制度的运行面临质疑和实际的运行困难，因此，北欧国家开始对其社会保障制度进行了一些修订。但在教育领域，北欧国家并没有进行削减，反而是在一定程度上进行加强和完善，比如，丹麦在提升成人教育的重要性、实现终身教育目标方面又采取了很多措施。北欧国家在教育方面的投入和追求教育平等性的努力，较好地解决了贫困及贫困的代际传递问题，但北欧国家的成功也存在经济总量较小、人口相对较少、人口结构相对简单等重要因素。发展中的大国很难全部采取类似的政策，但在学前教育期间的父母假期、义务教育阶段的助学津贴、大学阶段的低收入学生直接补贴、鼓励成人职业教育的发展等方面还是可以借鉴的。

二 发达国家教育阻断贫困代际
传递的政策经验与启示

发达国家都非常重视教育在消除贫困人口中的重要作用,在各项社会福利制度中,保障儿童学习的权利一直是重中之重,即使福利国家因为难以承受高额的社会保障支出而对一些政策进行调整,但教育支出特别是对低收入家庭儿童的教育支出不减反增,相关政策不断完善,保障力度越来越大,这些政策的实施,对于减少贫困代际传递效果非常明显。

(一)发达国家教育阻断贫困代际传递政策体系的经验总结

发达国家向低收入家庭提供教育支持的方式有所不同,水平也各有差异,但在教育投入的方向上存在很多共性的内容,主要表现在以下方面。

1. "全覆盖式"的教育资助政策为贫困家庭儿童提供全面的教育支持

发达国家基本实现了国民从0岁到大学毕业的"全覆盖式"的教育资助,并在国民终身教育方面也做了很多努力,这些支持政策大多数是向国民免费提供的,即使收费的学习阶段,也会向学生提供不同方式的资助。发达国家支持政策的主要目的是不断提高国民素质,为社会输送合格的劳动者,不断提高劳动生产率,但在实施过程中客观上也起到了减少贫困现象,特别是减少贫困代际传递造成的长期贫困现象的发生。

2. 免费的学前教育,解除了贫困家庭的后顾之忧

在学前教育阶段,发达国家都从0岁开始注重儿童的素质,普及了孕妇免费检查和孕期辅导以及接生服务的低收费,低收入家庭的孕妇还会得到政府的很多救助金或者津贴支持,孩子出生后也会给予一定时期的育儿假,其中,北欧国家的育儿假长达一年。育儿假结束后,一般都建立了公立的托幼机构,有的是全免费的方式,有的是补贴的方式,但不管什么类型的国家,贫困家庭的儿童进入托幼机构都是免费的。不仅如此,为了保障儿童健康成长,大多数国家都建立了儿童津贴制度,低收入家庭还会获得更多的特殊津贴,这些津贴大体能够满足贫困儿童及其家庭的基本生活

需要，帮助贫困家庭有能力和有精力送孩子接受正常的学前教育，实现儿童的优生优育。

3. 12年制免费教育帮助贫困家庭学生自食其力

发达国家普遍实行了免费的义务教育制度。义务教育年限有所不同，比如美国是12年，英国、日本和北欧国家的瑞典与丹麦等都是9年，挪威10年等。不采取12年义务教育的国家，主要是在高中阶段给予学生在继续进行高等教育求学和直接进入社会参加工作时提供一个选择的机会，并且向选择直接进入社会参加工作的学生提供除基本课程之外的职业技能培训。虽然不是义务教育，学生进入公立的高中阶段学校学习也是免费的或者缴纳较少的费用，对于贫困家庭的学生而言，各国在高中阶段也都是免费的。

发达国家义务教育阶段及其之后的高中阶段，不仅免除学费，还会免除书本费、考察费以及提供免费的午餐等，很多国家都实行免费接送学生的政策，例如，美国就建立了非常完善与安全的学生校车制度，日本的儿童都实行就近上学等，并且都实行基本免费的医疗制度。可以说，学生在校读书期间的绝大部分费用都是免费的，对于贫困家庭还实行儿童津贴制度，只要贫困家庭的儿童愿意，都可以完成12年的中小学教育。如果愿意继续学习，可以选择进行学术性教育，如果计划在12年教育毕业之后即参加工作，可以接受职业教育，获得专业的职业技能。

从历史情况看，发达国家学生中，来自低收入家庭的学生选择12年级毕业直接参加工作的比例要远远高于普通家庭的学生。这表明，在接受12年的免费教育之后，贫困家庭的儿童基本上能够成为合格的劳动者，参加工作自食其力，不会陷入贫困的境地。但这种现象的出现，一定程度上也会造成低收入水平在家庭之间的代际传递。这是因为，在高等教育得到普及的情况下，高中毕业生能够从事的工作主要是成为蓝领产业工人以及文员、建筑、餐饮、旅游、维修等服务行业工人，这些工作需要的专业技能较低，替代性较强，薪酬收入也往往会低于社会平均水平。虽然在经济正常运行情况下，从事这些工作足以维持正常的生活，但收入水平整体较低的情况下，抵御经济波动风险的能力较小，一旦经济不景气，很容易陷入失业状态，成为需要社会救济的贫困人口。

4. 高等教育助学补助制度帮助贫困大学生完成学业

高等教育对于提高薪酬水平和相应的社会地位非常重要,在高等教育普及率越来越高的发达国家,由于免费义务教育的普及,来自低收入家庭的贫困大学生也越来越多,为帮助这些学生完成学业,获得改变命运的机会,发达国家都根据自己的情况和对社会公平的理解,建立了助学援助制度。

但在高等教育阶段,发达国家的做法并不相同,主要原因在于对社会公平的理解,据此可以将发达国家的做法分为三种。

第一种是以美国和日本为代表的有偿资助方式,美国和日本认为,大学生接受高等教育对于社会虽然重要,但受益程度最大和最直接的是其本人,出于社会公平的需要,政府要对贫困大学生进行资助,出于经济效率和受益方的角度,大学生接受的资助不能是无偿的。因此,它们在资助贫困大学生过程中,主要采取助学贷款的方式,贫困大学生可以借入无息贷款,但本金是需要偿还的,而且偿还方式基本上是按照市场化原则进行的,无论学生的收入水平如何都需要还款。另外,对于非常贫困的大学生,政府也会提供一些助学金,比如美国政府设立的佩尔奖学金,但整体金额较少,贫困大学生的主要资金来源还是助学贷款。为降低贫困大学生的还款压力,日本也对选择从事中小学教育和特殊教育的大学生减少甚至免除助学贷款。

第二种是以北欧国家为代表的完全免费的资助方式。北欧国家非常重视社会公平的实现,实行了较为彻底的社会福利制度,对于大学生实行完全免费的学习制度,同时,还会对贫困大学生提供助学金或者学习津贴等,减轻他们的日常生活压力,帮助他们专心完成学业。

第三种是以英国为代表的救助金加合理的助学贷款的资助方式。英国是率先实行福利国家制度的发达国家之一,在20世纪80年代之前,英国与北欧国家类似,都实行的是大学教育免费加上给予贫困大学生生活费津贴的方式,贫困大学生的负担比较轻。撒切尔夫人上台后,对社会保障制度进行了大幅度的改革,体现在高等教育方面,就是高等教育开始收费,为维持贫困大学生的生活,防止他们因为经济原因辍学,英国政府建立了奖学金和助学贷款制度,英国设置的贫困大学生奖学金高于美国的佩尔奖学金，但与大学的整体收费水平和越来越高的生活成本的压力相比，这些奖学金的整体规模也不足。因此，很多贫困大学生就选择需要偿还本金的有偿的助学贷款方式，但英国的助学贷款还款方式要比美国和日本的助学贷款合理，英国政府规定，大学生在大学毕业之后的年收入水平超过21000英镑的时候开始还款，每年还款为不超过收入水平的9%，可以分30年还清。

这三种方式各有利弊，完全免费加助学金的方式，对于资助大学生完成学业以及维持学生大学毕业后的生活是最有利的，对于阻断贫困的代际传递也是最有效的，但财政支出压力也是最大的，英国因为财政压力太大而转变了资助政策。北欧国家作为小国经济，人口有限的条件下，全部免费的方式还是可以继续运作的。但这种资助政策也会带来一定的问题，例如，有的北欧国家大学生会选择一直在学校学习不同的课程，迟迟不愿意毕业等。

完全市场化的助学贷款方式，虽然能够在鼓励大学生自食其力的前提下资助贫困大学生完成学业，顺利获得相对满意的工作，但在经济不景气的情况下，即使大学生也会面临失业，工资薪酬水平也会减少，需要定期偿还的助学贷款本息，会给很多刚刚毕业不久的年轻人带来很大的经济压力，在家庭经济状况不好，无力给予额外支持的情况下，不少大学毕业生甚至因此陷入贫困的境地。

5. 建立了职业教育体系，提高低收入者的职业技能

为了向国家提供更多的合格劳动者，并且帮助每个人尽可能找到适合自己的工作，发达国家都建立了完善的职业教育体系。例如，美国的社区大学、日本的专修学院、英国的继续教育学院、丹麦的民众高等学院，等等都在各自国家提供高等职业教育的功能。这些职业教育学校很多都是地方政府设立的公办学院，即使是私人创办的也大多数都接受政府的经费资助，它们作为国家终身教育理念的运作机构，在提高劳动者素质、为劳动者特别是低收入劳动者获得更好的工作机会方面发挥了很好的作用。这些高等职业教育机构向希望接受培训者提供灵活的培训课程，还有专门为在职者提供的晚间和周末课程，方便学生参加学习，为了帮助低收入者，这些高等教育机构大都对低收入者减免学费，并且免费为失业者提供再就业

培训等。通过高等职业培训，低收入者可以获得高等教育机会，也可以获得新的职业技能，一方面提高他们现有的职业技能，在当前的工作中获得更好的机会；另一方面则通过拓展他们的职业技能，为他们转换工作提供帮助。

除了高等职业教育机构外，在日本、英国以及北欧国家，由于给中学生提供了未来发展路径选择的机会，在高中阶段就建立了各自的中等职业培训体系，主要为初中毕业生提供职业培训，帮助他们在高中毕业即参加工作。同时，政府也会对希望学习某些职业技能的中学毕业后的国民提供的职业培训，这些培训大多也是在职进行的，低收入者可以免费入学，提升职业技能。

6. 免费的公立教育体系教学质量带来的问题

发达国家在公立教育体系之外，也存在很多私立学校，为国民提供从小学到大学的私立教育。一般而言，私立学校的学生学习水平普遍比公立学校要高，在申请大学时会更有可能被名校录取，从而在毕业后获得高收入水平工作的可能性加大。但私立学校的收费要远远高于公立学校，低收入家庭根本无力支付高额的学费和生活费。

另外，由于公立学校实行快乐教学，在高考压力较大的日本，家庭经济条件比较好的学生，都要参加各种补习班，这些补习班的收费高昂，但在其中学习的学生考取名牌大学的可能性会更大，贫困家庭无力将孩子送到私立学校读书，一般而言，他们即使能够考上大学，大多数也并不是排名非常靠前的好大学，毕业后找到好工作的压力仍然非常大。

因此，一些发达国家也开始帮助低收入家庭的孩子接受私立教育，日本为接受私立中学的学生提供学费补助，以帮助低收入家庭的孩子接受私立学校的教育，瑞典则是采取教育券的方式，为普通家庭及低收入家庭的学生提供不同数量的教育券，他们可以拿教育券去私立学校学习。

（二）发达国家教育阻断贫困代际传递政策体系的借鉴意义

发达国家在教育阻断贫困代际传递过程中的一些做法对中国下一步教育扶贫工作有很好的借鉴作用，中国未来可以在以下方面更好地开展工作，发挥教育阻断贫困代际传递的作用。

1. 增加学前教育的支出，使贫困儿童与其他儿童处于同一起跑线

学前教育对于儿童的优生优育具有重要作用，学前教育的社会化，也能够帮助年轻父母顺利工作，发达国家的学前教育已经成为其免费教育体系的一部分，尤其是对于贫困家庭而言更是如此。中国的学前教育即使在大城市都是属于儿童家庭自己的事情，收费较低的公立幼儿园不是大多数孩子可以进去的，私立幼儿园收费昂贵不说，教育质量也不高，甚至会出现虐童事件，红黄蓝幼儿园和携程亲子园等这些存在的只是个案问题，这种状况的学前教育在一定程度上是与政府的缺位有关的，政府在学前教育的服务提供方面还需要做很多工作。例如，建设更多的公立幼儿园，降低幼儿园的费用，增加1—3岁儿童托幼服务，在贫困地区推广托幼服务以及对贫困人口托幼服务的属地化管理和费用减免，给予贫困儿童补助金和津贴，等等，都是将来需要逐步解决的。

此外，尤其是要高度关注贫困儿童的托幼工作，目前，中国有很多贫困家庭无力送孩子入托，只能依靠自己抚养，孩子也完全没有或者没有足够的医疗保险，得病之后得不到很好的护理，导致贫困儿童的优生优育问题比较严重，身体素质并不好。因此，政府需要增加对贫困儿童学前教育的投入，提高他们的综合素质。

2. 切实保障义务教育阶段的支出，实现义务教育阶段的免费就读

在中国的一些脱贫地区，义务教育阶段还是实现不了免费就读，虽然基本上能够做到对相对贫困儿童免收学费和书本费，但文具的费用、吃饭的开销，花在路上的时间等等都制约着这些儿童接受教育，尤其是对于一些相对贫困的家庭而言，连日常的生活费用可能都是较高花费的情况下，送孩子上学使其完成义务教育也是较为困难的事情。

因此，继续加大义务教育开支，是中央和地方政府在教育阻断贫困代际传递时需要着重做好的事情。例如，中央和地方政府可以从免费午餐入手，减免学生的各项在校支出，建设符合标准的校舍，实现公办教师与民办教师的同工同酬，建立对贫困儿童的津贴制度，采取措施解决中小学生的到校交通问题，等等。另外，根据中国实际情况，逐步实现在某一行政区内推广教师定期轮岗制度，实现同一区域的学校教学水平的基本相当等。

3. 优化高等教育学生资助体系，切实减轻学生压力

从中国高等教育的实际情况看，实行高等教育完全免费的政策条件并不具备，因此，从发达国家大学生资助方式看，选择"助学金+助学贷款"的方式是适合中国国情的。同时要坚定地为相对贫困学生免除学费、给予无偿的助学金资助，并要以科学合理的方式确定符合标准的学生。对于来自收入水平不高的贫困家庭或者是低收入家庭的大学生，可以给予部分助学金或部分无息贷款的方式给予资助；对于收入尚可但在支付较高的大学学习费用有困难的大学生，可以给予无息贷款的方式进行资助等；其他的大学生都可以申请付息助学贷款。

在这种模式下，要特别注意优化助学贷款的偿还方式，不能对学生助学贷款的偿还设置"一刀切"的市场化偿还原则，应该要考虑毕业生的承受能力来设置归还的条件。为此可以考虑借鉴英国的经验，为大学毕业生设置一定的薪酬标准，当毕业生的薪酬超过该薪酬标准之后才开始归还助学贷款本息（贫困大学生只需要归还本金），即使毕业生开始归还贷款，也要控制毕业生偿还的贷款金额占其实际薪酬的比例，防止毕业生因为偿还助学贷款而出现生活困难。当毕业生面临失业时，则须允许其延期偿还贷款。另外，为了支持极度贫困大学生，还可以考虑支持他们参军、担任基层工作人员、从事特殊工作、从事艰苦工作，等等，并可以减少甚至完全免去他们的助学贷款。

4. 以实用为导向加强职业教育，为贫困人口提供职业技能培训

与发达国家一样，中国也设立了很多中等和高等职业技术学校，但在教育产业化的背景下，这些学校的运作实际已经脱离了职业教育的目标，开始追求学历教育，追求向学生收缴学费创收。职业教育机构对于提升国民整体素质、提升职业技能、提高劳动生产率都有重要意义，因此，需要对中国的职业教育机构进行重新调整，将其发展重点放到学生的职业教育方面，并且要与区域内或者行业内的大型企业合作，为他们培训合格的产业工人或者文员。同时，职业教育机构也要承担起中国"终身教育"的重任，为区域内的居民提供职业技能培训的同时，还可以根据需求，开设各式各样的生活技能培训课程。

同时，一旦专业的职业教育机构体系建立起来，政府也能够借助相关的职

业教育机构，通过补贴的方式，鼓励其对贫困人口开展职业培训，提升他们的职业素质，助其获得相关的职业资格证书，从而能够找到相对稳定的工作，具备了长期从事某些稳定职业的能力，有能力为其后代提供比他自己小时候好得多的生活水平和教育资源，其孩子大概率上也不会陷入贫困的境地。

与发达国家相比，中国在教育阻断贫困代际传递方面还存在很大的政策空间，可以根据中国实际情况和财政承受能力，对相关任务进行梳理，订立教育资助计划，针对不同情况的贫困人口采取合理的措施，对他们进行切实的教育资助和支持，提升贫困人口的个人素质和职业技能，实现顺利就业，脱离贫困境地。

第六章

教育投入对阻断贫困代际传递的影响路径分析

一 教育投入阻断中国贫困代际传递的理论框架

通过前文构建的中国特色贫困代际传递影响因素理论框架,以及基于此框架的"宏观代际"测度和实践模式总结发现:无论是从全国整体层面的"父辈"与"子辈"收入相关性,还是从省际区域层面的"父辈"与"子辈"的收入代际系数,教育因素都是最为重要的影响因素,其对贫困代际传递的影响最大,也最具有阻断效应。

在梳理国内外扶贫及阻断贫困代际传递政策实践过程中,发现教育政策对于阻断贫困代际传递作用起到主导支撑性作用,但缺乏教育政策与其他政策的系统性互动及紧密配合,当前的扶贫及阻断政策实践中,没有充分认识到教育因素的双重阻断作用。本章将在上述结论基础上,进一步研究教育因素对贫困代际传递的影响路径机制,并且进行实证测度具体影响路径的大小。但是,教育因素包含的范围太广太多,例如,贫困地区高招降分录取政策、少数民族加分政策、教育财政投入政策,等等。而通过本书实证测度发现,教育财政因素的影响效果最为显著。因此,本章重点选取教育财政因素研究教育对贫困代际传递的双重阻断作用机制。

(一)教育投入的直接阻断路径理论框架

直接作用路径是指贫困地区通过教育财政投入的增加,尤其是幼儿园教育与基础义务教育的软件与硬件设施的改善，增强贫困地区家庭子辈教育入学的意愿与积极性。例如，教育硬件设施的改善，包括教学楼与教学设备的更新改造，偏远山区希望小学的建设，文教娱乐体育等配套场馆的建设，从而使得更多农村贫困子辈能够入学获得受教育机会；又如，软件设施的改善，包括鼓励优秀的教师师资力量支教、学生营养餐的财政补助、义务教育学杂费减免等，从而使得贫困地区农村家庭教育财政支出负担减轻，激活增加其子辈的教育投资意愿，使得更多子辈有机会接受基础教育。

随着软硬件设施的改善，更多贫困地区农村家庭子辈接受基础教育，这使得他们人力资本积累显著提升，进而增强其日后就业市场竞争力，增强其摆脱贫困命运的自生能力，增强其获得相对于父辈的较高收入的工作机会，从而阻断贫困代际传递命运。这一直接作用路径可以简单归纳为："贫困地区教育财政投入→贫困地区软硬件设施的改善→贫困地区子辈接受教育机会的增加→贫困地区子辈人力资本积累增加→贫困地区子辈获得相对高收入工作→阻断贫困代际传递"，如图6-1所示。

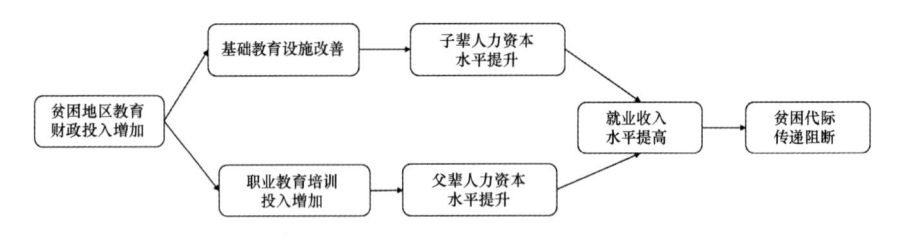

图6-1　教育财政阻断贫困代际传递直接效应

（二）教育投入的间接阻断路径理论框架

教育财政的间接路径是指教育财政因素通过作用其他影响因素，从而间接发生作用，阻断贫困代际传递的发生。根据前文构建的中国特色的贫困代际传递理论框架，中国贫困代际传递影响因素主要包括经济因素、教育财政因素、社会保障因素、生态因素4个方面。本书已经分别从全国及省际区域层面论述了4大因素的各自影响大小。进一步，在这4大因素中，教育财政因素是最为重要核心因素，不仅其自身有直接阻断贫困代际传递

第六章 教育投入对阻断贫困代际传递的影响路径分析

效应,还对其他3个因素具有间接阻断效应。这种具体的间接阻断效应路径如下。

1. 教育投入对经济因素的间接阻断效应路径

国家及地方对贫困农村地区教育财政投入的增加,会从两个方面作用于经济因素来产生间接阻断效应:一方面,从宏观投资来看,侧重于大规模的贫困农村地区教学硬件设施条件改善为主的教育财政投入增加,本身属于一种地方政府投资行为,而根据投资乘数原理,一定程度上会带动贫困地区经济发展和贫困地区居民收入提高,从而增加当地的就业机会以及贫困家庭对子辈的教育投资能力,从而增加子辈人力资本积累水平,提升贫困子辈的就业收入水平,从而阻断贫困代际传递的作用;另一方面,从微观家庭来看,侧重于减免学杂费和优秀师资支教补贴的教育财政投入增加,会一定程度上减轻贫困地区家庭对子辈的教育支出方面的经济负担,增加贫困家庭对子辈的教育投资意愿,使得更多的贫困家庭子辈能够获得接受基础教育的机会。从而使得贫困子辈能够提升人力资本积累水平,发挥教育阻断贫困代际传递的作用,这种效应更为直接明显且可持续。因此,从这两方面来看,教育财政因素会通过经济因素而发生间接的阻断效应。这种间接阻断路径可以简单归纳为"贫困地区教育财政投入的增加→贫困地区经济发展→贫困家庭的子辈教育投资意愿增加→贫困子辈人力资本积累增加→贫困子辈就业收入增加→阻断贫困代际传递",如图6-2和图6-3所示。

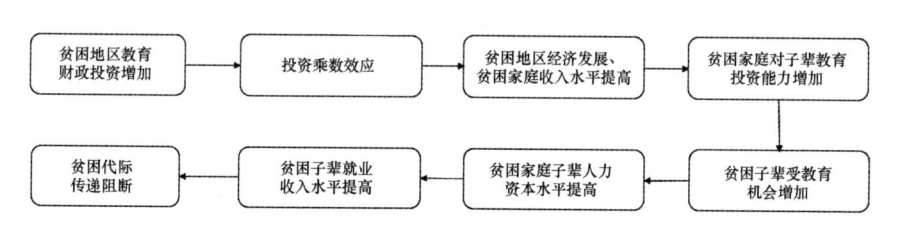

图6-2 教育财政对经济因素的间接阻断效应(1)

2. 教育投入对社会保障(医疗卫生因素)间接阻断效应路径

教育财政对医疗卫生保障因素的间接阻断主要通过宏观医疗水平和微观家庭健康意识两个方面发生作用。

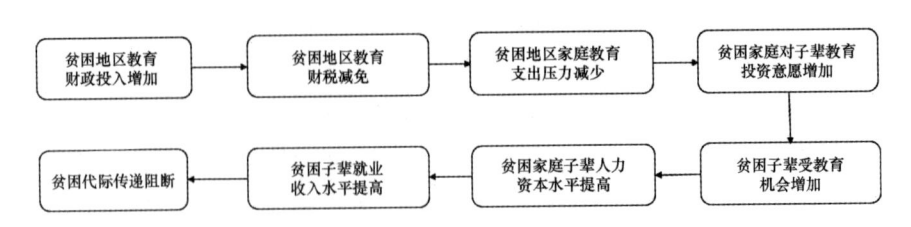

图 6-3 教育财政对经济因素的间接阻断效应（2）

宏观医疗水平方面。随着国家及地方对贫困地区教育财政投入增加，整体教育水平提升，会客观提升医疗护理等方面知识技术水平，从而提高对贫困家庭子辈健康护理的水平，例如，产前检查、婴幼儿关怀等，进而提升其后天身体素质，提升其人力资本积累效率，提高其就业收入水平，阻断贫困代际传递。这一作用路径可以简单概括为："教育财政投入增加→教育水平提升→客观医疗技术水平提升→贫困子辈健康护理水平提升→贫困子辈身体素质提升→贫困子辈人力资本积累效率提升→贫困子辈就业收入水平提升→阻断贫困代际传递"，如图 6-4 所示。

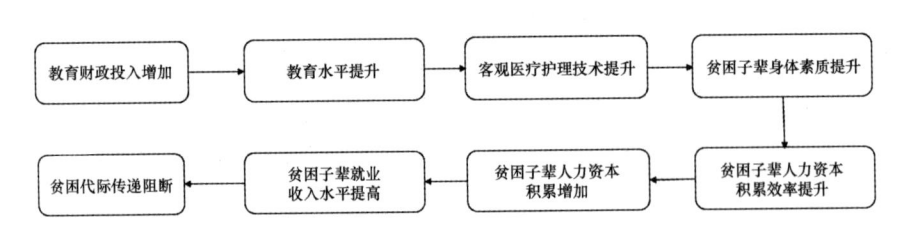

图 6-4 教育财政对医疗卫生保障因素的间接阻断效应（1）

微观家庭健康意识方面。随着国家及地方对贫困地区教育财政投入的增加，贫困地区群众的整体文化知识水平会得到较大程度提升，摆脱过去封闭落后封建的风俗习惯和生活恶习，这其中包括对自身和子辈的健康与医疗认知水平。而随着贫困地区父辈文化知识水平的提升，其对子辈的身心成长主要通过父亲与母亲两方发生作用：父亲方面，随着父辈对自身身体健康的重视，其健康水平的提升，看病就医支出大幅度减少，因病致贫返贫的概率大幅度下降。同时，降低重大疾病遗传给子辈的概率，使得子辈有良好的先天身体素质。母亲方面，随着贫困家庭母亲关于医疗卫生知

第六章 教育投入对阻断贫困代际传递的影响路径分析

识的增长,尤其是贫困家庭母亲的产前照料知识和婴幼儿抚育知识,会增强其子辈的心智发育水平和健康体魄的形成,减少降低后天看病就医的概率。而最终,子辈的良好的身心成长有助于其后天人力资本积累的效率,获得较高的就业竞争力和收入水平,阻断贫困代际传递发生。这种间接阻断效应可以简单归纳为"贫困地区教育财政投入的增加→贫困群众医疗卫生意识提升→健康水平提升→贫困父亲健康水平提升和贫困母亲育儿及产前照料水平提升→贫困子辈身心健康成长→贫困子辈人力资本积累水平提升→贫困子辈后天就业收入水平提高→阻断贫困代际传递",如图6-5所示。

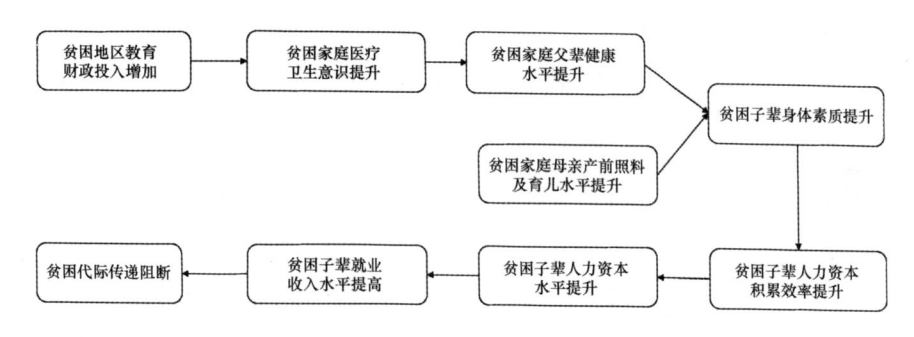

图6-5 教育财政对医疗卫生保障因素的间接阻断效应(2)

3. 教育投入对最低生活社会保障因素(最低生活保障)的间接阻断效应路径

随着国家及地方对贫困地区教育财政投入的增加,贫困地区群众的整体知识水平的提高,社会保障意识也增强,而这会间接发挥其对贫困代际传递的阻断效应。这种作用路径具体来说包括以下两个方面:一方面,随着贫困地区群众整体文化素质提高,其对参与农村养老保险等社会保障项目积极性也提高,从而使得贫困群众基本生活保障程度提高,一定程度上节省了养老、医疗等费用支出,使得有更多的收入用于改善生存环境和进行子辈的人力资本投资,从而增强摆脱世代贫困的命运能力,阻断贫困代际传递发生;另一方面,随着贫困群众科学文化素质提高,一定程度上也激活了其脱贫积极性和自主性,降低了贫困群众的"等、靠、要"心理依赖,从而使得社会保障项目能够覆盖更多急需保障的困难群众,更好地发挥社会保障因素的阻断效应。这种间接阻断效应可以简单归纳为"贫困地区教育财政投入增加→贫困地区群众文化素质提高→参与社会保障项目积极性提高→基本生活保障程度提高→增加改善生存投资→增加改善人力资本投资→贫困地区群众收入水平提高→阻断贫困代际传递",如图6-6所示。

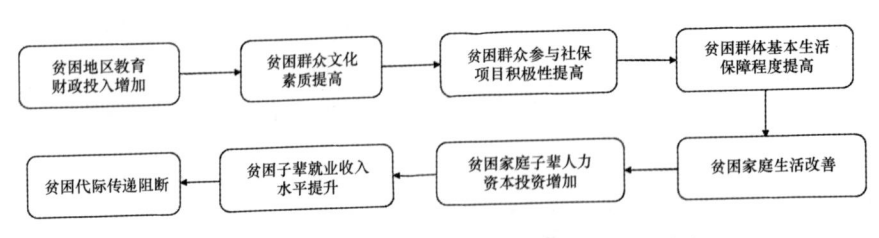

图6-6 教育财政对社会保障因素的间接阻断效应

4. 教育投入对生态因素的间接阻断效应路径

随着国家及地方对贫困地区教育财政投入的增加,贫困地区群众整体的文化知识水平得到较大提升,其中包括生态意识和环保知识的增加。而这会直接使得贫困地区群众逐渐改变落后的粗放的农业生产劳作模式,更加重视生产环境的可持续,致力于提高农业生产效率,而不是依靠传统的毁林开荒、过度使用化肥、过度依靠劳动力等粗放式农业生产扩张。同时,还会理解并配合落实国家及地方的生态扶贫模式,追求绿色高效的农业生产。最终,大幅度提高农业生产效率,并且一定程度上延伸农业产业链增加附加值,发展生态农业,转移传统的农业劳动力,增加农业生产收入渠道和农业收入水平,摆脱世代贫困的命运,进而阻断贫困代际传递。这种间接阻断效应可以简单归纳为"贫困地区教育财政投入的增加→贫困群众知识文化水平提升→贫困群众生态意识和环保知识增加→贫困群众转变传统农业生产模式→贫困地区农业生产效率提高→贫困地区生态农业及农业生态价值提升→贫困地区群众收入水平提高→阻断贫困代际传递",如图6-7所示。

以上是从理论上分析了教育财政投入因素对阻断贫困代际传递的直接作用路径与间接作用路径。接下来,本书将实证测度这两种作用路径的影响大小。

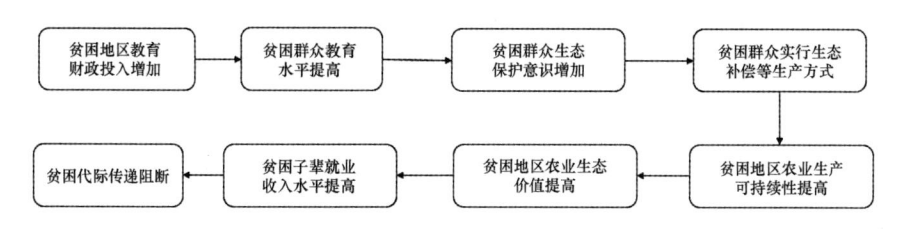

第六章 教育投入对阻断贫困代际传递的影响路径分析

图6-7 教育财政对生态因素的间接阻断效应

二 教育投入阻断中国贫困代际传递的经济分析

在构建了教育财政因素的贫困代际传递阻断路径理论框架的基础上，本章尝试将子代教育投资内生化，构建包含三阶段生命周期的世代交叠模型，探索教育实现阻断贫困代际传递的路径，同时基于CFPS（2010年）数据，分别采用Parzen窗核密度估计法以及建立双对数模型对中国贫困代际传递进行定性及定量分析。通过世代交叠模型的静态分析论证：在未受教育的家庭中，若不通过教育改善，子代将会始终处于贫困状态，即表现为贫困的代际传递；动态分析结果论证：如果在某一期贫困家庭初始教育投资设定达到或超过基础教育投资水平，其将在多代演进后脱离贫困陷阱，即实现贫困在代际间传递的阻断。而后，实证分析结果证实，教育投入水平越高代际收入弹性越小，代际间收入的流动性越大，即越有利于子代跳出贫困状态，从而阻断贫困代际传递。

（一）数理模型构建

1. 模型假设

将生命周期设为三阶段，分别是青少年阶段（时期1）、中年阶段（时期2）和老年阶段（时期3）。

时期1的活动内容：在青少年阶段，个人决定其是否进行教育投资，若进行教育投资，则父代无偿给予其教育支持，即父代为其提供教育资金以及基本消费支出；若不进行教育投资，则其选择进入劳动力市场，获取工资收入w_1，且将获取的工资收入进行消费（C_1）和储蓄（s_1）决策。

时期 2 的活动内容：在中年阶段，个人进入劳动力市场，获取工资收入 $w_2(e)$（$w_2'(e) > 0, w_2''(e) < 0$），即工资收入取决于其青少年阶段的教育水平 e，未受教育家庭个体在中年阶段收入为 w_2，即 $w_2(0) = w_2$，同样在中年阶段需要对工资（或包括储蓄①）收入进行消费（C_2）和储蓄（s_2）决策。

时期 3 的活动内容：在老年阶段，消费其储蓄及退休工资 $\theta w_3(e)$，θ 为退休工资与正常工资收入的比率，外生给定且 $0 < \theta < 1$；对于未接受教育者不享有退休工资，即未接受教育者在老年阶段只能消费其前期储蓄。

在个人同质性假设的基础上，假设不存在资本借贷市场，即若在青少年阶段决定进行教育，不能从资本借贷市场上获取教育资金，而只能从父母那里获取。父代和子代彼此遵守利他原则，父代对子代进行无偿抚养（可视为父代对子代的投资），子代对父代履行赡养义务（可视为子代对父代的回报）。

同时，假设每代人的收入足够其一生消费，且其消费不会超过其一生总收入，即最终父代对子代的投入与子代对父代的回报总额相抵。假设工资随着利率 r 的波动而进行调整，即有 $w_2 = (1 + r)w_1$、$w_3(e) = (1 + r)w_2(e)$。

基于上述假设及描述，个人终生效用可表示为：

$$U = \ln C_1 + \ln C_2 + \ln C_3 \qquad (6-1)$$

其中，C_1、C_2、C_3 分别为青少年阶段、中年阶段和老年阶段的消费。角标 t 代表第 t 代，角标 $t-1$ 代表第 t 代的父代，角标 $t+1$ 代表第 t 代的子代。

2. 模型设定

（1）未受教育家庭情形

根据假设，未受教育家庭中的个体，在青少年阶段直接进入劳动力市场，只能做基础的劳力工作直到退休，且没有退休工资收入，只能依靠中

---

① 如果个人在青少年时期（时期1）决定不进行教育投资，直接进入劳动力市场，其在青少年时期会有储蓄（s_1），因此，在中年阶段（时期2）进行消费和储蓄决策时还需考虑青少年时期的储蓄部分。

年阶段留下的储蓄进行消费,其一生效用 U_t^u 描述为公式 (6-2)。

$$U_t^u = \ln(w_{1t} - s_{1t}) + \ln[w_{2t} + (1+r)s_{1t} - s_{2t}] + \ln[(1+r)s_{2t}]$$
(6-2)

(2) 受教育家庭情形

受教育家庭的情况相对于未受教育的家庭来说更为复杂。由于未受教育的家庭假设子代在青少年阶段就已经开始工作并获取工资收入,因此不需要父母的资金支持。而在受教育的家庭中,青少年阶段的教育资金和消费支出由父代给予;在中年阶段获得工资收入后,再回报于父代。因此受教育家庭个人终生效用构成如下:青少年阶段,将父母的资金支持部分用于教育投资,消费剩下部分的资金;中年阶段,将获得的工资收入部分用于消费,部分用于回报父母,部分用于储蓄,其中储蓄中包含对下一代的青少年阶段的资金支持;老年阶段,消费其退休工资、中年阶段的储蓄以及下一代对其的回报,其中年阶段储蓄要扣除对下一代投资的部分。其一生效用 U_t^e 描述为公式 (6-3)。

$$U_t^e = \ln(\beta_{t-1} - e_t) + \ln[w_{2t}(e_t) - \varphi_t - s_{2t}]$$
$$+ \ln[\theta w_{3t}(e_t) + (1+r)(s_{2t} - \beta_t) + \varphi_{t+1}] \quad (6-3)$$

其中,β 是父代对子代的资金支持,参照第 t 代,β_t 是 t 代对 $t+1$ 代在青少年阶段的投入,β_{t-1} 是 $t-1$ 代对 t 代在青少年阶段的投入;φ 是子代对父代的抚养回报,参照第 t 代,φ_t 是 t 代在中年阶段获得工资收入后对 $t-1$ 代的回报,φ_{t+1} 是 $t+1$ 代对 t 代的回报。

3. 预算约束

个人一生收支平衡,即个体所获收入足够支持其终生消费及教育支出;教育投资与回报相平衡。前者适用于未受教育家庭和受教育家庭,后者只适用于受教育家庭。因此,对于未受教育家庭,预算约束满足公式 (6-4)。

$$C_{1t}(1+r) + C_{2t} = w_{1t}(1+r) + w_{2t} = W_t \quad (6-4)$$

对于受教育家庭,预算约束满足公式 (6-5) 和公式 (6-6)。

$$(e_t + C_{1t})(1+r) + C_{2t} + C_{3t}/(1+r)$$
$$= w_{2t}(e_t) + [\theta w_{3t}(e_t)]/(1+r) = W_t(e_t) \quad (6-5)$$

$$\beta_{t-1} = \varphi_t/(1+r) \qquad (6-6)$$

其中，W_t 和 $W_t(e_t)$ 分别为未受教育家庭和受教育家庭以中年阶段为基期的终生工资收入贴现，$W_t(e_t)$ 与教育投入呈正相关关系，且随着教育投入的增加边际报酬递减。

4. 均衡结果

经计算，未受教育家庭个体的均衡结果①，见公式 (6-7)。

$$U_t^u = 3\ln\left(\frac{2w_{2t}}{3}\right) \qquad (6-7)$$

在未受教育的家庭中，由于个体在青少年阶段没有进行教育投资，所以其终生效用只与其工资收入有关。同时，对于工资处于贫困线以下的家庭，因无法通过教育或其他路径改善效用，因此无法摆脱贫困陷阱，表现为贫困的代际传递。

受教育家庭个体的均衡结果②，见公式 (6-8)。

$$U_t^e = 3\ln\left[\frac{(1+\theta)w_{2t}(e^*) - (1+r)e^*}{3}\right] \qquad (6-8)$$

在最优的教育水平 e^* 时，$W_t'(e^*) = (1+r)$，即教育的边际回报率等于资金的边际回报率。基于此，父代对子代的最优投资水平为公式 (6-9)。

$$\beta^* = \frac{2(1+r)e^* + W_t(e^*)}{3(1+r)} \qquad (6-9)$$

可见在受教育的家庭中，父代对子代在青少年阶段的投资如能实现 $\beta_{t-1} = \beta^*$，即达到最优的教育水平 e^*，将使受教育家庭的个体效用最大化；在这一最优教育水平下，受教育家庭中的个体会持续保持高水平教育和高水平收入。

---

① 在未受教育家庭的均衡分析中，同时得到 t 代人在中年阶段的储蓄 $s_{2t} = 2w_{2t}/3$，在动态分析中将其设定为 s^u。

② 在受教育家庭的均衡分析中，得到 t 代人在中年阶段的储蓄 $s_{2t} = [(1-2\theta)w_{2t}(e^*) - (1+r)e^*]/3$，在动态分析中将其设为 s^e。

第六章 教育投入对阻断贫困代际传递的影响路径分析

(二) 教育投入对贫困代际传递影响的动态分析

依据理性经济人基本假定,只有 $U_t^e \geqslant U_t^u$,即受教育带来的效用大于未受教育的效用,个人才会做出教育投资的决策。该条件可描述为公式 (6-10)。

$$w_{2t}(e^*) + \theta w_{3t}(e^*)/(1+r) - (1+r)e^* \geqslant w_{2t} + (1+r)w_{1t}$$
(6-10)

当以中年阶段为基期的教育收益现值大于等于未受教育的收入现值时,个人将会做出选择教育投资的决策。在受教育家庭未达到最优效用水平之前,即在某一教育投资的初始水平后,将会通过多期的动态调整过程,逐渐使受教育家庭达到最优的教育投资水平,从而达到最优效用水平的稳态均衡。下面将对这一过程进行动态分析。

1. 模型设定

假设未受教育家庭从第 t 代开始决定接受父代的教育投资,但此时父代的储蓄不足以提供最优的教育水平,即教育投资的初始水平 $\beta_{t-1} < \beta^*$。基于父代对子代的利他原则,父代会将其中年阶段储蓄完全用来对子代的青少年阶段的投资,即此时 $\beta_{t-1} = s_{2,t-1} < \beta^*$。自此,从第 t 代开始其效用函数发生变化,由未受教育时的效用函数,变为受不完全教育①的效用函数,见公式 (6-11)。

$$U_t = \ln(s_{2,t-1} - e_t) + \ln[w_{2t}(e_t) - \varphi_t - s_{2t}] + \ln[\theta w_{3t}(e_t) + \varphi_{t+1}]$$
(6-11)

结合其预算约束条件公式 (6-5),新的均衡结果如下:

$$U_t = 3\ln\left[\frac{W_t(e_t) - (1+r)s_{2,t-1}}{2}\right] - \ln\frac{W_t'(e_t)}{1+r} \quad (6-12)$$

---

① 受不完全教育的个体效用不同于前文所述受教育家庭的个体效用,其原因在于父代中年阶段储蓄有限,受不完全教育的个体无法在青少年时期获得最优的教育投入,且其父代会将其中年阶段的储蓄全部投资于子代,故个体老年阶段只能消费其退休工资和下一代对其的回报。其差异体现在公式 (6-11) 中对于老年阶段的效用刻画为 $\ln[\theta w_{3t}(e_t) + \varphi_{t+1}]$,而在受教育家庭个体效用函数,即公式 (6-3) 中,其老年阶段的效用刻画为 $\ln\theta w_{3t}(e_t) + (1+r)(s_{2t} - \beta_t) + \varphi_{t+1}$。

此时个人效用 U_t 与受教育水平 e_t 和上一代在中年阶段的储蓄 $s_{2,t-1}$ 有关，而受教育水平 e_t 的大小又取决于父代对其青少年阶段的投资 β_{t-1}，即父代在中年阶段的储蓄 $s_{2,t-1}$。因此第 t 代的效用 U_t 与第 $t-1$ 代中年阶段的储蓄 $s_{2,t-1}$ 有着密切的关系。

2. 代际间储蓄关系

在对公式（6-11）求解过程中，可得到子代教育 e_t、工资 $W_t(e_t)$ 与父代储蓄 $s_{2,t-1}$ 间的关系，以及代际间储蓄 s_{2t} 与 $s_{2,t-1}$ 的关系，具体如下：

$$W_t^{'}(e_t) = \frac{W_t(e_t) - (1+r)s_{2,t-1}}{2(s_{2,t-1} - e_t)} \quad (6-13)$$

$$s_{2t} = \frac{(1-\theta)w_{2t}(e_t) - (1+r)s_{2,t-1}}{3} \quad (6-14)$$

由于教育的边际报酬递减，所以当 $e_t \leqslant e^*$ 时，$W_t^{'}(e_t) \geqslant 1+r$。由公式（6-13）可得边际教育投资倾向为 $\dfrac{de_t}{ds_{2,t-1}} = \dfrac{3W_t^{'}(e_t) - [W_t(e_t) - (1+r)]}{3W_t^{'}(e_t) - 2(s_{2,t-1} - e_t)W_t^{''}(e_t)}$，且 $0 < \dfrac{de_t}{ds_{2,t-1}} < 1$，即子代教育投入随父代储蓄的增加而增加，但增加幅度小于父代储蓄增加幅度，父代储蓄对子代教育投入的边际倾向小于1，且随着父代储蓄的增加而递减。

为了研究贫困代际传递，需对比代际间收入的变动。由于父代储蓄对子代工资的影响为 $\dfrac{dW_t(e_t)}{ds_{2,t-1}} = W_t^{'}(e_t)\dfrac{de_t}{ds_{2,t-1}} > 0$，在达到最优的教育水平之前，子代的工资收入随父代的储蓄单调递增。因此，可将收入的变化用储蓄的变化来替换，从而可以更直观地进行观测判断。因此由公式（6-14）可以得到代际间的储蓄关系，见公式（6-15）。

$$\frac{ds_{2t}}{ds_{2,t-1}} = \frac{1}{2}\left[W_t^{'}(e_t)\frac{de_t}{ds_{2,t-1}}\frac{1-\theta}{1+\theta} - (1+r)\right] \quad (6-15)$$

3. 代际储蓄的动态分析

在公式（6-15）中，由于 $0 < \left[\dfrac{de_t}{ds_{2,t-1}}\dfrac{1-\theta}{1+\theta}\right] < 1$，所以 $\dfrac{ds_{2t}}{ds_{2,t-1}}$ 可正可负。定义 $\underline{s}$ 为父代能够为子代提供最基础的教育投资时的最低储蓄水平，$\bar{s}$

第六章 教育投入对阻断贫困代际传递的影响路径分析

为父代能够为子代提供最优教育水平投资时的最低储蓄。当 $s_{2,t-1} \to \bar{s}$ 时，$e_t \to e^*$，$W_t'(e_t) \to (1+r)$，$\dfrac{ds_{2t}}{ds_{2,t-1}}$ 为负，子代储蓄与父代储蓄呈反向变动关系；当 $s_{2,t-1} \to \underline{s}$ 时，$e_t \to 0$，$W_t'(e_t)$ 远大于 $1+r$，$\dfrac{de_t}{ds_{2,t-1}} \to 1$，$\dfrac{ds_{2t}}{ds_{2,t-1}}$ 为正，且 $\dfrac{d^2 s_{2t}}{ds_{2,t-1}^2} = \dfrac{1-\theta}{2(1+\theta)}\left[W_t''(e_t)\left(\dfrac{de_t}{ds_{2,t-1}}\right)^2 + W_t'(e_t)\dfrac{d^2 e_t}{ds_{2,t-1}^2}\right] < 0$。

代际间储蓄关系曲线如图6-8所示。①当 $s_{2,t-1} < \underline{s}$ 时，第 t 代人由于父母储蓄过低，无力为其青少年阶段的教育费用及消费进行投资，所以第 t 代人无法接受教育，故其储蓄将始终维持在 s^u（未受教育家庭个体中年阶段的储蓄）。在代际储蓄关系曲线中，s_{2t} 在此范围内保持一条水平线 ab（$a_0 b_0$ 或 $a_1 b_1$，下文将对此两种情况分别进行论述），且满足 $s_{2t} = s^u$。②当 $\underline{s} \leqslant s_{2,t-1} \leqslant \bar{s}$ 时，子代储蓄 s_{2t} 随父代储蓄 $s_{2,t-1}$ 的增加先增加后减少，因此在此范围内，代际间储蓄关系曲线呈现倒U形。③当 $s_{2,t-1} > \bar{s}$ 时，父代已经有足够的储蓄为子代提供最好的教育投资，故子代储蓄将始终保持在 s^e（受教育家庭个体中年阶段的储蓄）。因此代际储蓄关系曲线在此范围内也呈现一条水平线 de（$d_0 e_0$ 或 $d_1 e_1$，下文也将对此两种情况分别进行论述），且满足 $s_{2t} = s^e$。

图6-8所描述的代际间储蓄关系曲线差异（即 $a_0 b_0$ 或 $a_1 b_1$ 以及 $d_0 e_0$ 或 $d_1 e_1$），一是源于 s^u 与 $\underline{s}$：当 $s^u < \underline{s}$ 时为 $a_0 b_0$，当 $s^u \geqslant \underline{s}$ 时为 $a_1 b_1$；二是源于 s^e 与 $\bar{s}$：当 $s^e < \bar{s}$ 时为 $d_0 e_0$，当 $s^e \geqslant \bar{s}$ 时为 $d_1 e_1$。

当未受教育家庭个体的储蓄满足 $s^u < \underline{s}$ 时（$a_0 b_0$），即意味着贫困家庭父母中年阶段的储蓄无法为其子女在青少年阶段进行最基础的教育投资，故其子女也会成为未受教育的群体，维持储蓄 s^u，因此其同样无法为下一代进行教育投资。在此情况中的家庭将陷入贫困陷阱，使贫困在代际间传递。

当未受教育家庭个体的储蓄满足 $s^u \geqslant \underline{s}$ 时（$a_1 b_1$），贫困家庭父母中年阶段的储蓄能够为其子女在青少年阶段进行最基础的教育投资，以获得更

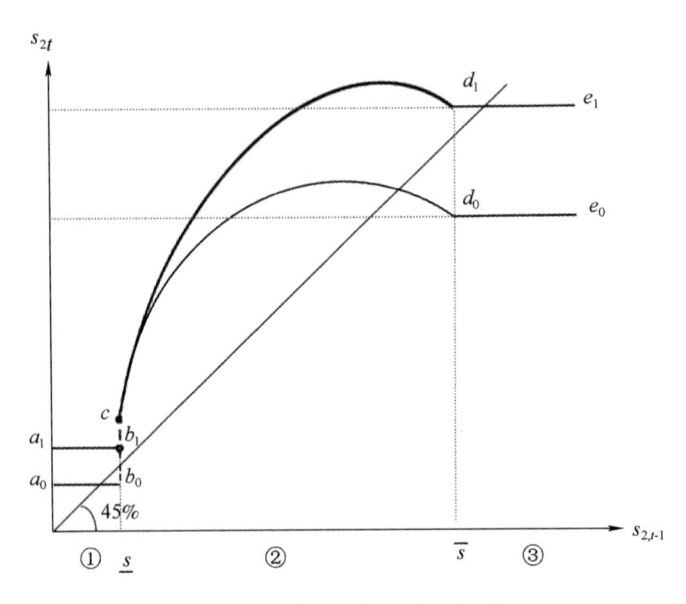

图 6-8 代际间储蓄关系曲线

高的工资和更高的储蓄,并为下一代进行更好的教育投资,进而逐代改善贫困状况,终将在几代调整后便可脱离贫困状态,表现为贫困代际传递的阻断。

当受到最优教育水平时个体的储蓄满足 $s^e \geqslant \bar{s}$ 时 (d_1e_1),表明父代对子代的最优教育投资所得回报大于付出,子代有能力对其下一代也进行最优的教育投资。因此,该类型家庭中的个体将始终保持最优教育投资水平。

当受到最优教育水平时个体的储蓄满足 $s^e < \bar{s}$ 时 (d_0e_0),即父代对子代最优的教育投资并未带来子代储蓄的增加,甚至反而下降,此时投资最优教育的付出小于回报。因此,该类型家庭对子代的教育投资将低于最优水平。

综合上述分析,图 6-8 中刻画了三种家庭类型 I (a_0b_0)、II ($a_1b_1cd_1e_1$)、III ($a_1b_1cd_0e_0$),其中 I 类家庭因父代无法向子代提供最基础的教育投资,子代收入水平低,同样无法为其下一代提供教育投资,因而无法

第六章 教育投入对阻断贫困代际传递的影响路径分析

通过家庭自身脱离贫困陷阱,而使贫困在代际间传递。此时,只能通过外生冲击(如针对贫困群体的教育扶贫)获得达到最基础的教育投资的条件,使其直接由 a_0b_0 跳变至 a_1b_1(满足 $s^u \geq \underline{s}$),便可有脱贫的可能,之后便与Ⅱ类或Ⅲ类家庭变化轨迹一致。接下来本章将重点论述Ⅱ类、Ⅲ类家庭在达到稳态的过程中,如何实现贫困代际传递的阻断。图6-9(Ⅱ)为家庭类型Ⅱ,图6-9(Ⅲ)为家庭类型Ⅲ。

图6-9(Ⅱ)和(Ⅲ)前一部分的分析是一致的,令第0代人中年阶段储蓄 $s_0 = \underline{s}$,第0代人用其储蓄 s_0(C_0点)对第1代人青少年阶段进行投资,则第1代人中年阶段储蓄为 s_1(C_0点),第1代人再将其储蓄 s_1(C_1点)投资于第2代人的教育,第2代人得到 s_2(C_1点)的储蓄,直至均衡。在达到均衡的连续变化过程中,储蓄水平(收入水平)逐代递增,因此必然在某一时期后,子代收入超过贫困线,从而实现贫困代际传递的阻断。

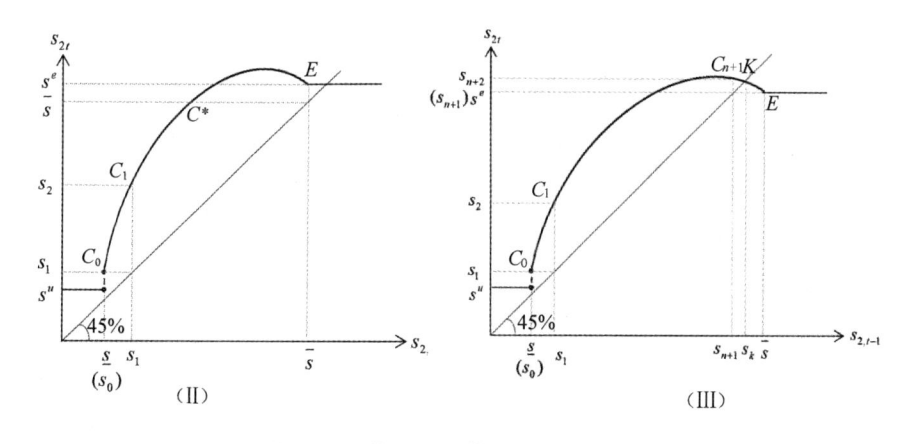

图6-9 代际间储蓄关系（$s^u \geq \underline{s}$）

家庭类型Ⅱ在图6-9(Ⅱ)中经过代际间储蓄的动态变化,最终将达到稳态 E 点。父代对子代进行最优教育投资 $\bar{s}$,子代获得最优的教育水平时的储蓄 s^e,子代再从中抽出 $\bar{s}$ 对其后代进行投资,于是该家庭类型中所有后代的储蓄和投资将维持在稳态 E 点。而且只要达到 C^* 点或者 C^* 点之后任意一点，从此代人开始便会始终选择最优的投资 $\bar{s}$。

然而，家庭类型Ⅲ在图6-9（Ⅲ）中 E 点为非稳态点，因为如果假设第 n 代人给予 n+1 代人最优投资 $\bar{s}$（E 点），则第 n+1 代人的储蓄 $s_{n+1}=s^e$（E 点），此时 $s^e<\bar{s}$，所以第 n+1 代人无法为第 n+2 代人提供最优的投资水平，只能为其投入 s_{n+1}（C_{n+1} 点），第 n+2 代人获得 s_{n+2}（C_{n+2} 点），直到第 k 代储蓄达到 s_k（K 点，k>n），则其后代的储蓄和投资都将维持在 s_k，即在图中 K 点达到稳态。对于这类家庭来说，个体的收入和储蓄始终无法满足子代的最优教育投入，其效用会保持在一个略低于最优效用的水平。

可见，教育若通过外生冲击，如政府或社会救助，或是通过家庭内生决策，都是阻断家庭贫困在代际间传递的有效因素。

三　教育投入对中国贫困代际传递阻断路径的实证检验

本节将延续前文全国及区域层面的"宏观代际"理论框架及测度分析方法，重点测度教育财政因素的直接与间接阻断效应大小。

（一）变量选择与数据处理

测度所需要的变量数据与第三章测度所用的变量数据完全一致，即数据来源与数据处理方法也完全一致，不做任何变动。

1. 被解释变量

被解释变量延续前文实证测度所用的"宏观代际"弹性系数，该指标变量记作 y，其测度过程中所需要用的数据来源于《中国农村贫困监测报告2017》以及中国国家统计局历年统计年鉴，实证过程该变量取对数。

2. 解释变量

解释变量是合成解释变量，即第三章测度所用的教育因素的解释变量分别与其他五个因素相乘而得的新的解释变量。具体如下。

第六章 教育投入对阻断贫困代际传递的影响路径分析

教育财政对经济因素的间接阻断效应——GDP 总量与教育财政交叉变量。该变量重点考察教育财政投入因素对经济因素中 GDP 总量的作用,然后经济因素再对"宏观代际"发挥阻断作用。为此,构造解释变量($\ln x_3 \cdot \ln x_1$)。

其中,$\ln x_3$ 即第三章实证测度所选取的教育财政投入因素,选取来源于中国各省份"地方公共财政支出:教育"数据指标,时间范围为"1998—2016 年",将该时间范围的指标数据取均值,记作 x_3,单位为亿元,数据来源 Wind 数据,实证过程该变量取对数;而 $\ln x_1$ 即第三章实证测度所选取的各省区域的"GDP:不变价"数据指标,时间范围"1979—2016 年",将这一时间段的"GDP:不变价"总量取均值,作为解释变量,记作 x_1,单位为亿元,数据来源 Wind 数据,实证过程该变量取对数。

教育财政对经济因素的间接阻断效应——非农产值与教育财政交叉变量。该变量重点考察教育财政投入因素对经济因素中非农产值的作用,然后经济因素再对"宏观代际"发挥阻断作用。为此,构造解释变量($\ln x_3 \cdot \ln x_2$)。

其中,$\ln x_3$ 变量含义和数据来源同上;而 $\ln x_2$ 即第三章选取的各省"非农产业产值"数据指标,时间范围"1979—2016 年",将这一时间段的数据取均值,记作 x_2,单位为亿元,数据来源 Wind 数据,实证过程该变量取对数。

教育财政对社会保障因素(医疗卫生保障因素)的间接阻断效应——教育财政与医疗卫生交叉变量。该变量重点考察教育财政投入因素对医疗卫生因素中的作用,然后医疗卫生因素再对"宏观代际"发挥阻断作用。为此,构造解释变量($\ln x_3 \cdot \ln x_4$)。

其中,$\ln x_3$ 变量含义和数据来源同上;$\ln x_4$ 变量即第三章所选取的各省"地方公共财政支出:医疗卫生与计划生育"数据指标,时间范围为"1996—2016 年",该时间范围的指标数据取均值,记作 x_4,单位为亿元,数据来源 Wind 数据,实证过程该变量取对数。

教育财政对社会保障因素(民生支出保障因素)的间接阻断效应——教育财政与社会保障因素交叉变量。该变量重点考察教育财政投入因素对社会保障因素中的作用,然后社会保障因素再对"宏观代际"发挥阻断作用。为此，构造解释变量（$\ln x_3 \cdot \ln x_5$）。

其中，$\ln x_3$ 变量含义和数据来源同上；$\ln x_5$ 即第三章所选取各省"民政事业费支出"数据指标，时间范围"1979—2016 年"，将这一时间段的数据取均值，记作 x_5，单位为亿元，数据来源 Wind 数据，实证过程该变量取对数。

教育财政对生态因素的间接阻断效应——教育财政与生态因素交叉变量。该变量重点考察教育财政投入因素对生态因素中的作用，然后生态因素再对"宏观代际"发挥阻断作用。为此，构造解释变量（$\ln x_3 \cdot \ln x_6$）。

其中，$\ln x_3$ 变量含义和数据来源同上；$\ln x_6$ 即第三章所选取的各省"本年林业投资完成额：国家投资"数据指标，时间范围"1999—2016 年"，将该时间范围的指标数据取均值，记作 x_6，单位为亿元，数据来源 Wind 数据，实证过程该变量取对数。

3. 数据处理

由于本章节是延续前文第三章实证测度，测度过程所需变量数据全部沿用第三章，故本章节涉及的数据处理过程与前文完全一致，不再赘述。

（二）模型构建

根据上述变量指标数据，采用贫困测度方法双对数模型，基于省际区域层面进行测度，但由于测度的是间接传递效应，故采取解释变量交叉相乘的形式，简单改造了前文的双对数模型，如下所示：

$$\ln y = c + \alpha_i \times \ln x_3 \times \ln x_i + \delta \quad (6-16)$$

公式（6-16）中，y 为 1979—2016 年中国省际层面"宏观代际"弹性系数；c 为常数项；α_i 为间接阻断效应；x_i 为除去教育财政因素变量 x_3 之外的 x_1，x_2，x_4，x_5，x_6，为各影响因素变量，其值取上述变量指标在 1979—2016 年的平均值（均值范围时间段至少为 1998—2016 年）；δ 为残差。

（三）实证结果分析

采用上述交叉变量双对数模型，基于省际区域层面的"宏观代际"测度，实证分析教育财政投入因素的间接传递效应，具体实证回归结果如表

第六章 教育投入对阻断贫困代际传递的影响路径分析

6-1所示。

表6-1　中国省际区域层面教育财政因素贫困"宏观代际"传递效应结果（直接效应与间接效应）

变量	模型1	模型2	模型3	模型4	模型5	模型6
c	5.64 (0.0000)	4.94 (0.0000)	4.93 (0.0000)	4.63 (0.0000)	4.54 (0.0000)	4.07 (0.0000)
$\ln x_3$	-0.31*** (0.0008)					
$\ln x_3 \cdot \ln x_1$		-0.02*** (0.0002)				
$\ln x_3 \cdot \ln x_2$			-0.02*** (0.0001)			
$\ln x_3 \cdot \ln x_4$				-0.03*** (0.0009)		
$\ln x_3 \cdot \ln x_5$					-0.03*** (0.0051)	
$\ln x_3 \cdot \ln x_6$						-0.01 (0.4845)
调整 R^2	0.30	0.37	0.38	0.32	0.21	-0.02
R^2	0.32	0.40	0.40	0.30	0.24	0.02
F 值	14.12	18.83	19.31	13.78	9.17	0.50

注：*** 表示通过1%显著性检验。

从上述基于省际区域层面的教育财政的间接传递效应实证测度结果来看，整体上呈现以下几个特征：第一，教育财政投入因素对其他因素确实存在显著的间接阻断效应。第二，教育财政投入因素的间接阻断效应较直接阻断效应较小，呈现直接效应为主、间接效应为辅的特征。第三，教育财政投入因素对以林业投资为主的生态因素不存在间接阻断效应。这也证明了林业投资为主体的生态扶贫模式既不具备直接也不具备间接的贫困代际传递的阻断效应。而具体来看各个模型，其计量和经济学含义特征如下。

第一，从表示教育财政投入的直接效应的模型1来看，其解释变量的回归系数显著，并且系数绝对值是所有模型中最大的，这表明教育财政投入因素呈现"直接效应为主，间接效应为辅"特征。

其中，模型1中解释变量$\ln x_3$的回归系数为-0.31，并且通过了显著性检验，而表示间接传递效应的模型2—模型6中，解释变量的系数绝对值不超过0.03。这表明，教育财政投入因素的直接阻断效应达到30%，而对其他因素的间接阻断效应不超过3%。这说明，教育财政投入因素的阻断效应呈现"直接效应为主、间接效应为辅"的特征。

第二，从表示对经济因素的间接阻断效应的模型2和模型3来看，其解释变量的回归系数均显著，这表明教育财政投入因素对经济因素的间接阻断效应明显。

其中，模型2中解释变量的（$\ln x_3 \cdot \ln x_1$）系数为-0.02，其计量经济学含义为解释变量变动1个单位，被解释变量$\ln y$反向变动0.02个单位，而其经济学含义为教育财政投入因素影响经济总量增长对贫困代际传递的间接阻断效应为2%。

模型3中解释变量（$\ln x_3 \cdot \ln x_2$）系数为-0.02，其计量经济学含义为解释变量变动1个单位，被解释变量$\ln y$反向变动0.02个单位，而其经济学含义为教育财政投入因素影响非农产业产值对贫困代际传递的间接阻断效应为2%。

第三，从表示社会保障因素（医疗卫生保障因素）的间接阻断效应的模型4来看，解释变量的回归系数显著，这表明教育财政投入因素对医疗卫生保障因素的间接阻断效应明显。

模型4中解释变量（$\ln x_3 \cdot \ln x_4$）系数为-0.03，其计量经济学含义为解释变量变动1个单位，被解释变量$\ln y$反向变动0.03个单位，而其经济学含义为教育财政投入因素影响医疗卫生因素对贫困代际传递的间接阻断效应为3%。

第四，从表示社会保障因素（民生支出保障）间接阻断效应的模型5来看，解释变量的回归系数显著，这表明教育财政投入因素对社会保障因素的间接阻断效应明显且间接阻断效应最大。

模型 5 中解释变量（$\ln x_3 \cdot \ln x_5$）系数为 -0.03，其计量经济学含义为解释变量变动 1 个单位，被解释变量 $\ln y$ 反向变动 0.03 个单位，而其经济学含义为教育财政投入因素影响民生支出保障因素对贫困代际传递的间接阻断效应为 3%。并且，其系数绝对值达到最大，说明教育财政投入对贫困地区社会保障因素的间接阻断效应达到最大。这也验证了前文的理论分析，说明随着对贫困地区教育财政投入的逐步增加，能够间接促进贫困地区群众积极参与社会保障项目，从而较好地促进农村社会保障项目发挥贫困代际传递阻断作用。

第五，从表示生态因素的间接阻断效应的模型 6 来看，解释变量的回归系数不显著，这表明教育财政投入因素对生态因素的间接阻断效应不明显。

模型 6 中解释变量（$\ln x_3 \cdot \ln x_6$）系数 -0.01，为所有模型中最小的解释变量系数，并且其系数没有通过显著性检验。而且，其调整的可决系数 R^2 为负数，其计量经济学含义为该解释变量因素对被解释变量没有任何解释力度。而这一回归结果，其经济学含义为教育财政投入对生态因素的间接阻断效应非常小，几乎没有间接阻断效应。而根据前文基于全国与省际层面的测度发现，生态因素也不具备直接阻断贫困代际传递效应。而具备直接阻断效应是间接阻断效应的充分条件，没有直接效应必然没有间接效应，因此，这里的实证结果也是对关于生态因素直接阻断效应测算的印证。综合来看，以林业投资为主的生态扶贫模式不具备任何阻断贫困代际传递效应，这为今后中国深入推进扶贫攻坚及阻断贫困代际传递实践工作，提供了一定的理论借鉴价值。

四 教育投入对中国贫困代际传递的阻断路径研究

（一）变量选择与数据处理

使用 2010—2018 年五次 CFPS 调查数据，CFPS 是一项全国性、综合性的社会跟踪调查项目，是由北京大学中国社会科学调查中心实施的一项旨在通过跟踪搜集个体、家庭、社区三个层次的数据，反映中国社会、经济、人口、教育和健康的变迁，为学术研究和公共政策分析提供数据基础。2010 年 CFPS 数据调查样本覆盖了全国 25 个省，共采访了 14906 户家庭，42590 位个体。之后年度的调查是以 2010 年界定出来的基线家庭成员及其今后的血缘、领养子女作为样本进行追踪调查。CFPS 重点关注中国居民的经济与非经济福利，以及包括经济活动、教育成果、家庭关系与家庭动态、人口迁移、健康等在内的诸多研究主题，包含了丰富的个人和家庭信息。

关键变量为子代收入、父代收入与子代教育。

子代收入 y_{ci}。收入作为衡量贫困的重要代理变量。采用 CFPS 调整后①的个人收入作为被解释变量，避免了农村家庭从事农业生产的收入被低估，进而低估贫困家庭收入的情况，提高了衡量精确度。

父代收入 y_{pi}。使用经调整后的父亲个人收入作为父代收入的代理变量。而未将母亲收入计入是因其具有极大的不稳定性，极易受家庭内外部因素影响。另外，由于本章研究重点在于贫困父代将贫困传递给子代的情况，所以，根据不同的贫困定义对父代收入进行筛选，具体标准将在下文进行详细介绍。另外，基于 CFPS 追踪调查这一特点，利用 2010—2018 年五次调查数据②，对个体 5 年的收入数据进行匹配，以此计算子代和父代多年的收入均值，用这一数据进行回归，以此降低个体持久收入测度偏差③。

---

① 调整后的个人收入计算方法：首先使用自报的个人工资收入进行赋值；如果缺失或者小于 100 元，则用家庭人均纯收入进行替代。因为从事农业生产的个人，其农业工作的收入通常以家庭为生产单位计算，不在个人工资中体现。这样替代避免了农村家庭从事农业生产的收入被低估的情况。

② 根据 2010—2018 年 CFPS 数据，利用各年成人库、家庭成员库、家庭经济库匹配得到个人的年龄、出生年月、性别、最高学历、家庭人均纯收入等数据；利用 2010 年成人库数据对 2012—2018 年各年民族数据进行匹配；对各年数据分别进行父代和子代收入匹配，只保留匹配成功的父代与子代数据。对 2010—2018 年数据进行纵向合并，并计算个体受义务教育影响年限，得到基础回归数据库，五年共 43135 对样本。

③ 个体收入匹配情况如下：266 个样本没有数据、6515 个样本有 1 年收入数据、7906 个样本有 2 年收入数据、10279 个样本有 3 年收入数据、10539 个样本有 4 年收入数据、7630 个样本有 5 年收入数据。去除实证过程中涉及变量的数值缺失样本，最后剩下 16414 个观测值。

第六章 教育投入对阻断贫困代际传递的影响路径分析

子代教育 E_{ci}。采用 CFPS 中原有的受访者最高学历作为受教育水平的代理变量，取值为 0—8 的离散变量。

（二）定性分析——核密度估计

首先通过对样本父代与子代收入的直接观测，定性地判断二者间的相关关系。具体采用 Parzen 窗核密度估计法[1]进行判断，相较于传统所采用的散点图，核密度估计有两点优势：第一，密度等高线图更有利于观察出父代和子代收入对数的分布随子代教育水平的变化；第二，通过估计出总体分布，较只基于离散样本而描绘的散点图，信息更全面从而准确性更高。

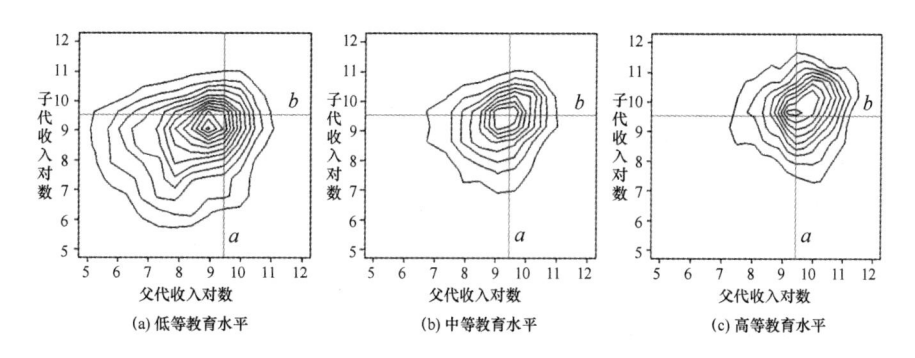

图 6-10 二元密度等高线图示

注：受教育程度在小学及以下为低教育水平，高中及以下为中等教育水平，高中以上学历为高等教育水平群体。

图 6-10 是通过非参估计的父代收入对数与子代收入对数的二元密度等高线图，分别表示子代处于低教育水平（a）、中等教育水平（b）和高等教育水平（c）的不同群体，图 6-10 中所示区域内含有 99% 的样本。其中，直线 a 和 b 分别代表父代和子代收入的均值。从最外圈到最内圈，密度逐渐上升，也即样本量逐渐增加。轮廓线密集处代表相邻父代—子代收入对数的样本量差异较大。图 6-10 一致性的变化趋势表现出父代—子

---

[1] 核密度估计是 Parzen 于 1962 年提出，适用于数据的分布无法事先假定的情况，是一种适应性更广的密度估计方法。

代收入样本对数向右上方移动，说明随着子代教育水平的提高，子代和其父代的收入在逐渐提高。子代收入的逐渐提高说明了教育水平对收入有正向作用，而父代收入的逐渐提高印证了前文假设：父代收入越高可以为子代提供的教育水平越高。特别是图6-10（a）相较于图6-10（b）和图6-10（c）包含更多的低收入的父代，表明这部分父代的收入不足以支持其子代接受中等或高等的教育。另外，在父代收入水平相同时（如父代收入均值处），从图6-10（a）到图6-10（c），子代收入在不断提高，同样印证了教育对于改善子代收入有正向作用。同时，图6-10（a）到图6-10（b）的子代收入上升幅度，尤其中心密度最大处，远大于从图6-10（b）到图6-10（c）的上升幅度，可一定程度反映出教育对收入的边际作用递减，因此可能存在一个最优教育水平，使得子代收入及效用最大化。

本章主要关注父代贫困与子代贫困之间的代际联系，因此将重点关注父代收入低于均值的群体。再次观测图6-10中均值 a 左侧的部分，中心密度较高处也即样本量最多处的子代收入在上升，且父代收入低于均值 a，子代收入低于均值 b 的区域，即左下角区域，样本量占比随着子代教育水平的提高在逐渐递减，表明父代处于低收入、子代也处于低收入水平的群体比重在减少。可尝试解释为随着子代教育水平的提高，代际贫困的现象在减少。另外，中心密度较高处的子代收入提高的同时，父代收入低于均值 a，子代收入高于均值 b 的区域，即左上角区域的轮廓线从图6-10（a）—（c）在逐渐稀疏。图6-10（a）最为密集，表明图6-10（a）左上角区域的样本量从中心处逐渐递减的最多，即图6-10（a）左上角区域的群体占比最少，图6-10（b）次之，图6-10（c）占比最高。因此，可尝试得出随着子代教育水平的提高，子代跳出贫困的群体占比逐渐上升。

从图6-10中，可以简易判断出教育能够提高子代收入水平，进而对阻断贫困代际传递起到积极作用。但上述结论基于观测得出，尚不严谨，且未能考虑其他因素对贫困代际传递的影响，基于此，下文将在充分考虑一系列控制变量的基础上，对教育影响贫困代际传递结果进行回归分析。

(三) 实证模型及结果

为更加准确验证教育对贫困代际传递影响，采用 2010—2018 年 CFPS 数据，在充分考虑一系列控制变量的基础上，对教育影响贫困代际传递结果进行回归分析。

1. 模型介绍

第一步，构建如下双对数模型作为基准回归方程：

$$\ln y_{ci} = \beta_0 + \beta_1 \ln y_{pi} + \beta_2 E_{ci} + \beta_3 \ln y_{pi} \cdot E_{ci} + \beta X + \delta_i + t_i + \varepsilon_i \quad (6-17)$$

其中，y_{ci} 指第 i 个家庭中子代的终身收入，y_{pi} 指第 i 个家庭中父代的终身收入。而判断个人的终身收入在实际操作中是非常困难的，目前学术界关于这一问题的修正办法主要有两种：第一，引入更多年份收入均值以稳定短暂震荡（Mazumder，2005；Solon，1992；Zimmerman et al.，1992）；第二，通过父代和子代的年龄选择来克服，具体将子女年龄控制在 30 岁及以上，父辈年龄控制在 60 岁及以下（卢盛峰和潘星宇，2016；Haider & Solon，2006；Baker & Solon，2003）。这里将选取第一种方法对实证数据进行处理，以便得到更加准确的代际弹性估计系数。E_{ci} 指第 i 个家庭中子代的教育程度；X 则包括一系列的控制变量（见表 6-2），如子代年龄、父代年龄、子代健康、子代精神状况等；t_i 表示时间固定效应；δ_i 表示省份固定效应；系数 β 则代表代际间的收入弹性，介于 0—1 之间，β 值越大说明代际间收入的相关性越高。对于贫困家庭样本来说，系数 β 值越大表明贫困代际传递效应越明显。

第二步，为解决个人能力等不可观察变量所导致的内生性问题，选取"是否受九年义务教育法影响"作为工具变量，已有多个研究表明这一工具变量的有效性（刘生龙等，2016；郭四维等，2019；段义德，2020），采用两阶段最小二乘法（2SLS）对基准模型进行修正，具体方程如下：

$$E_{ci} = \alpha_0 + \alpha_1 T_{ci} + \alpha_2 \ln y_{pi} \cdot T_{ci} + \alpha_3 \ln y_{pi} + \lambda_i \quad (6-18a)$$

$$\ln y_{pi} \cdot E_{ci} = \eta_0 + \eta_1 T_{ci} + \eta_2 \ln y_{pi} \cdot T_{ci} + \eta_3 \ln y_{pi} + \theta_i \quad (6-18b)$$

$$\ln y_{ci} = \beta_0 + \beta_1 \ln y_{pi} + \beta_2 \hat{E_{ci}} + \beta_3 \ln y_{pi} \cdot \hat{E_{ci}} + \beta X + \delta_i + t_i + \varepsilon_i$$

$$(6-18)$$

表 6-2　　　　　　　　　　变量说明及统计描述①

变量	变量解释	平均值	标准差
子代收入（y_{ci}）	受访者收入	26870.64	61500.20
父代收入（y_{pi}）	受访者父亲收入	11610.1	15108.37
子代教育（E_{ci}）	受访者最高学历，为 0—8 的离散变量②	3.52	1.40
子代性别（X_1）	女 =0，男 =1	0.69	0.46
子代年龄（X_2）	受访者年龄，为 16—70 的离散变量	29.70	7.08
子代年龄平方（X_3）	受访者年龄平方	931.95	461.72
子代户口状况（X_4）	受访者户籍状况，1 为农业户口，3 为非农业户口	1.58	0.91
子代对未来信心（X_5）	为 1—5 的离散变量，值越大代表信心越大	4.04	0.95
子代健康（X_6）	受访者自评健康，健康 =1，一般 =2，比较不健康 =3，不健康 =4，非常不健康 =5	2.33	1.10
子代民族（X_7）	受访者民族背景，为 1—38 的离散变量③	1.58	2.50
父代社会地位（X_8）	受访者父亲自评社会地位，为 1—5 的离散变量，值越大代表社会地位越高	2.96	1.04
父代年龄（X_9）	受访者父亲年龄，为 36—90 的离散变量	57.11	9.01

其中，公式（6-18a）、公式（6-18b）为第一阶段估计式，公式（6-18）为第二阶段估计式。公式（6-18）中共含有两个内生变量，分别为子代受教育程度（E_{ci}）、交互项（$\ln y_{pi} \cdot E_{ci}$），针对两个内生变量选取的工具变量分别为 T_{ci}、$\ln y_{pi} \cdot T_{ci}$。T_{ci} 表示样本受义务教育法颁布实施影响的事件长短。以 6 岁入学，9 年义务教育，学生在 9 月开学、6 月毕业进行推算④。可得，1972 年 8 月出生的儿童恰好比 1972 年 9 月出生的儿童早一年入学；1971 年 8 月之后出生的个体将受 1986 年义务教育法颁布实施

---

① 样本观测值为 16414。
② 其中，文盲 =0；幼儿园 =1；小学 =2；初中 =3；高中 =4；大专 =5；大学本科 =6；硕士 =7；博士 =8。
③ 在回归时对该变量进行虚拟化处理。
④ 《开学时间的三次大变革》，《太行日报》2017 年 9 月 23 日。

第六章 教育投入对阻断贫困代际传递的影响路径分析　　　　　　　　　　179

的影响，且受义务教育法影响的时间随着出生年份的延后而增加（段义德，2020；郭四维等，2019）。因此，当样本出生于 1971 年 8 月及之前，T_{ci} 定义为 0。样本出生于 1971 年 9 月（包含 9 月）至 1972 年 8 月（包含 8 月）间，T_{ci} 定义为 1。以此类推，样本出生于 1979 年 9 月及以后，T_{ci} 定义为 9。另外，由于个别省份颁布本省义务教育法实施办法的时间有所不同，按各省份颁布义务教育实施办法的实际年份对 T_{ci} 进行相应调整。

第三步，为解决追踪调查数据中由于数据采集限制带来的样本选择问题，构建了基于工具变量的 Heckman 模型（IV - Heckman）（杨汝岱等，2011；陈云松，2012；孙光林等，2019）。估计步骤如下。

（1）在包含已追踪个体和流失个体的全样本中，使用 Probit 模型估计样本被追踪到的概率：

$$P(track_{ci}) = \gamma_0 + \gamma_1 \ln y_{pi} + \gamma_2 E_{ci} + \gamma_3 \ln y_{pi} \cdot E_{ci} + \gamma_4 coop_{ci} + \gamma X + \varepsilon_i$$
$$(6-19)$$

其中，$track_{ci}$ 表示个体 ci 追踪成功与否的指示变量，如果个体 ci 追踪成功，则 $track_{ci}$ 取值为 1；如果个体 ci 数据流失，则 $track_{ci}$ 取值为 0。$coop_{ci}$ 表示个体 ci "急于结束调查的程度"①。在影响个体追踪成功与否的一系列因素中，必须包含至少一个只影响个体 ci 追踪成功与否，但不直接影响其收入变量。为此，选择 $coop_{ci}$ 作为识别变量②。为了修正个体流失导致的样本选择问题，还需要计算已追踪样本的逆米尔斯比（inverse mills ratio, IMR），估计可根据 IMR 的显著性判断模型中是否存在样本选择问题。

（2）对于已追踪样本，使用 2SLS 估计下式：

$$\ln y_{ci} = \zeta_0 + \zeta_1 \ln y_{pi} + \zeta_2 \hat{E_{ci}} + \zeta_3 \ln y_{pi} \cdot \hat{E_{ci}} + \zeta_4 IMR_{ci} + \zeta X + \varepsilon_i$$
$$(6-20)$$

其中，IMR_{ci} 表示个体 ci 的逆米尔斯比，其余变量与式（6-15）相同。对式（6-20）做 2SLS 估计，得到的估计值 ζ_2 既考虑了教育的内生性问

---

① CFPS 调查问卷中含有这一变量，该取值为 1—7 的离散变量，数值越大，样本急于结束调查程度越高。

② "急于结束调查的程度"反映了调查者对回答问卷的意愿，急于结束程度越大，越有可能在下一次调查中拒绝参与调查，造成样本流失，但"急于结束调查的程度"对样本收入并无直接影响。因此，该变量可作为识别变量。

题，又考虑了已追踪个体的样本选择问题。

为测度贫困代际传递程度及教育的影响，需确定贫困线对样本进行筛选。基准回归中采用福斯（Fuchs，1967）提出的方法确定相对贫困线，即以有效样本中全部个体收入的中位数，作为当年父辈的相对贫困线①。

2. 实证结果

表6-3汇报了教育对贫困代际传递影响的 IV 实证结果。为解决由于个人能力等不可观察变量所导致的内生性问题，利用中国在1986年颁布实施义务教育法这一政策变化，采用两阶段最小二乘方法（2SLS）来研究教育对贫困代际传递的影响，并将实证结果与普通最小二乘（OLS）的回归结果进行对比分析。其中，第（1）—（4）列为 OLS 的实证结果，第（5）—（8）列为工具变量模型的回归结果。回归结果表明，各列教育变量均显著为正，表明教育对阻断贫困代际传递具有显著的正向作用。同时，通过比较 OLS 和 IV 两种办法的回归结果可以看出，OLS 显著低估了贫困代际收入弹性以及教育的阻断作用。第（4）列 OLS 回归结果显示，贫困代际收入弹性为0.0581，表明父代收入变动1%，子代收入将变动0.0581%；教育变量的回归系数为0.250，表明子代学历提升一个层级，收入将增加0.250%②。第（8）列使用工具变量模型回归，结果表明贫困代际收入弹性增加为0.111，表明父代收入变动1%，子代收入将变动0.111%；教育变量的回归系数增长至0.569，表明子代学历提升一个层级，收入将增加0.569%，显著高于 OLS 模型的回归结果。

父代收入对数与受教育程度的交叉项系数表明不同受教育程度群体间的代际弹性差异，从表6-3回归结果可以看出，这一系数显著为负。表明随着受教育程度的提高，代际收入弹性将逐渐降低，代际间收入的流动性更大。因此，对于贫困家庭来说，子代受教育程度越高，受父代低收入水平影响越小，越有利于跳出代际贫困陷阱，这与前文数理模型推导结果保持一致。

---

① 为检验结果的稳健性，在稳健性检验部分，采取了另两种贫困定义方式进行回归。
② 学历层级划分为未上学、幼儿园、小学、初中、高中、大专、大学本科、研究生（硕士、博士）。

第六章 教育投入对阻断贫困代际传递的影响路径分析

表6-3 教育对贫困代际流动影响的实证结果

	(1)	(2)	(3)	(4)	(5)	(6)	(7)	(8)
	\multicolumn{4}{c}{OLS}	\multicolumn{4}{c}{IV}
	原始样本		调整样本		原始样本		调整样本	
	全样本	贫困样本1	全样本	贫困样本1	全样本	贫困样本1	全样本	贫困样本1
ln(父代收入)	0.148***	0.0752***	0.0964***	0.0581***	0.179***	0.161**	0.0912***	0.111***
	(0.0140)	(0.0190)	(0.00767)	(0.00999)	(0.0587)	(0.0640)	(0.0295)	(0.0350)
受教育程度	0.473***	0.388***	0.297***	0.250***	1.697***	0.823***	0.911***	0.569***
	(0.0314)	(0.0384)	(0.0211)	(0.0265)	(0.406)	(0.196)	(0.205)	(0.101)
交叉项	-0.0280***	-0.0146***	-0.0153***	-0.00894***	-0.0627***	-0.0403*	-0.0272**	-0.0247**
	(0.00352)	(0.00479)	(0.00232)	(0.00316)	(0.0229)	(0.0214)	(0.0114)	(0.0114)
控制变量	是	是	是	是	是	是	是	是
省份固定效应	是	是	是	是	是	否	是	否
年份固定效应	是	是	是	是	是	否	是	否
观测值	16414	8605	17860	9384	16414	8605	17860	9384
R^2	0.273	0.288	0.355	0.365	-0.388	0.204	-0.104	0.250

注：括号内表示异方差稳健标准误。*、**、***分别表示在10%、5%、1%的水平下显著。被解释变量是子代收入对数。原始样本表示未将缺失或<100的个人收入用家庭人均纯收入替代；调整样本则表示替代后的样本。贫困样本指收入在贫困线以下的样本。每一列都是独立的回归方程对应的结果。每列回归都已加入控制变量，包括子代性别、年龄、健康水平、对未来的信心和父代的社会地位等。

表6-4汇总了IV-Heckman的实证结果[1]。分别针对三种贫困定义进行回归，另外还分别单独使用OLS-Probit模型和IV-Probit对子代收入进行估计，表示仅克服样本选择问题和同时控制样本选择、内生性问题的估计结果。从表6-4可以看出，回归结果的IMR均不显著，表明基准回归模型并没有严重的样本选择问题。从OLS-Probit回归结果看出，受教育程度的系数都显著为正，表明教育可有效阻碍代际传递；而IV-Probit回归结果统计上均不显著，但经济上是显著的，ln(父代收入)的系数均为

---

[1] 其中，已追踪样本为CFPS 2018年经父代子代样本匹配后的数据；流失样本为2012年、2014年、2016年、2018年四次追踪调查的累计流失样本。

正，表明父代收入和子代收入直接存在正向关系，受教育程度的系数也均为正，表明受教育程度可在一定程度上促进贫困代际流动。

表6-4　　　　教育对贫困代际流动的 IV - Heckman 估计结果

	(1)	(2)	(3)	(4)	(5)	(6)
	贫困样本1		贫困样本2		贫困样本3	
	OLS - Probit	IV - Probit	OLS - Probit	IV - Probit	OLS - Probit	IV - Probit
ln（父代收入）	0.0893***	0.103	0.195***	0.157	0.193***	0.0923
	(0.0197)	(0.0670)	(0.0455)	(0.261)	(0.0465)	(0.672)
受教育程度	0.251***	0.0167	0.490***	1.901	0.513***	2.760
	(0.0450)	(0.440)	(0.114)	(1.417)	(0.116)	(4.715)
交叉项	-0.00833	-0.00654	-0.0342***	-0.0774	-0.0351**	-0.0974
	(0.00540)	(0.0139)	(0.0131)	(0.0706)	(0.0136)	(0.119)
IMR	0.0123	-0.135	-8.985e+07	9.042e+08	—	—
	(0.0501)	(0.306)	(1.845e+08)	(1.219e+09)	—	—
控制变量	是	是	是	是	是	是
年份固定效应	是	是	是	是	是	是
观测值	2344	2343	443	443	368	368
R^2	0.267	0.175	0.234	-2.918	0.260	-8.174

注：括号内表示异方差稳健标准误。**、***分别表示在5%、1%的水平下显著。被解释变量是子代收入对数。贫困样本1为收入小于"当年收入中位数"的样本；贫困样本2为收入小于"当年该省份全样本中平均收入"；贫困样本3为收入低于"当年物价调整后的国家贫困线"的样本。每一列都是独立的回归方程对应的结果。每列回归都已加入控制变量，包括子代性别、年龄、健康水平、对未来的信心和父代的社会地位等。

3. 稳健性检验

根据前文分析，子代教育水平越高，代际收入弹性系数越小，越有利于跳出贫困，表现为阻断贫困代际传递。为证实模型及结果的可靠性，本部分通过改变贫困定义方式进行稳健性检验。采取的另外两种贫困定义为：第一，个人收入是否超过当年该省份全样本中平均收入水平，未超过则为"贫困"，超过则为"非贫困"；第二，个人收入是否超过当年物价调整后的国家贫困线水平，未超过则为贫困，超过则为非贫困。这两种定义

第六章 教育投入对阻断贫困代际传递的影响路径分析

分别对应表6-4回归中的贫困样本2和贫困样本3。对比表6-3、表6-4，回归系数及显著性均未发生显著变化，以第（8）列回归结果为例，代际收入弹性为0.149，在1%的显著性水平上统计显著；受教育程度的系数为0.471，在1%的水平上统计显著。其他样本回归也同样在1%的水平上统计显著，这说明前文的结果稳健（见表6-5）。

表6-5　　　　　　　　　稳健性检验——贫困定义方式

	(1)	(2)	(3)	(4)	(5)	(6)	(7)	(8)
	\multicolumn{4}{c}{OLS}	\multicolumn{4}{c}{IV}
	原始样本		调整样本		原始样本		调整样本	
	贫困样本2	贫困样本3	贫困样本2	贫困样本3	贫困样本2	贫困样本3	贫困样本2	贫困样本3
ln（父代收入）	0.0911***	0.0717***	0.0669***	0.0639***	0.134**	0.127*	0.158***	0.149***
	(0.0168)	(0.0179)	(0.00918)	(0.00968)	(0.0666)	(0.0767)	(0.0317)	(0.0323)
受教育程度	0.399***	0.388***	0.260***	0.253***	1.185***	1.077**	0.441***	0.471***
	(0.0355)	(0.0366)	(0.0246)	(0.0255)	(0.438)	(0.487)	(0.0922)	(0.0997)
交叉项	-0.0161***	-0.0147***	-0.0101***	-0.00995***	-0.0427*	-0.0425	-0.0307***	-0.0310***
	(0.00429)	(0.00452)	(0.00290)	(0.00304)	(0.0255)	(0.0292)	(0.0103)	(0.0105)
控制变量	是	是	是	是	是	是	是	是
省份固定效应	是	是	是	是	是	是	否	否
年份固定效应	是	是	是	是	是	是	否	否
观测值	11042	8301	12100	9152	11042	8301	12100	9152
R^2	0.295	0.289	0.367	0.365	0.060	0.125	0.291	0.290

注：括号内表示异方差稳健标准误。*、**、***分别表示在10%、5%、1%的水平下显著。被解释变量是子代收入对数。每一列都是独立的回归方程对应的结果。每列回归都已加入控制变量，包括子代性别、年龄、健康水平、对未来的信心和父代的社会地位等。

考虑到父代和子代持久收入对结果稳健性的影响，本部分将前文的多年收入均值替换为单年收入进行稳健性检验，回归结果如表6-6所示。对比表6-3、表6-6回归系数及显著性均未发生显著变化，但回归系数有所下降。以第（4）列回归结果为例，代际收入弹性为0.251；受教育程度的系数为0.350；而以收入均值进行回归时，代际收入弹性为1.332；受教育程度的系数为4.548。这在一定程度上说明，采用多年收入均值度量永久收入,能一定程度上改善所估计出的代际收入弹性的下偏情况(卢盛峰和潘星宇,2016)。

表6-6　　　　　　　　　稳健性检验——单年收入

	(1)	(2)	(3)	(4)
	OLS		IV	
	原始样本	调整样本	原始样本	调整样本
ln(父代收入)	0.159***	0.145***	0.220***	0.251***
	(0.00118)	(0.000701)	(0.0194)	(0.0188)
受教育程度	0.0252***	0.0248***	0.204***	0.350***
	(0.00289)	(0.00174)	(0.0665)	(0.0685)
交叉项	-0.00303***	-0.00286***	-0.0249***	-0.0402***
	(0.000337)	(0.000195)	(0.00716)	(0.00692)
控制变量	是	是	是	是
省份固定效应	是	是	是	是
年份固定效应	是	是	是	是
观测值	3758	5612	3758	5612
R^2	0.95	0.969	0.89	0.766

注:括号内表示异方差稳健标准误。***表示在1%的水平下显著。被解释变量是子代收入对数。回归样本采用2018年CFPS数据。贫困定义方式采用"个人收入是否超过当年该省份全样本中平均收入水平,未超过则为"贫困",超过则为非"贫困",每一列都是独立的回归方程对应的结果。每列回归都已加入控制变量,包括子代性别、年龄、健康水平、对未来的信心和父代的社会地位等。

最后,根据不同教育水平的子代进行分样本回归,以比较不同受教育程度个体的代际收入弹性(见表6-7)。结果表明,低教育水平子代的代际收入弹性明显高于中等教育水平和高等教育水平的子代,表明低教育水平子代的收入相较于中等和高等教育水平子代,更依赖于其父代的收入水平,其代际间收入的流动性更小。中等教育水平的子代的代际收入流动性适中;对高等教育水平的子代分样本回归结果为0.0527,且并不显著,表明该群体代际收入弹性很小,也即高教育水平的子代收入与父代收入之间的关系较弱。因此,对于贫困家庭来说,子代受教育程度越高,受父代低

第六章 教育投入对阻断贫困代际传递的影响路径分析

收入水平影响越小，越有利于跳出代际贫困陷阱，佐证了教育可以有效阻断贫困代际传递的核心观点。

表6-7　　　　　　　　　稳健性检验——区分教育程度

	(1)	(2)	(3)	(4)
	全样本	低等教育样本	中等教育样本	高等教育样本
ln（父代收入）	0.134***	0.150**	0.0936***	0.0616
	(0.0253)	(0.0695)	(0.0311)	(0.0629)
控制变量	是	是	是	是
省份固定效应	是	是	是	是
年份固定效应	是	是	是	是
观测值	1480	313	916	251
R^2	0.186	0.300	0.196	0.288

注：括号内表示异方差稳健标准误。*、**、***分别表示在10%、5%、1%的水平下显著。被解释变量是子代收入对数。其中低等教育样本表示受教育程度在小学及以下的样本、中等教育样本表示受教育程度在小学以上、高中以下的样本、高等教育样本表示受教育程度在高中及以上。回归样本采用2018年CFPS数据，贫困定义方式采用个人收入是否超过当年全样本收入的中位数，未超过则为"贫困"，超过则为"非贫困"，每一列都是独立的回归方程对应的结果。每列回归都已加入控制变量，包括子代性别、年龄、健康水平、对未来的信心和父代的社会地位等。

（四）结论及建议

通过将教育因素内生化，构建了包含教育因素的三期世代交叠模型，通过模型均衡结果的分析，论证出在未受教育的家庭中，如没有外生因素的冲击使代际间储蓄关系发生跳变，其将无法脱离贫困陷阱，而使贫困状态在代际间传递。相应的，在有能力接受最优教育水平的家庭中，其工资收入、储蓄和效用都会处于最优水平。而更重要的是，通过动态均衡分析，对于能够为其子女提供最基础的教育投资的贫困家庭，在经过多代人进行持续教育投资之后，是存在脱离贫困陷阱的有效路径的，即表现为对阻断贫困在代际间传递。

基于本章理论分析结果，提出以下建议：一是对于处于贫困状态的家庭或地区，应通过政府扶持等外生政策冲击使贫困家庭获得使其达到教育改善收入的良性循环的初始条件（$s^u \geq s$），同时也应加强家庭对教育的重视，通过家庭内生的教育投资，实现教育的良性循环，从而实现家庭贫困代际传递的阻断，进而持续提高子代获取收入的能力，以达到最优教育水平和最优福利水平。二是受教育家庭的收入和效用将会稳定于一个最优水平（s^e）或较高水平（s_k），因此对有限的教育资源应进行优化配置。相较于教育资源优势地区，对教育水平未达到最优状态的地区以及贫困地区的教育资源投入将产生更大的边际收益。三是应注重教育水平到收入能力的转化，使受到相应教育水平的个体能够有效地将其转化为获取收入的能力，从而方能保持其对子代进行持续性的高水平教育投资，使个体实现最优福利水平。

此外，实证分析结果证实了低教育水平的代际收入弹性要显著高于中等及高等教育水平，表明子代若只接受较低的教育水平则不利于其跳出贫困，而高等教育水平对阻断贫困代际传递有积极作用。以上结论在中国的扶贫工作中已有体现，例如2015年11月，中央扶贫开发工作会议，提出扶贫开发工作"五个一批"工程，明确提出教育扶贫，即"发展教育脱贫一批，治贫先治愚，扶贫先扶智"。2019年党的十九届四中全会提出，坚决打赢脱贫攻坚战，建立解决相对贫困的长效机制。习近平总书记强调："让贫困地区的孩子们接受良好教育，是扶贫开发的重要任务，也是阻断贫困代际传递的重要途径。"[①] 本章为此提供了理论及实证支撑，并在此提出政府应加强对教育的宣传力度和投资力度，尤其应加大对贫困地区的教育支出。同时，要提高教育教学质量，加强和完善贫困学子助学金管理监督机制，不再让贫困学子因为"上不起学"而放弃学习甚至放弃升学，而失去令其"跳出"贫困的机会。

---

① 《十八大以来重要文献选编（中）》，中央文献出版社2016年版，第721页。

第七章

中国教育投入阻断贫困代际传递的政策与建议

自改革开放以来,中国政府在推动经济发展的同时,注重解决贫困问题,逐步建立完善扶贫机制,在全国范围内进行了大规模的扶贫开发,实施了一系列扶贫政策。经过40多年的不懈努力,中国扶贫开发工作取得了巨大成就,减贫力度位居全球前列,有效推动了中国乃至世界贫困人口的减少,中国农村人口生活水平有了大幅度提高。2020年如期打赢脱贫攻坚战,消除绝对贫困。当前中国的贫困治理已经由解决温饱为主要任务的绝对贫困治理阶段发展到提高发展能力、缩小发展差距、加速走向致富的新阶段。教育是贫困人口脱贫的治本之策,是实现稳定脱贫、保障脱贫效果长效化的重要保障和基本条件,教育扶贫是中国特色贫困治理体系的重要组成部分,进入相对贫困治理阶段,需要充分发挥教育的作用,坚决阻断贫困代际传递。

党的十八大以来,以习近平同志为核心的党中央一直特别关注贫困人口脱贫,并将其作为最关注的工作之一,提出打赢脱贫攻坚战、确保全面小康路上一个都不少、"确保到2020年中国现行标准下农村贫困人口实现脱贫,贫困县全部摘帽,解决区域性整体贫困,做到脱真贫、真脱贫"的战略目标。

在以习近平扶贫论述为核心的中国特色反贫困理论指导下,本书遵循精准扶贫、内源扶贫、合力扶贫的精神,提出教育阻断代际贫困的政策建议。其中,精准扶贫强调要将"大水漫灌"改为"精准滴灌",提高扶贫精准度,以增强扶贫开发的针对性;内源扶贫强调扶贫与"扶志"和"扶智"结合，通过提高贫困地区和贫困人口的"自我发展能力"增强扶贫开发的实效性；合力扶贫强调"要动员全社会力量广泛参与扶贫事业""要坚持专项扶贫、行业扶贫、社会扶贫等多方力量，多种举措有机结合和互为支撑的'三位一体'大扶贫格局""深入实施东西部扶贫协作"，要求社会各界"同向发力""同时发力""协同发力"，增强扶贫开发的聚合性。

一 充分运用信息技术手段实现教育精准阻断贫困代际传递

习近平同志多次对精准扶贫做出重要论述，强调扶贫开发贵在精准、重在精准、成败之举在于精准，提出"六个精准"的总体要求，深刻阐述了扶持谁、谁来扶、怎么扶、如何退等重大问题，为转变扶贫开发理念、创新扶贫工作思路、提升扶贫效率指明了方法和路径。在科技创新大背景下，应利用大数据和区块链等信息技术准确掌握贫困家庭相关信息，通过精准识别贫困代际传递隐患，精准采取教育财政阻断措施，提升教育阻断贫困代际传递的管控能力和实施绩效。

一是利用大数据处理系统精准掌握脱贫对象信息，精准识别贫困代际传递隐患。具体可将民政、残联、学籍、资助等信息管理系统对接，通过顶层设立的云端大数据处理中心，精准掌握脱困家庭子女相关信息，实现对需要教育财政资助者的精准识别。同时，利用区块链技术建立家庭收入动态管理信息系统动态掌握脱困家庭经济收入变动情况。利用系统信息动态调整经费分配方式，根据所辖地区和脱困家庭分布情况，科学测算向农村、脱困地区和民族地区倾斜比例，彻底解决"脱困家庭无资助，富裕家庭受资助"问题，提升教育财政资金使用的精准度与整体绩效。

二是建立科学、合理的城市与农村家庭困难状况评估指标体系。以《社会救助暂行办法》为依据，科学设置评估指标，细化实化指标内容，合理确定指标权重，通过综合打分对城市与农村家庭困难状况进行评估，以评估结果作为精准认定教育财政资助与保障对象的重要依据。城市与农

第七章　中国教育投入阻断贫困代际传递的政策与建议

村家庭困难状况评估指标体系由家庭成员教育相关情况、家庭收入情况、家庭财产情况、家庭大额支出情况、民主评议情况5个指标组成，采取百分制计分方式综合评估。建立相对客观的评估体系来识别保障对象，有助于弥补建档立卡方式的弊端，防止因建档立卡中的主观因素影响而产生偏差，从源头上确保教育财政精准资助，切实提高教育阻断贫困代际传递的群众满意度。

三是建立完善的征信信息系统。人无信不立，诚信是立人之道和立政之本，诚信是社会发展、经济正常运行的基础，是经济发展与社会进步的动力和源泉。要提高教育阻断代际贫困的精准度，必须把诚信建设摆在突出位置，建议通过完善制度、加强教育，努力营造诚实、自律、守信、互信的社会信用环境，建立可持续的、高效率的社会信用体系，利用这个覆盖全社会的征信系统，确保运用教育阻断贫困代际传递过程中相关各方的诚信，同时，加大对失信行为惩戒力度，在全社会广泛形成守信光荣、失信可耻的氛围。征信系统应与相关部门的信息系统相连接，和社保、医保等信息互通、共享，增加教育阻断贫困代际传递工作的精细化水平，提高教育财政经费支出绩效。

二　以制度加宣传之外力形成阻断贫困代际传递的内力

脱贫致富贵在立志，阻断贫困代际传递也需要贫困家庭人员有志气、有信心，相信在党和政府的正确领导下，在各方力量的大力支持下，所有有劳动能力的人都能依靠自己勤劳的双手开创美好明天。只有充分发挥教育在扶智和扶志中的关键作用，才能帮助脱贫群众进一步提高增收致富的能力，在帮助脱困群众摆脱绝对贫困之后，进一步摆脱思想贫困、意识贫困，让脱困群众正确认识外部帮扶和自身努力的关系，激发其内源动力，进而充分调动其致富的积极性和主动性，让其依靠自己的辛勤劳动走向富裕，靠自己的努力改变命运。

第一，加强教育宣传力度阻断贫困代际传递思想根源。一是加大教育宣传力度，让美好生活的愿景深入人心。通过课本、课外读物以及广播、电视、微信等各种新老媒体，在脱贫家庭及其子女的内心植入对美好生活的向往，以此为内源动力激发其为了过上美好富裕的生活而发愤图强、努力学习，通过接受教育改变自身命运，带领全家致富，最终阻断贫困代际传递。

二是加强教育宣传"爱拼才会赢"的理念。脱困地区人民思想相对落后，相信宿命论，认识不到通过自己的努力是可以改变命运、过上富裕生活的道理，"得过且过""不思进取""等、靠、要"思想根深蒂固。阻断贫困代际传递首先要从思想根源入手，通过典型案例加大"幸福都是奋斗出来的"宣传力度，解决脱贫人口思想"惰性"问题，让他们认识并重视教育对阻断贫困代际传递的作用，愿意接受适合自身的教育。这样，通过宣传教育努力改善贫困地区落后文化，提高脱困群体的人力资本水平，提升其发展的内生动力和能力，进而阻断贫困代际传递。

第二，加大教育相关政策与法律知识的普及与宣传，激活家庭教育投资积极性。国家现已建立覆盖所有学段的学生资助政策体系，但有些脱贫家庭因不了解而没有争取和享受资助政策。因此，一方面需要加大《中华人民共和国义务教育法》的宣传与执行力度，加强控辍保学重点监测评估力度；另一方面让每个违反教育法的家庭受到相应处罚，从而使每个地区每个家庭都能严格遵守教育法有关规定，保障所有适龄儿童、少年都能进入校园、安心学习，完成九年义务教育，降低控辍保学难度，提高脱贫地区人口素质，才能发挥教育阻断贫困代际传递的作用。

第三，构建覆盖大学毕业生、农村转移劳动力、脱贫人员的职业教育体系，提升其就业竞争力。职业教育对于提升国民整体素质、提升职业技能、提高劳动生产率都有重要意义，除此之外，职业教育还可以从以下几个层面发挥阻断贫困代际传递的作用。一是为脱困家庭子女提供优质职业教育，促其就业致富。在努力提升职业院校发展水平的同时加大宣传力度，让更多的脱贫家庭子女在初中毕业后选择接受职业教育后再步入社会，能够大幅增加其未来收入。有条件的职业院校要在充分利用现有国家资助政策基础上，对脱贫家庭子女实行免除全部学费、书费、住宿费、校服费，并设立勤工助学岗位，让在校学生能安心学本领、学技能，培养其

第七章 中国教育投入阻断贫困代际传递的政策与建议

成为某类专业技能人才,有力地提升其人力资源水平和就业市场竞争力。同时,通过强化"校企合作",努力为其拓宽就业渠道,实现从"教育入学"到"毕业就业"链条的完整覆盖,从而带动家庭致富,以职业教育有效阻断贫困代际传递。

二是为脱贫家庭大学毕业生提供就业指导,提升其就业竞争力。由教育、财政部门牵头,协调利用各种社会公益资源,以讲座、网课等形式,为脱贫家庭子女在大学最后一年提供一定课时的社交礼仪、就业指导等专项培训,提升其个人综合素质,提高其就业竞争力,从而提高首次就业成功率,通过教育促进稳就业而实现阻断贫困代际传递。

三是劳动力转移培训,扩大脱贫家庭非农就业比例。中国劳动力市场存在供需结构性短缺,中、西部存在大量剩余劳动力,为更好满足东部劳动力市场技能型人才的巨大需求,相关部门要利用好教育资源,在劳动力转移前对其进行技能性培训,如举办各类手工艺技术培训班,传授各类加工工艺,可以提高人力资本水平,尤其是能够扩大脱贫家庭非农就业比例,促进其收入水平提高,在促进东、中、西部地区劳动力合理流动的同时,提升教育阻断贫困代际传递作用的长期稳定性。

四是对脱贫地区农民进行适用性农业科技培训。可由政府部门聘用技术人员根据当地自然资源环境引进具有比较优势的经济作物,代替单一、低产值作物种植;分批组织脱贫地区农民到发达地区参观、学习农业种植技术等活动,拓宽其视野,调动其致富的主观能动性;对脱贫地区农民进行信息技术、互联网、市场营销等知识培训,利用国内现有发达的网络打通销售渠道,及时将农产品销售出去,转化为收入,进而促进脱贫地区产业发展,提升内源造血能力,为教育阻断贫困代际传递提供永续保障和不竭动力。

从财政支持来看,中国已建立起以免学费、国家助学金为主,定岗实习、学生资助和社会资助为补充的中等职业教育学生资助政策体系。在此体系下,公办、同类民办中等职业学校全日制正式学籍一年级至三年级在校生中所有农村(含县镇)学生、城市涉农专业学生和家庭经济困难学生的学费都是被免除的。建议今后继续完善中等职业教育资助政策体系,建立健全中等职业教育国家奖学金制度,扩大高职院校奖、助学金覆盖面,在国家财政允许的情况下适当提高中职、高职的补助标准。同时，建议通过税收减、免、抵扣等优惠政策，鼓励和引导区域内或行业内大型企业与中职学校联合办校，一方面接纳学生定岗实习、下派技术拔尖人员教学、接受家庭经济困难学生就业；另一方面家庭困难的学生可以获得报酬，用于弥补学习和生活费用的不足，阻断贫困代际传递。

此外，还要借鉴发达国家经验，重新调整中国职业教育机构定位，让其承担起中国终身教育的重任，为区域内的居民（尤其是脱贫人员）提供职业技能培训，还可以根据需求，开设各式各样的生活技能培训课程。所需经费可由政府根据受训人数、时间长短、受训程度等实际情况，以购买服务形式补贴给职业教育机构，或者将教育券直接发放给脱贫人员，在其接受职业培训提升职业素养、获得相应职业资格证书后，就具备了长期从事某些稳定职业的能力，有助于阻断贫困代际传递。

三 以财政教育支出结构调整阻断贫困代际传递

教育阻断贫困代际传递功能的发挥还需要借助财政教育经费结构调整，通过调整财政教育支出结构，缩小城乡教育差距，保障教育起点公平。

第一，增加低龄儿童学前教育投入力度。

一要增加幼儿托管机构财政投入，发挥学前教育对于脱贫家庭儿童优育具有的重要作用。目前中国3岁以下儿童主要依靠家庭方式养育，增加了年轻父母的经济压力、生活压力，学前教育社会化能减轻整个家庭的压力。现阶段，中国已经建立了根据"地方先行、中央补助"原则，由各地自行因地制宜地确定学前教育资助政策。为此，在学前教育阶段阻断贫困代际传递的思路如下：一是增加低龄（1—3岁）儿童托幼服务机构，建立更多常龄（3—6岁）公立幼儿园，通过财政补助等方式降低脱贫家庭孩子送托幼机构和普通公立幼儿园的费用，尤其是在脱贫地区推广托幼服务和公立幼儿园的费用减免、为脱贫家庭儿童提供托幼补助金和津贴等，将家长从专职育儿无收入状态中解放出来，为阻断贫困代际传递提供可能。二

第七章　中国教育投入阻断贫困代际传递的政策与建议

是给予家庭生育特殊优惠政策，如父母一方获得较长育儿假，给予相应育儿津贴，工资和育儿津贴由财政补贴社保统一支付，让年轻父母不会因担心经济压力过重不敢生育，在解决家庭因经济问题导致生育意愿低下问题的同时，阻断贫困代际传递。

第二，加大义务教育阶段投入力度。继续实施"两免一补"政策，在为国家试点地区农村义务教育阶段学生提供营养膳食补助的"营养改善计划"政策基础上，给非试点地区义务教育阶段家庭经济困难的孩子提供与"营养改善计划"相近的餐费补助，保证学生们获取大致相当的营养，不会因家庭经济水平影响学生的营养获取，夯实学生受教育的基础和前提，为教育发挥阻断贫困代际传递作用提供可能。此外，还需要给义务教育阶段家庭困难的学生提供一定的生活补助，作为文具、饮食、交通等教育成本补偿，避免学生因教育成本而放弃接受义务教育的权利，这也是发挥教育阻断贫困代际传递作用的基础和前提。

第三，完善普通高中教育学生资助政策。进一步完善普通高中免学杂费资助政策，在现有免除公办普通高中家庭经济困难学生学杂费基础上，完善民办普通高中家庭经济困难学生学杂费减免和补助政策体系。在资金方面，鼓励、支持地方政府根据各自的财力，建立配套的地方性奖学金、助学金，实施专项免费政策等。在此基础上，通过税收优惠等相关政策鼓励学校从事业收入中提取一定比例的经费，用于减免学费、设立校内奖助学金和特殊困难补助支出等，鼓励和引导企业、社会团体和个人等面向普通高中学生设立奖、助学金，最终由中央、地方、学校、社会共同撑起普通高中学生资助的蓝天，在保障教育公平的同时，也极大地拓展教育阻断贫困代际传递的空间。

第四，优化高等教育学生资助体系。目前，中国高等教育阶段已经建立起"奖贷助勤补免+绿色通道"等多元混合财政资助体系，今后一段时期要将国家奖学金、国家励志奖学金、国家助学金、国家助学贷款、基层就业国家资助、服义务兵役国家资助、直招士官国家资助、退役士兵学费资助、师范生公费教育、新生入学资助项目、勤工助学、校内资助、绿色通道等诸多政策发挥政策合力。提高研究生教育阶段助学金标准，完善国家奖学金、学业奖学金、国家助学金、"三助"（助研、助教、助管）岗位津贴政策，并为"三助"岗位津贴寻求税收优惠。

调整现行助学贷款还款政策。可以根据中国实际情况和财政承受能力，给予家庭经济困难学生适当延长还款期。因为他们刚参加工作，面临结婚生子和购房的压力，若毕业后工作不够稳定，巨大的生活压力加还款压力，可能会加剧整个新生家庭的经济困难，不利于阻断贫困代际程度。设置灵活的助学贷款偿还方式，如借鉴英国经验，为大学毕业生设置一定薪酬标准，控制毕业生偿还贷款金额占其实际薪酬的比例，只有在毕业生薪酬超过设定标准时才需归还助学贷款本息，确保毕业生偿还助学贷款后还能正常生活；当贷款未还完就面临失业的，应允许其申请延期偿还贷款，避免大学毕业生因还贷款陷入贫困甚至步入歧途。

四 凝聚全党全社会合力阻断贫困代际传递

习近平总书记多次强调，扶贫开发是全党全社会的共同责任，要动员和凝聚全社会力量广泛参与扶贫事业，坚持专项扶贫、行业扶贫、社会扶贫等多方力量、多种举措有机结合和互为支撑的"三位一体"大扶贫格局。作为相对贫困治理的教育阻断贫困代际传递也处于这样的大格局之中，需要凝聚全党全社会的合力。

第一，建立多方联动的政策体系。教育扶贫是一项庞大而复杂的系统工程，在脱贫攻坚战期间主要由国务院扶贫办（现更名为国家乡村振兴局）、教育部及人力资源和社会保障部组织开展，已初步形成全方位教育扶贫政策体系，其在中国反贫困战略中的地位和作用越来越突出。但阻断贫困代际传递是一项系统工程，要动员和凝聚全社会力量广泛参与，各方齐心协力建立完整的教育阻断贫困代际传递的政策体系。

第二，生态转移降低教育扶贫成本。异地扶贫搬迁旨在改变贫困群众生存的自然空间，将其转移到适合居住及生产的生活环境中去，能够有效地克服自然条件限制，降低当地政府办学的难度，提高当地教育财政经费使用绩效水平，同时，也有效减少因路途遥远等因素造成教育成本高而出现的失学辍学，保障少年儿童受教育的权利。因此，异地扶贫搬迁措施也

第七章 中国教育投入阻断贫困代际传递的政策与建议

是教育阻断贫困代际传递系统性工程中的一环。在搬迁过程中不能忽视教育，需在财政保障下，提高转移贫困群众科学文化水平及其子辈的受教育水平，最大限度激活脱贫积极性，提高贫困家庭整体就业竞争力，多重措施共同配合，拓宽收入增收渠道，使教育阻断贫困代际传递的功效最大，促进易地扶贫搬迁和教育阻断贫困代际传递形成良性循环。

参考文献

阿玛蒂亚·森：《贫困与饥荒——论权利与剥夺》，王宇、王文玉译，商务印书馆2004年版。

阿玛蒂亚·森：《以自由看待发展》，任赜、于真译，中国人民大学出版社2002年版。

奥斯卡·刘易斯：《五个家庭：墨西哥贫穷文化案例研究》，丘延亮译，巨流图书公司2004年版。

《揭秘巴西如何解决贫富差距》，《财经热点调查》第53期，财经网，http://jingji.cntv.cn/cjrddc/bxpfcj/index.shtml。

财政部：《2018年中央财政补助地方专项扶贫资金已经完成拨付》，央视网，http://news.cctv.com/2018/05/04/ARTIMFXDnIGkNRqcKEOwdiTb180504.shtml。

蔡生菊：《基于贫困代际传递理论的贫困困境及反贫困策略》，《天水行政学院学报》2015年第5期。

常晶、黄金鲁克：《"既没文盲，也没有穷人"——瑞典免费教育体制下以质取胜的高等教育》，《北京教育》（高教）2013年第10期。

陈琳、袁志刚：《中国代际收入流动性的趋势与内在传递机制》，《世界经济》2012年第6期。

陈全功、程蹊：《生命历程视角下的贫困代际传递及阻断对策分析》，《中南民族大学学报》（人文社会学版）2015年第4期。

陈群：《发达国家教育精准扶贫的政策比较与借鉴——以美国、英国、法国和日本为例》，《当代教育科学》2019年第3期。

参考文献

陈文江、杨延娜:《西部农村地区贫困代际传递的社会学研究——以甘肃M县四个村为例》,《甘肃社会科学》2010年第4期。

陈云松:《逻辑、想象和诠释:工具变量在社会科学因果推断中的应用》,《社会学研究》2012年第6期。

陈峥:《冲突与进步:英国基础教育福利化进程研究》,华中师范大学2014年版。

段义德:《教育与农村相对贫困的代际传递——基于工具变量法的检验》,《农村经济》2020年第9期。

方鸣、应瑞瑶:《中国城乡居民的代际收入流动及分解》,《中国人口》2010年第5期。

冯艳:《计生卫生技术服务信息资源共享建设存在的问题与对策研究》,《档案学研究》2015年第2期。

高蕾:《中央财政拨款160亿补助农村学生改善营养》,《农家之友》2012年第2期。

高玉峰:《中国职业教育扶贫:从全覆盖迈向全面精准》,《中国职业技术教育》2017年第6期。

郭荔宁、曾青云:《北欧五国成人教育改革的本土引思》,《中国成人教育》2018年第4期。

郭四维、张明昂、曹静:《教育真的可以影响健康吗?——来自中国1986年义务教育法实施的证据》,《经济学报》2019年第3期。

郭熙保、周强:《长期多维贫困、不平等与致贫因素》,《经济研究》2016年第6期。

国家卫健委:《解决因病致贫因病返贫问题,打赢健康脱贫攻坚战》,人民网,2018年4月25日,http://health.people.com.cn/n1/2018/0425/c14739-29949739.html。

国务院新闻办公室:《中国的减贫行动与人权进步》,《人权》2016年第11期。

韩春:《中国农村贫困代际传递问题根源探究》,《经济研究导刊》2010年第16期。

韩广富：《当代中国农村扶贫开发的历史进程》，《理论学刊》2005 年第 7 期。

韩仪菲：《简述瑞典教育的发展和体制》，《现代交际》2018 年第 20 期。

何伟强：《英国福利国家现代化进程中的教育福利政策变革研究》，《比较教育研究》2016 年第 9 期。

贺煦：《基于贫困代际传递理论下教育扶贫探索——以江西省 Y 县为例》，硕士学位论文，南昌大学，2017 年。

洪名勇、吴昭洋、龚丽娟：《贫困心理陷阱理论研究进展》，《经济学动态》2018 年第 7 期。

胡洪曙、亓寿伟：《中国居民家庭收入分配的收入代际流动性》，《中南财经政法大学学报》2014 年第 2 期。

胡静林：《加大财政扶贫投入力度 支持打赢脱贫攻坚战》，人民网，2016 年 9 月 12 日，http：//theory. people. com. cn/n1/2016/0912/c40531 - 28708650. html。

黄敬宝：《从根本上解决中国农村贫困问题——以人力资本投资打破我国农村贫困的恶性循环怪圈》，《财经问题研究》2004 年第 5 期。

黄潇：《如何预防贫困的马太效应——代际收入流动视角》，《经济管理》2014 年第 5 期。

江夏：《美国联邦儿童福利支出对早期保育与教育发展的积极影响及其启示》，《外国教育研究》2013 年第 7 期。

蒋云芳：《20 世纪 80 年代以来美国联邦政府以促进公平为核心的基础教育改革研究》，博士学位论文，西南大学，2012 年。

《教育扶贫精准发力》，《毕节日报》2018 年 8 月 7 日，http：//rb. bjrb. cn/html/2018 -08/07/content_ 5_ 1. htm。

卡尔·马克思：《政治经济学批判》，徐坚译，人民出版社 1964 年版。

朗特里：《贫困：城镇生活研究》，麦克米伦出版社 1901 年版。

李长健、胡月明：《城乡贫困代际传递的比较研究》，《经济问题研究》2017 年第 3 期。

李静：《基于代际差异视角的西部农村贫困代际传递现象研究》，《辽宁行政学院学报》2016年第6期。

李力行、周广肃：《代际传递、社会流动性及其变化趋势——来自收入、职业、教育、政治身份的角度分析》，《浙江社会科学》2014年第5期。

李明欣：《瑞典教育的特点及其对我国教育的启示》，《沈阳干部学刊》2015年第3期。

李培林、魏后凯、吴国宝：《扶贫蓝皮书：中国扶贫开发报告（2016）》，社会科学文献出版社2017年版。

李晓明：《贫困代际传递理论述评》，《广西青年干部学院学报》2006年第16期。

李昕：《我国农村贫困代际传递的机制分析》，《郑州轻工业学院学报》2011年第2期。

李兴洲：《公平正义：教育扶贫的价值追求》，《教育研究》2017年第3期。

李亚楠：《居民贫困问题的理论研究》，《现代经济》2012年第2期。

刘欢、胡天天：《家庭人力资本投入、社会网络与农村代际贫困》，《教育与经济》2017年第5期。

刘欢：《农村贫困的父辈代际传递与子辈户口迁移削弱效应研究》，《中央财经大学学报》2017年第6期。

刘慧娟：《云南民族地区的贫困代际传递》，《陕西学前师范学院学报》2017年第9期。

刘军豪、许锋华：《教育扶贫：从"扶教育之贫"到"依靠教育扶贫"》，《中国人民大学教育学刊》2016年第2期。

刘龙珍、金玉梅：《英国推进基础教育均衡发展的策略及启示——基于薄弱学校的思考》，《现代中小学教育》2015年第6期。

刘生龙、周绍杰、胡鞍钢：《义务教育法与中国城镇教育回报率：基于断点回归设计》，《经济研究》2016年第2期。

刘彤：《美国"开端计划"历程研究》，博士学位论文，河北大学，2007年。

卢盛峰、潘星宇：《中国居民贫困代际传递：空间分布、动态趋势与经验测度》，《经济学》2016年第6期。

罗格纳·纳克斯：《不发达国家的资本形成问题》，谨斋译，商务印书馆1966年版。

罗任福、王天仪、张林秀、白云丽：《从脱贫到贫困预防——基于贫困代际传递和儿童早期发展视角》，《科技促进发展》2017年第6期。

马川：《瑞典成人教育发展经验及启示》，《成人教育》2016年第5期。

马丽：《美国"瞄准性"学前教育财政投入的经验及启示》，《教育与教学研究》2018年第11期。

马文武、李中秋：《中国特色减贫实践：1978—2018——基于贫困治理体系和治理能力分析框架视角》，《毛泽东邓小平理论研究》2018年第12期。

马文武、杨少垒、韩文龙：《中国贫困代际传递及动态趋势实证研究》，《中国经济问题》2018年第2期。

泥安儒：《北欧福利国家教育政策发展研究》，博士学位论文，河北大学，2016年。

年翔：《中国农村居民贫困代际传递统计研究》，硕士学位论文，安徽财经大学，2015年。

宁波、张民选：《公平与卓越：主要发达国家基础教育发展趋势》，《外国中小学教育》2018年第10期。

庞超：《二十世纪八十年代以来瑞典基础教育改革的价值取向研究》，博士学位论文，西南大学，2012年。

乔陆印、何琼峰：《改革开放40年中国农村扶贫开发的实践进路与世界启示》，《社会主义研究》2018年第6期。

阙祥才、舒黎：《人力资本视域下的农村家庭贫困代际传递研究——基于武汉市J乡的调查》，《华中农业大学学报》（社科版）2017年第6期。

《教育扶贫成效显著"三个精准"解难题——贺兰县教育扶贫工作侧记》，人民网，2018年7月11日，http：//cpc.people.com.cn/n1/2018/0711/c216374-30141239.html。

任梓怡、吴天姣、郭磊、潘鑫欢：《贫困代际传递的城乡对比研究——以长春市为例》,《当代经济》2018 年第 4 期。

荣喜朝:《日本的教育公平理念沿革及启示》,《教学与管理》2017 年第 4 期。

沈一岚:《日本基本公共教育服务均等化研究》,硕士学位论文,上海师范大学,2012 年。

石修俊、李胤珠、彭牧青:《云南农村阻隔贫困代际传递之贫二代扶贫》,《玉溪师范学院学报》2016 年第 1 期。

石柱:《"精"字当头"准"字为本教育扶贫托起贫困孩子上学梦》,中国政府网,2018 年 11 月 8 日,http://news.cqdj.gov.cn/cq/2018/1114/333308.shtml。

世界银行报告:《贫困现状:穷人都在哪里?哪里的人最穷?》(*The State of the Poor: Where are the Poor and Where are the Poorest?*),2010 年。

宋志辉:《印度农村反贫困的经验、教训与启示》,《南亚研究季刊》2009 年第 1 期。

孙光林、李庆海、杨玉梅:《金融知识对被动失地农民创业行为的影响——基于 IV–Heckman 模型的实证》,《中国农村观察》2019 年第 3 期。

孙久文、唐泽地:《中国产业扶贫模式演变及其对"一带一路"国家的借鉴意义》,《西北师范大学学报》(社会科学版)2017 年第 11 期。

孙远太:《基于阻断贫困代际传递的社会救助政策改革》,《理论月刊》2017 年第 1 期。

檀学文:《中国教育扶贫:进展、经验与政策再建构》,《社会发展研究》2018 年第 3 期。

万敏:《五保供养向农村低保过渡的可行性分析》,《农业科研经济管理》2010 年第 4 期。

汪诗萍、袁文平、宋莎莎:《营养健康与中国农村贫困代际传递》,《安徽农业科学》2015 年第 21 期。

汪燕敏、龙莹:《我国居民代际贫困的实证研究》,《襄樊职业技术学院学报》2019 年第 11 期。

王爱君：《女性贫困、代际传递与和谐增长》，《财经科学》2009年第6期。

王凤玉、单中惠：《当代美国和英国基础教育公平政策及启示》，《教育研究与实验》2015年第4期。

王海港：《中国居民收入分配的代际流动》，《经济科学》2005年第2期。

王红彦、高春雨、王道龙：《易地扶贫移民搬迁的国际经验借鉴》，《世界农业》2014年第8期。

王慧、莫淑坤：《以促进弱势群体社会流动为导向的英国成人教育政策研究》，《中国成人教育》2018年第5期。

王瑾：《破解中国贫困代际传递的路径探析》，《社会主义研究》2008年第1期。

王俊文：《国外反贫困经验对我国当代反贫困的若干启示——以发展中国家巴西为例》，《农业教育》2009年第3期。

王美今、李仲达：《中国居民收入代际流动性测度——"二代"现象经济分析》，《中山大学学报》（社会科学版）2012年第1期。

王文静、陈文、李兴洲：《贫困家庭子女教育对策》，《教育研究》2018年第6期。

王希文：《全民关爱儿童打赢"留守"胜仗》，人民网，http：//gongyi.people.com.cn/n1/2018/1107/c151132-30386345.html。

王曦：《西方国家留学生消费者权益保障研究——以美国、澳大利亚和新西兰为例》，硕士学位论文，湖南师范大学，2012年。

王志章、刘天元：《连片特困地区农村贫困代际传递的内生原因与破解路径》，《农村经济》2016年第5期。

吴霓：《教育扶贫是实现民族地区精准扶贫的根本措施》，《当代教育与文化》2017年第6期。

吴霓、王学男：《教育扶贫政策体系的政策研究》，《清华大学教育研究》2017年第3期。

习近平：《落实教育扶贫，切断贫困代际传递》，2017年2月23日，央视网，http://news.cctv.com/2017/02/23/ ARTIdHtbtRi3zpAATpvo50rF170

223.shtml。

向雪琪、林曾：《改革开放以来我国教育扶贫的发展趋向》，《中南民族大学学报》（人文社会科学版）2018年第3期。

谢婷婷、司登奎：《收入流动性、代际传递与农村反贫困——异质性视角下新疆30个贫困县的实证分析》，《上海财经大学学报》2014年第1期。

谢勇、李放：《贫困代际间传递的实证研究——以南京市为例》，《贵州财经学院学报》2008年第1期。

熊静、李从松：《西方社会学的贫困观》，《湖北广播电视大学学报》2002年第1期。

徐丽、杨澄宇、吴丹萍：《教育投资结构对居民收入代际流动的影响分析——基于OLG模型的政策实验》，《教育经济评论》2017年第4期。

徐晓红：《教育职业对收入差距代际传递影响的实证分析》，《统计与决策》2016年第24期。

闫坤、刘轶芳、于树一：《中国特色反贫困理论与实践研究》，中国社会科学出版社2016年版。

闫坤、于树一：《中国模式反贫困的理论框架与核心要素》，《华中师范大学学报》（人文社会科学版）2013年第11期。

杨阿维、贾圳珠、王璇璇：《西藏农牧区贫困代际传递的多维测度分析》，《经济研究导刊》2016年第33期。

杨国涛：《贫困概念的内涵、演进与发展述评》，《宁夏大学学报》（人文社会科学版）2012年第6期。

杨娟、赖德胜、邱牧远：《如何通过教育缓解收入不平等？》，《经济研究》2015年第9期。

杨秋月：《20世纪90年代以来北欧学前教育政策特点、趋势及启示》，《四川职业技术学院学报》2018年第5期。

杨汝岱、陈斌开、朱诗娥：《基于社会网络视角的农户民间借贷需求行为研究》，《经济研究》2011年第11期。

杨晓帆：《日本教育公平原则实施述略》，《基础教育参考》2016年第16期。

杨洋：《发达国家教育扶贫政策比较研究——以英国、美国、加拿大和澳大利亚为例》，硕士学位论文，陕西师范大学，2018年。

姚敏、陈华丽、苏楠：《抑制贫困代际转移的财政教育制度研究》，《合作经济与科技》2016年第9期。

袁利平、张欣鑫：《教育扶贫何以可能——多学科视角下的教育扶贫及其实现》，《教育与经济》2018年第5期。

袁天立、陶思学、郭珊：《浅析当前贫困代际传递问题及解决方案》，《中国集体经济》2018年第6期。

詹伦忠：《印度农业的"绿色革命""白色革命""蓝色革命"》，《中学地理教学参考》1995年第2期。

张车伟：《营养、健康与效率——来自中国贫困农村的证据》，《经济研究》2003年第1期。

张科静、王亚琦、吴海涛：《我国农村女性受教育程度对儿童多维贫困的影响》，《开发研究》2016年第1期。

张立冬：《中国农村贫困代际传递实证研究》，《中国人口·资源与环境》2013年第6期。

张敏：《美国发展0—3岁早期教育的经验及启示》，《宁波大学学报》（教育科学版）2012年第4期。

张琦、史志乐：《我国教育扶贫政策创新及实践研究》，《贵州社会科学》2017年第4期。

张宇：《美国联邦政府干预学前教育的历史演进研究》，博士学位论文，东北师范大学，2010年。

赵海利：《美国政府学前教育投入的特点、趋势与启示》，《教育研究》2016年第5期。

赵红霞、高培培：《子代教育对中国农村贫困代际传递的影响——基于CHIP 2013的实证分析》，《教育学术月刊》2017年第12期。

赵红霞、王文凤：《致贫理论视阈下高等教育阻断贫困代际传递的作用——基于CHNS 2015数据库的分析》，《高等教育研究》2019年第4期。

郑是勇：《日本二战后的教育公平保障》，《基础教育参考》2014年第

2期。

《国务院关于印发中国妇女发展纲要和中国儿童发展纲要的通知》，中国政府网，2011年7月30日，http://www.gov.cn/gongbao/content/2011/content_1927200.html。

《教育部、国务院扶贫办关于印发〈深度贫困地区教育脱贫攻坚实施方案（2018—2020年）〉的通知》，中国政府网，2018年2月27日，http://www.cpad.gov.cn/art/2018/2/27/art_46_79213.html。

中国政府网：《2017年中央和地方财政专项扶贫资金规模超过1400亿元》，http://www.gov.cn/xinwen/2017-05/27/content_5197596.htm。

《习近平给"国培计划"（二〇一四）"北师大贵州研修班参训教师回信》，中国政府网，2015年9月10日，http://www.gov.cn/xinwen/2015-09/09/content_2927778.htm。

《我国贫困地区600多万儿童受益于新生儿疾病筛查项目》，中国政府网，2018年9月13日，http://www.gov.cn/xinwen/2018-09/12/content_5321366.htm。

周宗社、李孜、李向阳：《人力资本理论视角下农村贫困代际传递研究》，《重庆三峡学院学报》2017年第4期。

朱玲：《在生命的起点阻止贫穷的代际传递》，《中国人口科学》2008年第1期。

朱之文：《扎实推进教育脱贫 着力阻断贫困代际传递》，人民网，理论频道，2016年9月1日，http://theory.people.com.cn/n1/2016/0901/c40531-28682134.html。

邹薇、郑浩：《家庭的孩子为什么不读书：风险、人力资本代际传递和贫困陷阱》，《经济学动态》2016年第6期。

佐藤孝弘：《日本教育不公平问题分析》，《教育与经济》2010年第6期。

Administration for Children & Families. Biennial Reportto Congress: the Status of Children in Head Start Programs [EB/OL]. https://eclkc.ohs.acf.hhs.gov/federal-monitoring/article/reports-congress.

Aldazcarroll, E., and Moran, R., 2001, "Escaping The Poverty Trap In Latin America: The Role of Family Factors", *Cuadernosde Economía*, Vol. 38, No. 114.

Alkire, S., and Foster, J., 2007, "Counting and multidimensional poverty measurement", *Journal of Public Economics*, Vol. 95, No. 7.

Baker, M., and Solon, G., 2003, "Earnings Dynamics and Inequality among Canadian Men, 1976 – 1992: Evidence From Longitudinal Income Tax Records", *Journal of Labor Economics*, Vol. 21, No. 2.

Barham, V., Boadway. R., Marchand, M., and Pestieau, P., 1995, "Education and the Poverty Trap", *European Economic Review*, Vol. 39, No. 7.

Barham V., 1955, "Education and The Poverty Trap", *European Economic Review*, Vol. 39.

Becker, G. S. and N. Tomes, 1979, "An Equilibrium Theory of the Distribution of Income and Intergenerational Mobility", *The Journal of Political Economy*, Vol. 87, No. 6.

Behrman, J. R., and Knowles, J. C., 1999, "Household income and child schooling in Vietnam", *World Bank Economic Review*, Vol. 13, No. 2.

Belli, P., Bustreo, F., and Preker, A. S., 2005, "Investing in children's health: what are the economic benefits?" *Bulletin of the World Health Organization*, Vol. 83, No. 10.

Belli, P. C., 2005, "Investingin children's health: what are the economic benefits?" *Bulletin of the World Health Organization*, Vol. 83.

Bird, K., 2013, "The Intergenerational Transmission of Poverty: An Overview", *Chronic Poverty*.

Bird, K., 2007, "The Intergenerational Transmission of Poverty: An Overview", *Social Science Electronic Publishing*.

Blau, Peter Michael, and Otis Dudley Duncan, 1967, "The American Occupational Structure", *New York: Wiley*.

Bratsberg, B. et al., 2007, "Nonlinearities in Intergenerational Earnings Mobility: Consequences for Cross - Country Comparisons", *The Economic Journal*, Vol. 117, No. 519.

Brooksgunn, J., and Duncan, G. J., 1997, "The Effects of Povertyon Children", *The Future of Children*, Vol. 7, No. 2.

Buvinic, M., 1992, "The Fortunes of Adolescent Mothers and Their Children: The Transmission of Povertyin Santiago", *Chile. Population and Development Review*, Vol. 18.

Ceroni, C. B., 2001, "Poverty traps and human capital accumulation", *ECONOMICA*, Vol. 68.

Clootens, N., 2017, "Public Debt, Life Expectancy and the Environment", *Environmental Modeling & Assessment*, Vol. 22, No. 3.

Emerson, P. M., and Souza, A. P., 2009, *The Intergenerational Persistence of Child Labor*, Child Laborand Educationin Latin America, Palgrave Macmillan US.

Fuchs V., 1967, "Redefining poverty and redistributing income", *The Public Interest*, Vol. 8.

Ghuman, S., Behrman, J. R., Borja, J. B., Gultiano, S., andKing, E. M., 2005, "Family Background, Service Providers, and Early Childhood Development in the Philippines: Proxies and Interactions", *Economic Development and Cultural Change*, Vol. 54, No. 1.

Gokan Yoichi, 2011, "Poverty traps, the money growth rule, and the stage offinancial development", *Journal of Economic Dynamics & Control*, Vol. 35.

Granthammcgregor, S., Cheung, Y. B., Cueto, S., et al., 2007, "Developmental potential in the first 5 years for children in developing countries", *The Lancet*, Vol. 369, No. 9555.

Haider, S., and Solon, G., 2006, "Life - cycle Variation in The Association between Current And Lifetime Earnings", *American Economic Review*, Vol. 96, No. 4.

Handa, S., Simler, K. R., Harrower, S., et al., 2004, "Human capital, household welfare, and children's schooling in Mozambique", *The research reports*.

Harper, C., Marcus, R., Moore, K., et al., 2003, "Enduring Poverty and the Conditions of Childhood: Lifecourse and Intergenerational Poverty Transmissions", *World Development*, Vol. 31, No. 3.

Kabeer Naila, 2009, *Imagining the Future: Children, Education and Intergenerational Transmission of Poverty in Urban Bangladesh*. IDSBULLETIN – INSTITUTE OF DEVELOPMENT STUDIES.

Kabeer, N., and Mahmud, S., 2009, "Imagining the Future: Children, Education and Intergenerational Transmission of Poverty in Urban Bangladesh", *IDS Bulletin*, Vol. 40, No. 1.

Karen Moore, 2011, *Frameworks for understanding the Intergenerational Transmission of poverty and well – being in Developing countries*. CPRC Working Paper 8, Chronic Poverty Research Centre, University of Birmingham.

Layte R., 2003, "Moving in and out of poverty: The impact of welfare regimes on poverty dynamics in the EU", *EUROPEANSOCIETIES*.

Machin, S., L. Dearden & H. Reed, 1997, "Intergenerational Mobility in Britain", *Economic Journal*, Vol. 107, No. 440.

Mazumder, B., 2005, "Fortunate Sons: New Estimates of Intergenerational Mobility In The United States Using Social Security Earnings Data", *Review of Economics & Statistics*, Vol. 87, No. 2.

Mazumder, Bhashkar, Earnings, "Mobility in the US: A New Look at Intergenerational Inequality", Federal Reserve Bank of Chicago, Working Paper 2001 – 18, December 2001a.

Mentis Alexios – Fotios A., 2015, "To What Extent Are Greek Children Exposed to the Risk of a Life long, Intergenerationally Transmitted Poverty?" *POVERTY & PUBLICPOLICY*.

Müller – Fürstenberger, G., and Schumacher, I., 2017, "The consequences of a one – sided externality in a dynamic, two – agent framework", *European Journal of Operational Research*, Vol. 257, No. 1.

Moav, O., 2005, "Cheap Children and the Persistence of Poverty", *The Economic Journal*, Vol. 115, No. 500.

Osterbacka, E., 2001, "Family Background and Economic Status in Finland", *The Scandinavian Journal of Economics*, Vol. 103, No. 3.

Palomino, J. C. et al., 2018, "Onesizedoesn' tfitall: a quantile analysis of intergenerational income mobility in the U. S. (1980 – 2010)", *Journal of Economic Inequality*, Vol. 16, No. 3.

Rodgers, J. R., 1995, "An empirical study of intergenerational transmission of poverty in the United States", *Social Science Quarterly*, Vol. 76, No. 1.

Rose, P. M., and Dyer, C., 2008, "Chronic Poverty and Education: A Review of Literature", *Working Paper*, No. 131.

Saczewska – Piotrowska, A., 2016, "Transitions into and out of near poverty in urban and rural areas in Poland", in: M. Boďa, & V. Mendelová (eds.), Applications of Mathematics and Statistics in Economics Conference Proceedings, Banská Bystrica: Občianskezdruženie Financ.

Sally Grantham – McGregor, 2007, "Child development indeveloping countries1: Developmental potential in the first 5 years for children indeveloping countries", *SERIES*, Vol. 369.

SchadyNorbert, 2011, "Parents' Education, Mothers' Vocabulary, and Cognitive Development in Early Childhood: Longitudinal Evidence From Ecuador", *American Journal of Public Health*, Vol. 101.

Solon, G., 1992, "Intergenerational Income Mobility in the United States", *American Economic Review*, Vol. 82, No. 3.

Solon, G., 2013, "Theoretical Models of Inequality Transmission across Multiple Generations", *Research in Social Stratification and Mobility*, Vol. 35, No. 2.

U. S. Department of Health and Human Services. Head Start Program Performance

Standards [EB/OL]. https：//www. acf. hhs. gov/ohs/policy.

U. S. Department of Health and Human Services. Public Law 110 – 134 Improving Head Start for School Readiness Act of 2007 [EB/OL]. https：//eclkc. ohs. acf. hhs. gov/policy/head – start – act.

Yin Bun Cheung, 2007, "Child development in developing countries1 – Developmental potential in the first 5 years for children in developing countries", *LANCET*, Vol. 7, No. 369.

Zimmerman, B. J., Bandura, A., and Martinez – Pons, M., 1992, "Self – motivation for Academic Attainment: The Role of Self – efficacy Beliefs and Personal Goal Setting", *American Educational Research Journal*, Vol. 29, No. 3.

Zimmerman, D. J., 1992, "Regression Toward Mediocrity in Economic Stature", *American Economic Review*, Vol. 82, No. 3.